江戸の祭礼屋台と山車絵巻

—神田祭と山王祭—

福原敏男

目次

凡例

・全資料の寸法の単位センチメートルは省略した。
・本書名にある山車は、本文中にもある通り、江戸期には「出し」、「出シ」などや仮名で表記されていたが、本書では史料上の表記以外は山車とした。屋台も江戸期には史料上、単に「屋(家)台(体・躰)」などや仮名で表記されるが、移動飲食店と区別するために祭礼屋台とした。
・本書は以下①〜⑧の祭礼を対象とする資・史料から構成される。①は神田祭、それ以外は山王祭資料であるが、作成・景観年代順としては②が先で、次に①、③〜⑦の順である。時代的に②のみ附祭や御雇祭の描写や記載がない。

①文化四年(一八〇七)神田祭御雇祭を描いた三種の絵巻(一種は部分図)、一枚摺番附(二枚一組)と挿図入りの祭礼記録(冊子本)
②十八世紀前半の山王祭の山車・祭礼屋台・神輿渡御を描いた絵巻と同時期宝永四年(一七〇七)と考えられる山王祭番附写本(冊子本)
③文政九年(一八二六)の山王祭附祭を描いた二種の絵巻、一枚摺番附と絵入り冊子番附(部分)
④天保五年(一八三四)の山王祭附祭を描いた絵巻と絵入り冊子番附(唄・浄瑠璃文句略)
⑤天保七年(一八三六)の山王祭附祭を描いた絵巻(一場面のみ)
⑥弘化三年(一八四六)の山王祭附祭を描いた絵巻と絵入り冊子番附(部分、読み下し)
⑦嘉永七年(一八五四)の山王祭附祭を描いた絵巻(四部分図)、一枚摺番附(三枚一組)と祭礼記録(冊子本)
⑧江戸後期の山王祭附祭を描いた絵巻断簡(引抜前の貼り紙など)であろうが年号不明

・史料翻刻において、旧字体、俗字、異体字は、原則として新字に改めたが、合字や「江」等はそのままにした。改行は原文に沿ったが、書面構成上やむを得ない場合は〃」〃で示した。理解するために必要と思われる最低限の句読点については著者が付した。かな表記で紛らわしい語句には、右側に括弧で漢字表記を示した。著者の判読能力不足や虫損等で判読不能な文字については「□」と表記し、推測できる場合は□の右に推測した文字を(　)で記した。
・引用文でふりがなを省略したり、新字に直したところがある。
・本書中で引用する文献が巻末の「本書引用参考文献」に掲載されている場合、本文中では著者・編者名字(敬称略)と刊行・発表年のみを記した。

江戸の祭礼屋台と山車
—天下祭・附祭・御雇祭—

本書は、江戸城内を巡行し、徳川将軍の上覧にあずかる故に天下祭とも称された江戸神田祭と山王祭の隔年の本祭、それに付加された附祭と御雇祭における祭礼屋台と山車に関する絵画資料を掲載し、関連する文献史料を併せて紹介するものである。

附祭と御雇祭自体については、拙論(福原　二〇一二a)や岸川雅範氏の論(岸川　二〇一〇・二〇一二)に詳述されているので、本書では祭礼屋台と山車に焦点を絞って論じる。

本書にいう祭礼屋台とは天下祭・御用祭をはじめ、江戸諸祭礼において、主に人が舁き、曳き、坂においては山車と同様に牛が曳く大掛かりな四輪車であり、「屋体」や「家体」の漢字も充てられた。『日本国語大辞典』(第二版、小学館)によると「小さい家の形をした台。祭礼などの際、中に御神体をまつり、持ち運ぶようにしたもの。また、台車をつけ人形、かざり、囃子方などをのせて歩く道具」とあるが、本書では御神体を乗せる事例は考えていない。安永四年(一七七五)越谷吾山の『物類称呼』では東国のやたいと大坂・西国のだんじりを対照し、文政八年(一八二五)加藤曳尾庵の『我衣』では以下のように記される。

○やたいと云物、正徳年中(一七一一～一五)迄有」之、其始は寛永頃よりも有けるにや、大ぎやうに成たるは元禄の頃より初たり、享保年中(一七一六～三六)より御停止、やたいと云は一間に九尺程に床をつくり手すりからうらんを付て其内に人形二ッ或は三ッすへてすそに幕を張、幕の内に鐘(鉦—引用者)太鼓笛等の鳴物を入てはやす、牛馬にて引なり、後には二間三間程の大やたいをしつらい、牛二疋或は三疋にて我がちに大形にぞ成たりける(森・野間・朝倉　一九七九：一六八、西暦は引用者)

人形屋台などは享保改革で禁止された(『江戸町触集成』四、五七二一号、近世史料研究会　一九九五)ので正徳期まで存在した、とする見解が多い(豊田　一九九九)が、天下祭では、囃子方を底抜け屋台として別にするなどの工夫をして規制を切り抜け、規模の大小はあれ、幕末・明治期まで命脈を保ったと考えられる。祭礼屋台やだんじりは、特に江戸中期以降、城下町など各地の都市祭礼において見られた祭礼風流の一つである(植木　二〇〇一)。名称や形態は地域によって多彩であり、なかには宮神輿よりも大型化・重量化を辿った事例も数多く、基本的には四輪車による安定移動の出し物となった。人が上に乗る安全面に加え、坂が多く、広域氏子圏故の長時間巡行という江戸天下祭ならでは運行環境にあって舁く形態は少数となり、多くは四輪の祭礼屋台へと展開したのである。

祭の芸能舞台としては、寺社境内の能舞台や神楽舞台のような恒常的な建物の一方、祭に際して組み立て固定舞台とし、祭後解体する建物も多い。江戸の祭礼屋台も同様の仮設建物であり、移動舞台の踊屋台(他所では芸山などの名称)、人形を景物とする屋台や囃子を奏する屋台などがある。

一方、山車であるが、『日本国語大辞典』(第二版、小学館)では、「竹かごの編み残しの部分を大きく垂れ下げて出してあったところからの名称」と、折口信夫の髭籠依代論(折口　一九九五)に拠っているが、民俗的には枝垂れの花籠のイメージもあり、「指物などの棹の頭につける飾り物」の「出(し)」(同辞典)の事例の方が多いであろう。享保十五年(一七三〇)西村源六の雑俳『続真砂』には「祭先」を「だし」と訓じ、これは一本柱尖端の部分名称であろうし、天保十四年(一八四三)喜多村信節の『筠庭雑考』(喜多村　二〇〇七)に、江戸のだしは「元幟の類」としているのも一本柱を想定してのことであろう。先の『物類称呼』に「花をかざる故、花だしとも云」、だしは「祇園祭の鉾のたぐい」と解しており、やはり尖っているイメージなのである。「宮惣」(宮神輿職の屋号)の村田桂一氏による「山車、車楽、出車、花車、鉾、壇尻、出し。江戸の山車程宛字の多いものも珍しい。江戸山車の出揃った頃は、全て肩輿であったから初期のものは車のつく筈はない。最初は鉾が主体で、観る側から言えば、まさに「山」であった」、「最初の頃は飾り付けこそ違うが鉾型式であり、後世に至るまで山車職人は山車のことを鉾で押し通した」(村田　一九九九：一三二)の表現は職人ならではの慧眼である。表記としては、上記に加え出し印(標)や出し車もあるが、山車の数え方は「…本」が多い。これは江戸のみの表記ではなく、いくら大型化し、車輪が付こうが、伝承者には、中央を貫通する一本柱の姿がインプットされていたのではなかろうか。折口は早く、一本柱の部分名称である「ほこ」を指摘している(折口　一九九五)。上部の形態、飾りは傘鉾、吹貫・吹流し、万度・万灯、馬簾付きの纏いなど種々に展開したものの、その基本的な姿は一本柱なのである。本書では上下を貫通してそびえ立つ一本柱の意義を強調したい。心の御柱、御柱や大黒柱など、日本建築における聖なる柱の表現や神々の数詞である点、さらに山車の下部から頂まで貫き、上下を繋ぐ構造を重視する。一本柱は構造材として軀体とは組み合わず、独立した部材となっている所が多い。つまり、軀体を支える支柱ではなく、シンボリックな部材なのである。

本来聖なる武器である鉾が中世に祭に採り入れられる(福持　二〇一五)と、長柄が一本柱となり、尖端の刃先は降臨すると信仰された去来神の目印として、神社祭具(器)の四本鉾や京都の長刀鉾や剣鉾のように、キラキラ光る依代とされた。つまり、貫通する一本柱の上部に傘鉾などが飾られ、その天辺に突き出た「出し・出し印」こそ、頂に去来神が降臨すると信仰された山車の初期形態である。

その移動形態を概念的に言うと、一人による捧持→台(枠)に乗せての肩舁き→二～四輪の台車に乗せて曳く・押す、という変遷であった。京都祇園祭の巨大な四輪の鉾車にも、傘鉾であった始原の記憶が残っているのである(福原　二〇一三)。

すなわち、江戸天下祭の山車は人が捧持する一本柱とその尖端の依代や飾りから出発し、次第に風流化・意匠化・大型化した軌跡が認められるのである。屋台は概ね横型、山車は縦型の造形である。

同時代知識人による屋台と山車

上方より江戸に移り住み、比較する複眼的視点を有する喜田川守貞による嘉永六年(一八五三)の『守貞謾稿』は天保八年(一八三七)以来の見聞をまとめたものである(喜田川　二〇〇一：二二九～二三三)。この巻之二十七「夏冬」の年中行事として摂津住吉社六月晦日の「住吉祭」の御輿太鼓(布団太鼓・太鼓台)と楽車(だんじり)に対して、「江戸山王祭礼」では「武蔵野ノ出シ」と所謂江戸型山車を図示し、以下のように記している(丸番号は引用者)。

①天保府命前は、年々大行となり。出しと名付くる楽車のほかに、踊り屋台および地走りと号(なづ)くる物を出すこと、四年に一回なりしが、府命ありて、両社とも氏地の中、三所づゝこれを出すことになりたれば、以後は、およそ三十余年に一回、踊りやたい・じばしりを出すこととなる。この三所を年番と云ふなり。年を順に輪番するが故なり。

②当社氏地の出しと云ふ楽車は、五十七輛あり。これは、隔年、祭礼ごとにこれを出すなり。天保前は、町費にて出す。ほかに店祭りと云ひて、巨戸よりは一戸の費用にて、踊り屋体、あるいは地走り、または花駕〔籠〕と云ふを出すことありしなり。

③踊り屋台と云ふは、九月神田祭礼の条に云へるごとく、破風(はふ)屋根、あるひは雨障子屋根に四柱、廻りに欄あり。四面ニ篗(わく)を組み、肩舁(かたかき)なり。正面に踊り子と云ひて、女子を芝居の扮に仕立て、腰を掛け、上覧場その他、しかるべき所にて狂言す。囃子(はやし)は、別に底ぬけ屋躰と云ひて、四柱に屋根は造り花などにて、これは手舁(てかき)なり。その中に浄瑠璃かたり・唄うたひ・三絃・鼓、皆対の衣服にて歩行なり。

④地走りと云ふは、屋台なし。歩行にて、踊り子は赤紋付の傘を差しかけ往く。常の長柄(ながえ)傘よりは小形なり。囃子は同前、底抜やたいなり。

⑤踊り屋躰、地走りともに、踊り子は芸者を専らとし、稀には商家等の処女も出る。囃子方は、常に生業にする者なり。囃子方・芸者ともに雇ひなり。

⑥花駕籠と云ふは、造り花をもつて駕のやねをふき、蒲団・毛せん等に美を尽くし、男童にても、女児にても、美粧して乗するなり。天保後はこの物なり。

⑦年番に当る町人は、盛夏なれども、袷(あわせ)の美服を五枚重ね着す。年番にあらざる所の稽〔警〕固人もあ

「江戸の祭礼屋台と山車」

るひは袷を重ね、または夏服のまゝの者もあり。年番にあらざる町は、多く家主役のみ出る。年番の所は、毎家出る。あるひは袴を付け、あるひはまた着流しもあり。その他雇夫に至るまで、皆新調の服にて、古服を用ふることいささかもこれなし。麹町は古服にても出る。
⑧手梃と云ひて、その所の鳶人足大勢、これも対の浴衣にて、出しの前に木遣を唄ひ往く。諸稽固人以下、手梃前・雇夫に至るまで、また必ず造り花付けたる笠をかむるなり。
⑨天保前は御用祭と云ひて、氏地にあらざる所に府命ありて、屋躰および地走りなど出すことありしが、これも天保後はこれなし。
⑩当社、神田ともに、氏地の中、四、五町、あるひは七、八町に出し車一輛とす。その四、五町あるひは六、七町、費を合せ、毎祭、出しを出し、また年番もこれを勤むるなり。
⑪この形の出し、新製。価〔脱文〕。骨は連年これを用ふ。紙製の分は、祭ごとに新たにす。その費、三、五両なり
　ここに図するを武蔵野の出しと云ひ、月に芒の造り物なり。上段の岩形、および三重の浪形、および四方に垂れたる浪も、ともに紙張りに胡粉をぬり、墨と藍にて画き、二重の幕は茜染、その他とも木綿製なり。日覆ひも木綿なり。四面に垂るゝ浪形、今三、四を画くは略なり。実は十余もあるべし。
⑫先年はこの形多かりしが、近年やうやくに、左図のごとく上に人形を建て、幕その他ともに美製の物多く、この形は少数になりたり。
⑬二図ともに、前の欄干に太鼓を括り付け鉦に合奏す
⑭上の木偶種々あり。柱および欄干等、唐木あるひは黒漆、幕は羅紗・猩々緋の無地、あるひは繍あるもあり、または唐織を用ふもあり。この形の出しは、一輪分新調の価金およそ四、五百両なり。
⑮車は、芝の牛町より雇ふ。轅内に一牛、轅前に綱を付け、一牛一輪、二牛をもつてこれを牽くなり。二牛の雇銭、(六月—引用者)十四、五両日にて金一両。

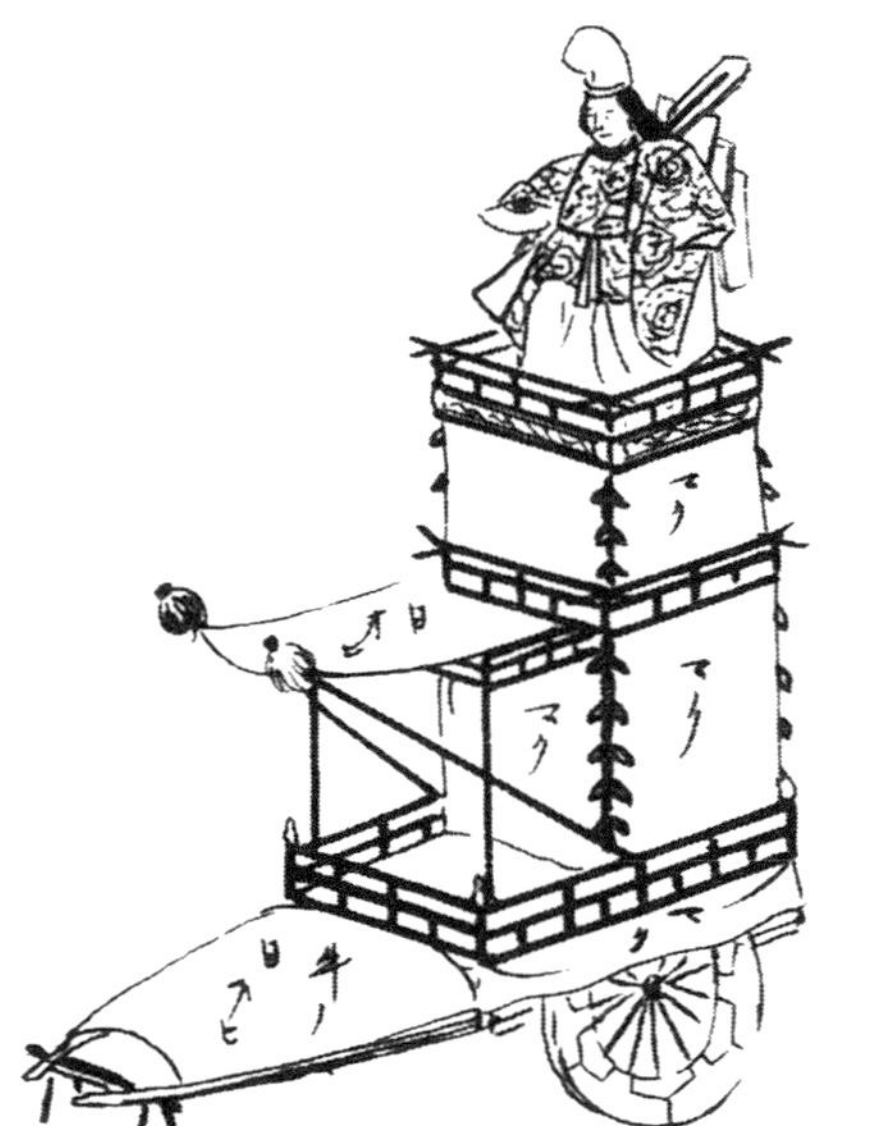

従来の江戸型山車、囃子方と牛の日覆い(『守貞謾稿』)

武蔵野山車(『守貞謾稿』)

以下、重要な点を押さえておきたい。
①上方育ちの守貞にとって楽車とは大坂住吉祭の四輪だんじりを典型とし、形態的に江戸の出しも楽車であるとするが、幕末江戸の山車は二輪車であり、楽車に比すべきは屋台である。ここに「附祭」の語はないが、四年に一回出していた踊屋台や地走り踊とは附祭に出たのである。例えば天保改革前の化政期や天保前半期には天下祭参加の附祭数は十数~二十程に膨れ上がった。隔年の山王祭では産(氏)子町(山車番組町)が四年に一度、つまり隔回の祭礼に附祭を出していたことになる。
　天保改革によって、神田・山王祭附祭とも山車番組町の内より、踊屋台・地走り踊・練物を一組として計三組ずつ出すことに制限された。以降、附祭は三十余年に一回、踊屋台・地走り踊・練物を出すこととなり、この附祭を出す三所を年番や世話番と言った。天保改革以後の山王祭附祭のローテーションは次頁表のようであり、二十四年ごととされ、明治維新を迎えて解消された。この三組以外に希望があった場合は、鬮引だったらしい。このように江戸中期以降、町方の山車巡行に附祭と御雇祭が加わり、後者も太神楽や独楽廻しに加え、「品替」と呼ばれた附祭と同様の趣向もあった。山王祭

山王御祭礼年番町順番　天保十三年(一八四二)壬寅年御改正　文久二年(一八六二)壬戌年改再板

				改訂されて以降の年番の年(筆者加筆)
甲申	八番　駿河町、品川町、同裏河岸、北鞘町、本両替町	三拾壹番　箔屋町、岩倉町、下槙町、福嶋町	三拾三番　本湊町	明治十七年(一八八四)
丙申	拾九番　猿楽町壱丁目、同所弐丁目 貳拾番　高砂町、住吉町、同裏河岸、難波町、同裏河岸	三拾番　平松町、音羽町、小松町、川瀬石町、南油町、榑正町、新右衛門町	四拾一番　五郎兵衛町、北紺屋町	丙申は明治二十九年(一八九六)であり、明治十九年(一八八六)丙戌の誤りであろう
壬戌	拾七番　小網町三丁分、同所壱丁目横町	拾八番　新材木町、新乗物町	貳拾八番　大鋸町、本材木町五丁目、同六丁目、同七丁目	文久二年(一八六二)
甲子	拾六番　鎌倉町	貳拾九番　霊岸嶋長崎町二丁分、霊岸島町、東湊町二丁分	三拾四番　弓町、南紺屋町、西紺屋町	元治元年(一八六四)
丙寅	六番　桶町壱弐丁目	拾三番　本銀町四丁分	四拾三番　南大工町	慶応二年(一八六六)
戊辰	三番　麹町十三丁分、平河町三丁分、山本町	四番　山王町、南大坂町、丸屋町	三拾二番　本八町堀五丁分	明治元年(一八六八)
庚午	貳拾一番　新大坂町、田所町、通油町	四拾貳番　元飯田町	四拾五番　霊岸嶋銀町四丁分	明治三年(一八七〇)
壬申	七番　本町四丁分、岩附町、本革屋町、金吹町	貳拾七番　青物町、万町、元四日市町、佐内町	三拾九番　数寄屋町	明治五年(一八七二)
甲戌	拾壹番　本石町四丁分	三拾五番　竹川町、出雲町、芝口壱町目西側	三拾六番　弥左衛門町、新肴町	明治七年(一八七四)
丙子	貳拾四番　通四町分、呉服町、元大工町	三拾七番　柳町、本材木町八丁目、具足町、水谷町	四拾番　霊岸嶋四日市町、箱崎町壱丁目、北新堀町、大川端町、南新堀二丁分	明治九年(一八七六)
戊寅	九番　瀬戸物町、本小田原町壱弐丁目、伊勢町	貳拾貳番　冨沢町、長谷川町	貳拾六番　本材木町一丁目・同二丁目・同三丁目・同四丁目	明治十一年(一八七八)
庚辰	拾番　室町三丁分、本舩町、安針町、本町三丁目裏河岸	貳拾三番　銀座四町分	三拾八番　南鍋町、山下町	明治十三年(一八八〇)
壬午	拾貳番　西河岸町	貳拾五番　檜物町、上槙町	四拾四番　常盤町	明治十五年(一八八二)
此分附祭不差出候 一番　大傳馬町 二番　南傳馬町 五番　(小舟町三丁分　堀留町二丁分　堀江町四丁分)	御雇太神楽 山王御祭礼年番　弥左衛門町・新肴町 神田明神祭礼年番　本材木町壱・弐・三・四丁目	御雇　こま廻し　天保十三寅年ゟはしまる	賣禁	

(千代田区教育委員会　一九九九：八四に写真掲載)(千代田区立日比谷図書文化館蔵)
拾九番猿楽町は貳拾番、拾八番新乗物町が拾九番(176〜178頁と同様)
四拾番は霊岸嶋塩町が抜けている

では山車以外の宮神輿駕輿丁なども担当した山車番組一番大伝馬町、二番南伝馬町に加え、五番小舟町・堀留町・堀江町は初穂を出し、以上は附祭を出さなかった。

②山王祭の山車番組は四十五番であったが、一つの番組で複数の山車を出していたところもあり、全体で山車は五十七輛あった。そのほかに「店祭」と言って、大店など分限者の費用により附祭の踊屋台、地走り踊、花駕籠や警固を出すことがあった。これは商店・商品の宣伝効果も狙ったものであった。

③山王祭の踊屋台の構造は神田祭と同様、破風屋根、雨障子屋根に四本柱、高欄が廻り、四面に枠を組む。肩で舁くとあるが、これは誤りであろう。屋台正(前)面が舞台、後が楽屋となる。囃子は、四本柱、屋根を造り花などで飾った底抜け屋台で、これは手舁きによる運行。つまり、四囲の舁き手が腰程の高さで持ち歩く。浄瑠璃・唄・三味線・笛・鉦・太鼓・鼓が徒(かち)囃子、歩きながら奏する。

⑨天保改革前は御用祭と言い、両社の氏地(山車番組町)ではない町が、町奉行所の命により、屋台や地走り踊などを出すことがあったが、改革後はなくなった。本書ではこれを御雇祭と称する。

⑩山王・神田両社ともに、氏地の中、四、五町〜七、八町が合同して、「出し車」一輛を出す。担当する組合町は町費を集めて、毎祭、山車を出し、年番を勤める。山王祭の場合、単独で山車を出す町もあるものの、多くは複数町、なかには第三十・四十番組の七ヶ町合同の事例もある。しかし、神田祭の場合はほとんど単独町で一本を出しており、この制度を熟知していない守貞は前記のような解釈となったのであろう。

　嘉永三年(一八五〇)版の『増補改正　万世江戸町鑑』によると、山王祭の山車番組町は百十六ヶ町、神田祭の山車番組町は四十四ヶ町である。これを『続・江戸型山車のゆくえ』(千代田区教育委員会　一

「江戸の祭礼屋台と山車」

九九九）所収表と比較すると、山王祭は百十四ヶ町、神田祭は四十二ヶ町であり、同表の史料的根拠が明示されていないので時代によるものかもしれないが、以下の相違箇所が指摘できる。

・前者は第二番組の南伝馬町一〜三丁目、第三十五番組の芝口一丁目東・西を別立てにしている。

・前者は第八番組の品川町と同町裏河岸、第二十番組の住吉町と同町裏河岸、第二十番組の難波町と同町裏河岸を合同にしている。

・前者には第二十九番組の呉服橋二丁分の記載がない。

上記のように山王祭の山車番組町は百十四ヶ町程と考えられる。つまり、百十四ヶ町が四十五番組を構成し、なかでも第三番組は六本、第十四・二十・二十三・二十五・二十七・二十八番組はそれぞれ二本ずつ、全て揃うと五十六本もの山車が出ていたことになる。②の五十七輛はこの最大を言うのである。

神田祭に関しては、前者は第二番組の南伝馬町一〜三丁目を別立てにし、二ヶ町増加しているが、本書では慣例により三ヶ町合同とし、神田祭では四十二ヶ町が三十六山車番組を構成し、なかでも第十一番組は三本、第十五・十六番組は二本ずつを出し、全て揃うと四十本の山車を出していたことになる。

通常では山王祭の場合、山車番組百十四ヶ町（四十五番組）により最大五十六本、神田は四十二ヶ町（三十六番組）で最大四十本の山車を出していたことになるが、初穂料のみの支出で山車を出していない第五番組もあった。隔年の両祭において、平均して山王祭では二ヶ町で一本、神田祭では一ヶ町で一本（一番大伝馬町・二番南伝馬町は毎年・毎回）を出したことになり、毎回定まった巡行番であった。

①にて天保改革「以後は、およそ三十余年に一回」附祭を出すとあるが、これは全百十四ヶ町を毎回三ヶ町として割ると三十数年に一度のローテーションということであるが、実際には4頁表のように四十組（単独町もある）による二十四年サイクルとされた。

次は神田祭の屋台に関して検討したい。

『守貞謾稿』「九月十五日　江戸神田明神祭礼」にも、斎藤月岑『『武江年表』細書に曰く」として、同書「享保年間記事」（斎藤　一九六八：一三八）以下を引用している（丸番号は引用者による）。

①中古祭礼に屋台と号したる物を出したり。博風造りの屋根、四本柱の上げ輿にて、惣体黒漆塗等なり。その中に人形草花等のあしらひあり。是れを出しに添へて出したり。

②その費、出しを合せて三十四、五両を限りとす。今の出し一本の費にも足らず、物価の賤しく（『守貞謾稿』では「賤く」―引用者）、且つ質素なるを見るべし。

③この屋台の外にも附祭と号し、聊のねり物をも出せしなり。

④屋台は享保六年に御停止ありて、其の後は出しばかりを出す。宝暦の頃より、附祭数多出しが、質素にして踊台の正面にこしかけをしつらひ、女子二人ならびて腰をかけ、唄をうたひ、三味せんを弾き、紫のちりめんへ紅絹の裏つけたる手拭ひ（『守貞謾稿』では「手巾」―引用者）をかむる。踊子は其の前にて踊る。笛太鼓は底抜日覆の内なり。摺鉦は日覆の上の方へ紐にて釣りたり。男子唄三味線をなす時は、かならず扇獅子といふ物をかむる。

⑤これ安永頃までの風俗なりとて、天保中終りし太鼓打坂田重五郎のはなしなり。

⑥筠庭云ふ、屋台のことは大いに非なり。是れは次第に大に作り、二間に三間程のみならず、牛二匹、三匹に牽かせしものなり。内には人形あまたすゑ、岩樹作り花これに応じ、下の方に幕をはり、其の内にて鳴物の拍子するなり。

⑦このやたいには必ず名ある男を雇ひて乗らしむ。喧嘩抔の為めなり。（中略）

⑧今踊りやたいと云ふもの、これより変じたるなり。其もとは台尻にて、難波にてだんじりといふ。それは牛車にはあらず。

⑨昔は祭礼などにも、かぶき芝居のまねびすることは、さる夥しき引きものにも、人形などかざりしなり。

⑩享保六年屋台を御停止あり。

以下、注目すべき点を挙げていこう。

①屋台とは四本柱の上げ輿、つまり轅（舁き棒）を肩で舁く輿というが、⑥で否定されている。

④宝暦年間(一七五一～六三)の頃より、附祭が数多く出たが、附祭の屋台は質素であった。踊台の正面に腰掛けを設え、女子二人が並んで腰掛けて、三味線で唄を歌い、踊子はその前(踊台外)にて踊る。笛太鼓は底抜け屋台の内にて奏す。

⑤ ①～④は天保年間(一八三〇～四四)に亡くなった太鼓打の坂田重五郎よりの伝聞であり、安永年間(一七七二～八〇)頃までの風俗であった。

⑥喜多村信節(喜多村　二〇〇七)によると、屋台に関しては坂田重五郎よりの情報とは大いに異なりこちらの方が当を得ている。屋台は次第に大作りとなり、二間に三間程の大きさ、牛二、三匹に曳かせた。①の上げ輿(肩舁き)ではなく、屋根の内には多くの人形を据え、岩樹の造り物や造り花を飾り、下の方に幕を張り、幕内(屋台下部)にて囃子を奏した。

⑨昔は祭礼には夥しき数の「引きもの」が出、歌舞伎芝居の学びする人形などが飾られた。天下祭史料においては、本書表紙カバーの文化四年(一八〇七)神田祭御雇祭鶏合引物のように、踊屋台・底抜け屋台とは区別された露天の人形屋台を「引物」と表す事例が多い。

以上が江戸後期の知識人の屋台と山車認識の一班である。享保改革により、前面舞台、御簾などで仕切られた後に楽屋があり、その下が囃子座のような大型屋台が禁止された。それに伴い、囃子座が底抜け屋台に分離する工夫がなされ、舞台のみの小規模な屋台となって規制を免れた(千代田区教育委員会　一九九九：九二)。その後も寛政や天保改革のみでなく、祭礼には様々な奢侈・風俗の規制があったが、ほとぼりが冷めると直ぐ復活し、さらに信仰行事を大義名分とし「屋台に紛らわしき山車」などの工夫をし、多様な屋台が展開したのである。附祭は主として踊屋台・練物(多くは物語仕掛けの仮装舞踊)・地走り踊(朱傘差し掛けの道行舞踊)などに分類されるが、踊屋台のみでなく様々な趣向の祭礼屋台が活躍したのであり、明治に至るまで祭礼屋台は命脈を保ったのである。

一本柱山車の四タイプ

折口は一本柱尖端の部分名称「出し」を去来神が憑依する依代と解釈し、その依代論を背景に、全体名称「山車」は東京中心の標準語となっていき、全国的には神輿以外の装飾的な造形物を「山車」の語を以て一括する傾向は特に戦後に著しい。しかし、江戸では出し・出し印の表記がほとんどであり、「山車」は明治以降に用いられるようになった。出しは本来、ある物体の頂から突起させた装飾物に由来し、江戸においては右の部分名称であったが、幕末頃より造形物全体名称へと変遷した事例もある。『守貞謾稿』では「祇園ノ鉾及ビ山ト云物、大坂ノ段尻ト云物、江戸ノダシト云物、異制同語」と言うが、『増訂武江年表』では「当地の方言に出しと言ふ」とあり、上方が標準との認識である。当時既に、江戸の出しが部分名称から、山・鉾・だんじりのような全体名称となっていたとは思えない。全体名称は未だ少数派であり、本来の突起部分を差す部分名称としての出し、出し印(標)、出し飾りなどの名称が主流であった。出し部分の額や万度に町名が書かれたり、或る町に多い職業や特産などがトレードマークとして出し飾りに造形化されたり、「町印」の性格を有している事例も多い。

明暦三年(一六五七)の大火後、さほど経たない頃の江戸山王祭を描いたとされる「江戸天下祭図屏風」(六曲一双、京都市個人蔵、榊原・辻　一九九八)にはすでに祭礼屋台や山車が登場している。従来、この描写を以て、京都祇園祭の山・鉾・傘鉾の直接的、権力的伝播という説もあり(岩崎　一九九八)、文化的には劣っていた十七世紀の江戸の武家政権が中央文化に憬れを抱き、模倣・移入したという説である。しかし、詳細に見ると、一本柱の傘鉾・吹貫き型山車、荷車の転用、練物、牛曳き二輪車屋台が目立ち、祇園祭の山・鉾・傘鉾の直接的影響は感じられない。祇園祭の鉾車以外の山、傘鉾、練物は都市祭礼に普遍的であり、これを以て江戸天下祭は京都祇園祭の模倣とは言えず、その影響は受けつつも、江戸独自の祭礼風流として成立・展開し、関東一円の都市祭礼に影響を与えたものと考えたい(荒川区ふるさと文化館　二〇一二)。

右の屏風や十八世紀前半作成と思われる「江戸山王祭礼之図」(本書26～73頁)から幕末の番附に見られるように、江戸には数タイプの山車が存在していた。山王祭第三番組の麹町は「江戸天下祭図屏風」

「江戸の祭礼屋台と山車」

から明治に至るまで、傘鉾を維持していた。これは古層を示すものであるが、直接、祇園祭の傘鉾の伝播というより、各地の山・鉾・屋台の原点の一つを傘鉾に求める方が理解しやすいであろう。

すでに筆者は神田神社蔵「神田明神祭礼絵巻」の図版を解説(木下・福原　二〇〇九：巻末)しているように、江戸で展開した山車の類型は車軸中心上に一本柱を立てた以下の四種とするのが妥当であろう。天下祭の場合、坂が多い立地環境と広域巡行路より、牛が曳く二輪車を基本とする。山車は大型化・風流化し、その重量やバランス保持のため牛が曳くようになったものを江戸型と特徴づける。

①傘鉾を中心に立てた山車。開いた長柄傘の上に造花や人形など造り物の出し飾りを取り付け、傘の周縁に帽額・裂・幕・垂れ・水引などを巡らした風流傘を台車に立てる。なかには傘の縁や骨部分から下に宝尽くしなどの造り物を垂れ下げる飾りものである。現在は二輪台車の熊本県八代妙見祭(早瀬二〇一四)など他所の事例では、初めは簡素な傘鉾を一人が腰部で支え、捧持して練り歩いたのであろう。その後、輿(台)に乗せた二人から数人舁きの傘鉾の時代を経、あるいは併存しつつ、江戸山王祭では先述の「江戸天下祭図屏風」にもすでに二輪台車に乗せられた大型化が見られたのである。先述の「江戸山王祭礼之図」と同時代と思われる享保五年(一七二〇)の随筆『異本洞房語園』に「山王神田両所の御祭礼に傘鉾を出し愛宕まいり汐汲など禿の中より器量をすぐり粧ひ出したればひと際目立て見へしよし」(大田　一八九一)とあるように、江戸中期の天下祭では傘鉾や花街よりの練物に注目が集まっていた。

②吹貫を立てた山車。吹貫とは竹等を曲げて弓状の形にしたものに、長い布裂を旗・幟のようにつけ、一本柱の先につけたもので、鯉幟の吹き流しのような風で靡く旗・幟の一種である。本来は武家の馬験(印)などに使われたものを祭に応用したものか、その逆であるかは不明である。吹貫も傘鉾と同様、初めは人が捧持して練り歩いたものが漸次大型化・風流化し、台に乗せて複数人で舁くようになり、さらに二輪の台車に立てて据え付け、牛に曳かせるようになった。本書ではこのタイプを吹貫とし、小振りのものを吹流しとした。外観は一本柱の上部に吹貫を付け、柱の尖端には人形等の造り物(出し飾り)を付ける。この形式の山車は江戸後期になると江戸で用いられることはほとんどなくなったが、一番大伝馬町「諫鼓鶏の吹貫」と二番南伝馬町の「幣猿の吹貫」は、明治に至るも古式に則り同じ趣向の吹貫を双方の天下祭に出していた。先述の「神田明神祭礼絵巻」によると、一番から三番旅籠町一丁目までの吹貫は風が通り抜けるものではなく、移動によって風を孕む帆のようである。

③万度・万灯の山車。照明具行灯の箱形の紙部分に町名等を書く町印にしており、夜間は灯りが灯ったのであろう。これも元来、一人が捧持して練り歩いた「手持ち万度」から、一本柱の下に台と舁き棒をつけ、神輿のように担いで練り歩く「担ぎ万度」が現れた。さらに大型化し万度を二輪の台車の上に乗せ、牛で曳かせるようにしたのが万度の山車である。つまり、二輪車の上に立てられた一本柱に、傘鉾と同様、布・裂・幕・垂れを廻した傘を飾り、その上に万度(灯)と称する箱型行灯を飾る。その上に「石台」と呼ばれる岩の造り物(張子)を設けることが多く、さらにその上に人形や造花等を飾るのが江戸の特色である。江戸では一人の手持万度が長く残った(菊池　二〇〇三)。造花を飾ることが多かったので花出し(山車)とも呼ばれた。万度と傘鉾の区別は難しく、万度から上の飾りだけで傘の付いていない山車もある。

④ ①〜③より後発と思われるが、一本柱上部に正方形平台を付け、その周りに高欄を設けて上に人形を立て置く形態である。四方幕を垂れる形と、垂れずに一本柱を見せ、上部の重量感により不安定な印象を与えドキドキさせる形のものがある。

以上の一本柱型の場合、①〜④は明確に分類できるものではなく、複数のタイプの特徴を併せ持つ山車も多い。造り物の岩座(組)から花が垂れる細工のものと、水が流れ落ちるものがあるが、圧倒的に後者「水垂れ」が付いた型が多かった。「水垂」は岩山から滝水が落ちてくる様なイメージで夏祭山王祭では涼を呼んだ。

以上の傘鉾、吹貫・吹流し、万度(万灯)のほかに江戸火消しを象徴する纏い型山車もあった。これらは牛が曳く二輪車軸に一本の長柱を立てて、上部を装飾する形態である。

さらに、これら以外にも、祭礼屋台に類似しているものの、山車に分類される二輪造り物岩組(座)

型の山車もある。

城門通過のため上下可動という「江戸型山車」の謎

従来「江戸型」とされる山車とは、前章の一本柱山車より後発であり、安政期(一八五四~五九)あたりから明治期にかけて成立展開した山車で、3頁『守貞謾稿』の左図がそれにあたる。『江戸型山車のゆくえ』、『続・江戸型山車のゆくえ』(千代田区教育委員会　一九八〇・一九九九)によって、命名され研究が進展し、後者の表紙絵にもなっており、山車研究者の人口に膾炙しているタイプである。『守貞謾稿』挿図のような三層構造、最上が人形飾り、二輪車・牛曳き、幕内で見えないが下部の車軸の中間に立てられた一本柱が最上の人形まで貫通しており、方形の台(枠)を櫓状に二層、入れ子式に乗せた構造である。その台(枠)の四囲に高欄を設け、懸装幕を垂らす。この種の山車は江戸以外にも多く存在しており、川越祭山車をはじめそのほとんどが人の手で曳く四輪の台車である。

二輪車・牛曳きに加え、先述両書における「江戸型山車」の定義は江戸城門を潜る機構にあるとする。前書より精緻になった続篇においても、「「江戸型山車」という山車の上背について可動式の構造を持つ山車」(千代田区教育委員会　一九九九：一七五)とされている。江戸には天下祭以外にも多くの山車祭礼があったものの、城門を通過したのは天下祭のみであるので「江戸天下祭型山車」とした方が正確であろうが、ここで両書を中心に、上記の機構について整理しておきたい。

天下祭の山車は江戸城門の扉よりも高かったので、潜る際、一本柱の山車は飾りを付けた中央の柱を斜め後ろに傾けて低くして城門を潜るのが簡易な方法であろう。『東都歳事記』山王祭附祭の引物の山下門通過の場面(斎藤　一九七〇：一〇九)を見ると、後ろに傾けているように見える。折口は「山の手の山車は、老人の話を綜合すると、半蔵門を潜る必要上、下町の物よりは手軽な拵へであったらしい」(折口　一九九五：二〇一)とする。

いくら小型でも傾けようもない『守貞謾稿』挿図の山車は、村田氏によると、構造上、三層迫り上がりであり、二層目と露天三層(人形など出し印の部分)を下にスライドさせて城門を潜ったという。神田祭・山王祭を維持した古老より聞き書きをしている山瀬一男氏の御教授によると、滑車状の装置で綱を操作して、全体を一層目に下降引き込みをして低くする。中央柱が上下に可動する構造になっており、入れ子式に二層目も三層人形部分も全て一層目に格納され城門扉の高さ以下にして潜り、通過後、上昇させる。江戸城に入らなくなって(天下祭が終焉)以降、三層迫り上がり型山車は高さ制限がなくなって大型化した。つまり、天下祭で展開した山車のうち、二輪・牛曳きは前章一本柱の三種でも見られるので、「江戸型」の定義は上昇下降の機構を備えることにあるという。一本柱の山車の場合、上部飾りの取り外しや傾斜によって通過でき、特別な機構を必要としない。

上下可動の山車は現在も関東各地の祭礼で見ることが出来るが、本家本元と言われる天下祭の山車の機構に関しては文献、絵画資料上では確認できない。さらに、天下祭の山車人形は譲渡や売買により関東に存在しているが、山車全体の存在は確認されていない(千代田区教育委員会　一九九九)。

現時点において、「江戸型山車」の上昇下降機構は実証できる諸資料に基づくものではなく、古老の伝承や関東各地の諸都市に伝存している山車の構造・機構から導き出された推論なのであり、今後にわたる資料博捜が求められよう。

この概説の結論としては、天下祭の附祭・御雇祭に登場した祭礼屋台は木造の四本柱、四輪車で踊屋台・底抜け屋台・人形屋台(引物)、人による綱引移動を主とする。江戸の屋台や西国のだんじりなどは中央を貫く一本柱がない。これに対して、天下祭の山車は中央に一本柱が貫通し牛が曳く二輪車で、囃子方が台上で奏す。幕末から明治初期にかけて、一本柱型山車に加え、櫓枠状の三層迫り上がり型山車が現れるが、それは天下祭終焉期直前に登場したものであり、現時点では「江戸城門通過のための上下機構」という説は推定である。

「神田明神祭礼絵巻」第三（人）巻　三河町二・三丁目御雇祭部分（神田神社蔵）

紙本著色　紙高二七・二　千代田区指定有形民俗文化財（絵画）

本書ではこの部分を文化四年（一八〇七）神田祭御雇祭である鶏合引物と菊合子供角力と考える。三河町二丁目は千代田区内神田一丁目、同三丁目は同町・神田美土代町・神田司町二丁目に相当する。両町とも公役町で、安永三年（一七七四）『小間附町鑑』によると、二丁目の小間数は京間一三六間余、三丁目は同一二二間余であり、『武鑑』によると文化年間（一八〇四〜一八）には三丁目に御用達町人として関数馬（細工所頭支配の蒔絵師・塗師・鞍塗師）が居住していた（平凡社地方資料センター　二〇〇二）。

御雇祭は神田祭山車番組町（産子町）ではない三河町二丁目・同三丁目が世話番となって担当した。この二ヶ町は隔年の神田祭の山車、附祭に参加する機会はなく、経済的にも人員動員的にも、ここぞとばかりに力を入れたものと思われる。

本絵巻は絵師没後三巻に仕立てられた経緯もあり、錯簡が見られ、鶏合引物と菊合子供角力の御雇祭は第三（人）巻の後半、山車番組第二十一番の竪大工町と第二十四番新銀町の山車の間に配されている。宮内庁書陵部蔵墨書番附写本「神田祭礼」（本書159頁）によると、六番の後に「外ニ」として本材木町一〜四丁目、弥左衛門町、新肴町による御雇太神楽が出ている。三河町二・三丁目合同による鶏合引物と子供角力にも十九番の山車の後に、「外ニ」と、御雇太神楽と同様の記載があり、「附祭世話番」の記載はなく、御雇祭と考えられる。

また、国立国会図書館蔵の同年「神田大明神御祭礼番附」（本書113頁）によると、二枚組番附のそれぞれ最後尾に、通新石町と三河町二・三丁目によ る「附祭」が記され、十番三河町一丁目山車の上に「附祭」と記されている。同墨摺番附と先の番附写本の間の整合性は不明であるが、両者とも「御雇祭」の語は用いられていない。東京都立中央図書館特別文庫室蔵「御雇子供相撲一件書留」も後の写本であることと考え合わせると、文化四年当時は御雇と言えば「御雇太神楽」であり、附祭の趣向と同様の「品替」御雇祭の語は未だ普及していなかったものと思われる。

文化四年は三十六番の山車、二基の神輿渡御に加え、御雇太神楽、三種の附祭、品替えの御雇祭から構成されていたのである。

以下は番附を参照し解説する

両町の羽織袴着の警固が十二人
番附でも羽織袴着の警固十二人とある

鶏合引物には四輪車が付けられ、番附では太織染嶋小袖を着た綱引子供が二十人

牛の造り物にも四輪をつけて先導曳行する

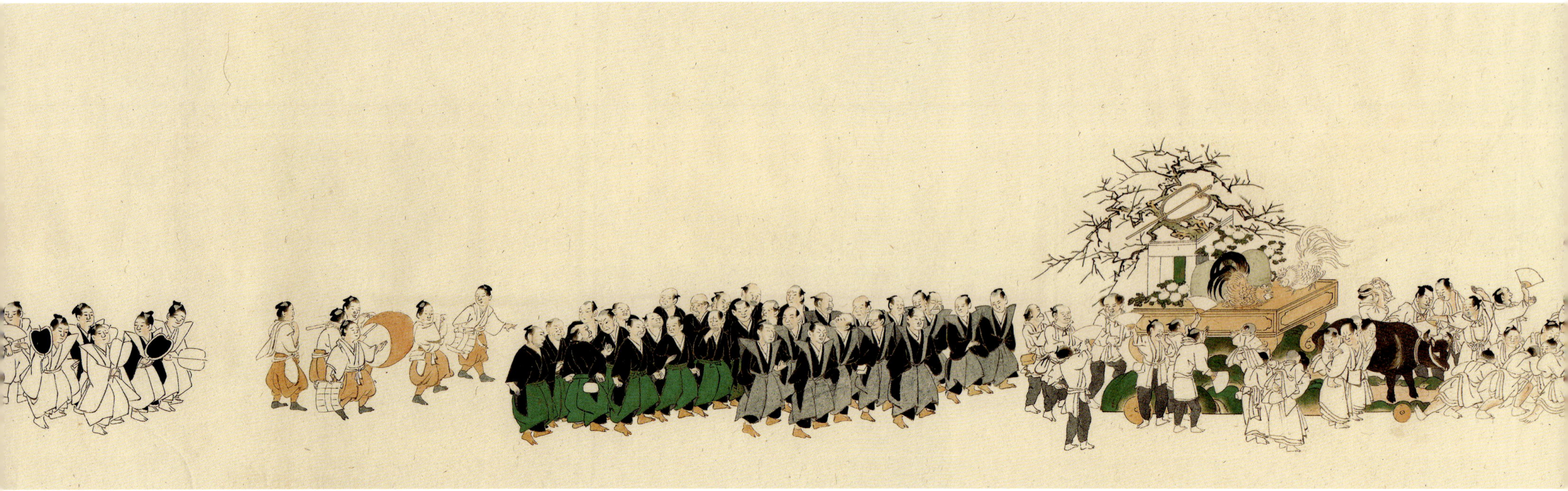

菊合は三月三日節供の年中行事である
二羽の軍鶏らしき雄鶏と軍配の造り物
三月三日の季節らしい桜の造花・造枝

各巻の題箋には「神田明神祭礼絵巻」の表題のほか、それぞれ「天」「地」「人」と記されている。絵師は住吉広定(一七九三〜一八六三)で、名号は弘定、弘貫、内記、住吉派の七代目にあたる。もと土佐派に属していた初代、二代が京都から江戸に移り、住吉派を立て幕府の御用絵師となった。広定は父広行(幕府絵師)の次男であり、兄広尚は六代目である。広定が本絵巻を描く経緯については、慶応三年(一八六七)春、絵巻を収める桐箱に次のように記される。最晩年に御三卿の一つ、一橋家の需めに応じ、筆を執ること二年有余、第三巻の末に至り、未彩色を残しついに病没す。行年七十一。本絵巻は幕末の混乱のなかで注文した一橋家に納められたものか不明であるが、戦後、個人が神田神社に寄贈したものである(神田神社 一九七四)。一橋家は一橋門内の邸内に神田明神の旧鎮座地を含んでいたので、寛政四年(一七九二)邸内に祠を建て、神田明神の祭神を勧請した。神田祭に際しては、神馬二匹を出し、行列中獅子舞を邸内に招き入れ、神輿が門前に駐輦した。一橋家と神田明神のこのような関係が絵巻作成の背景にある。木下直之氏の「広定の没年から判断すれば、文久元年(一八六一)ごろの神田祭を描いたものと推定できるが、天保改革以来、附祭を出す町は三町までと決められていたのだから、この絵巻は、特定の年の神田祭を描いたというよりは、神田祭の典型的な姿を描いたと考えるべきだろう」(木下 二〇〇九:二五)という説に賛同できる。つまり、住吉派に蔵された粉本、下絵、番附、錦絵、版本や古老聞き書き、江戸で生まれ育った広定の記憶などが綯い交ぜとなった祭礼行列であったものと思われる。本書では『増訂武江年表』(斎藤 一九六八:三八)のように、神田祭御雇祭の記念碑的出し物であった文化四年の鶏合・菊合子供角力と考える。他史料には土俵の後に見える踊屋台は、錯簡のため第二(地)巻第十一番の後において二台の底抜屋台に囃されている。

袢と袴の警固十七人と袴のみの警固十三人
番附では袴着の警固三十人とある

角力知らせ太鼓(催太鼓)担ぎ子供五人とあり、木綿御納戸茶袷と裁付を着る
絵では六人、内二人は角力番附を手にする

番附では太織染嶋小袖と袢を着た行司子供二人とあるが、絵では軍配を持った五人が描かれ、内二人が黒小袖であり、残り三人は手替(交替)か

番附では太織染の嶋小袖を着た呼出し子供二人とあるが、絵では扇子を持った三人

番附では太織染の嶋小袖を着た子供力士三十人と手替(交替)十人

年嵩の一本差しの子供が先導し全員廻しを付ける

中央には荷物入れの長持と幟であろうか

本附祭最後尾の踊屋台。喜瀬川役の手踊、河津と股野(『曾我物語』では俣野)が控える。(「神田明神祭礼絵巻」第二(地)巻)

番附では四本柱の「土俵附相撲台」を車にて引くとあり、絵では中央に御幣を立てた土俵に四輪が付く

番附では白木綿半天を着た手木前が十二人とあるが、十三人が描かれている

番附では角力故実の口上言い三人、内二人は裃、一人は袴を着る。囃子方十三人は太織染嶋小袖、内二人は袴着である。

番附では相撲楽屋、囃子方共、担ぎ日覆三荷とあるが、囃子方の底抜け屋台二台は略され、絵では角力取組準備のための楽屋一荷を四人が担いでいる

羽織袴着の町人らしき七人

番附では麻裃着の町人十二人とある

番附では荷い茶屋二荷とあるが、絵では一荷

文化四年「神田祭菊合童相撲」（東京国立博物館蔵・QB-一〇五六四）

紙本著色一巻

天地二五・三、見返し金箔（二一・八）には東京国立博物館の館蔵方印、第一紙から第十六紙までは三九・八、四〇・四、四〇・五、四〇・四、四〇・五、四〇・四、四〇・三、四〇・三、三七・八、二三・七、二一・五、四〇・四、四〇・五、四〇・三、四〇・四、二八・一。総長五九・五三。

本絵巻は東京国立博物館「徳川宗敬（むねよし）寄贈本」和書「神田祭菊合童相撲」として伝来し、その目録『東京国立博物館蔵書目録（和書・2）』（東京国立博物館　一九五七）によると館蔵資料番号一〇五六四。本絵巻は資料館の図書資料として伝来してきたのであり、保存状態は良い。徳川宗敬（明治三十年〈一八九七〉〜平成元年〈一九八九〉）は華族、陸軍軍人、貴族院・参議院議員、教育家であった。祖父は徳川慶喜の兄で水戸藩第十代藩主徳川慶篤、宗敬は水戸徳川家の当主篤敬の次男として誕生し、一橋徳川家の当主達道の養子となった。昭和九年（一九三四）家督を相続して当主となり、昭和十八年（一九四三）には東京帝室博物館に膨大な和本コレクションを寄贈しており、本絵巻もそのなかの一巻である。つまり、本絵巻は御三卿の一つ、一橋徳川家に伝来したものであるが、発注者が一橋徳川家であったものかは不明である。同コレクションには文政六年（一八二三）の「神田祭御蔵前御雇祭絵巻」も伝わっているが、筆者は前著において同絵巻は一橋徳川家が注文したものではないと結論付けた（福原　二〇一二a）。一橋家と神田明神、神田祭の関係については本書10頁に記したところであるが、三河町二・三丁目の「祭行事」である町名主は、二丁目は関口町居住の平田宗之助、三丁目は斎藤市左衛門（斎藤月岑幸成の父、幸孝）であり、両町から一橋家に渡った可能性が高い。

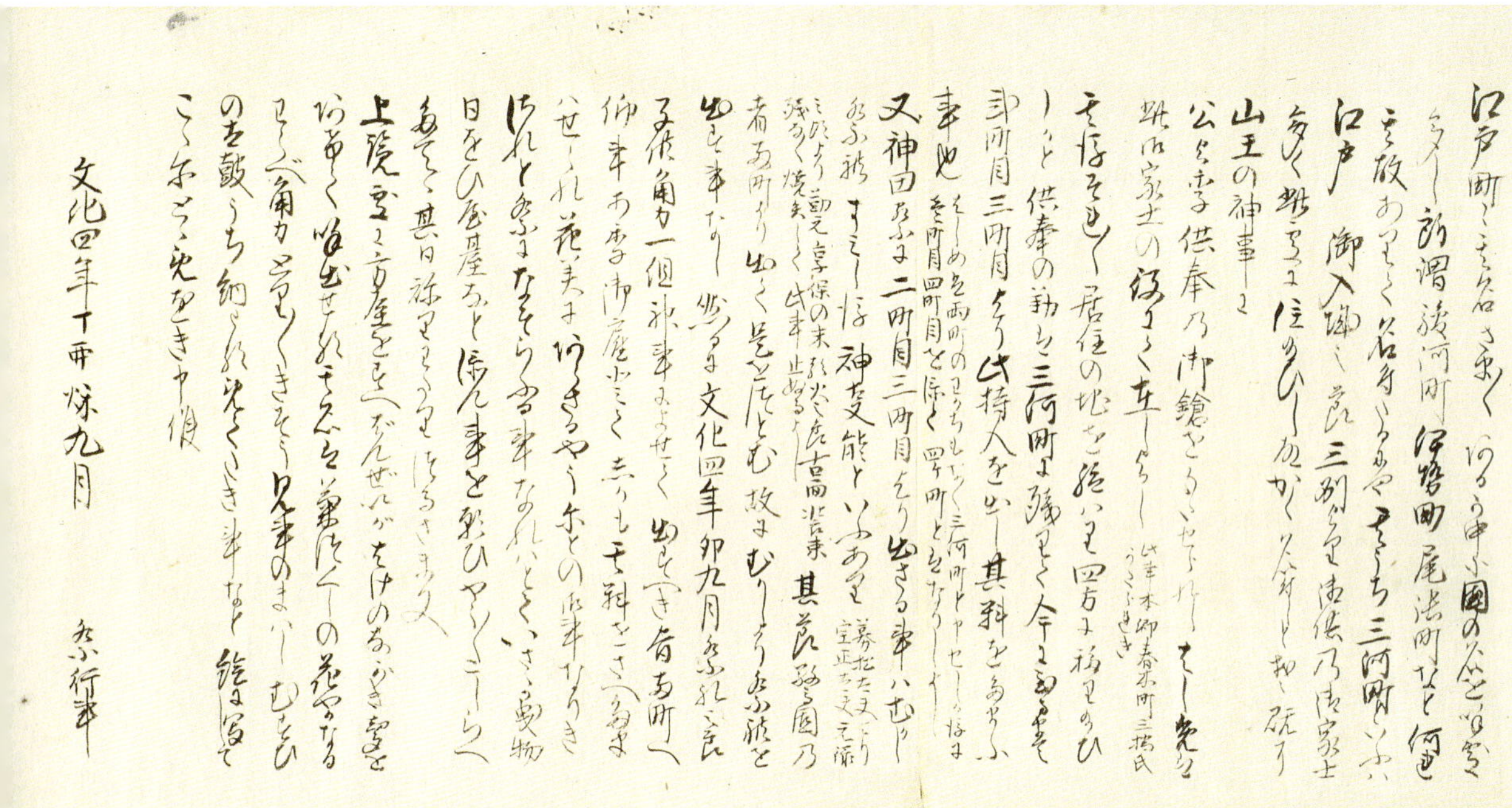

江戸町〻其名さま〴〵あるか中に國の名を呼処
多し所謂駿河町伊勢町尾張町など何れ
其故ありて名付たるにや其うち三河町といふハ
江戸　御入城之節三州より御供乃御家士
多く此処に住給ひし故かく名付しとそ既に
山王の神事に
公より供奉乃御鎗をもたせられしはしめは
此御家士の役にて在しよし（此事本郷春木町三橋氏かたられき）
其後それ〳〵居住の地を給ハり四方に移り給ひ
しかと供奉の勤は三河町に残りて今に至るまて
弐町目三町目より此持人を出し其料をたまふ
事也（はしめは両町のわかちもなく三河町と申せしか後に壱町目四町目を添て四ヶ町とはなりしよし）
又神田祭に二町目三町目より出さる事ハむかし
祭礼すミし後神事能といふあり（募（暮）春松太夫より宝正（生）太夫元禄之頃より勤之享保の末類火之節古面装束残なく焼失して此事止ぬるよし）其節警固乃
者両町より出て是をつとむ故にむかしより祭礼を
出す事なし然るに文化四年卯九月祭礼之節
子供角力一組神事によせて出すへき旨両町へ
仰事あり御雇とてしかも其料をさへたま
ハせられ花美にあらさるやうにとの御事なりき
されと祭になそらふる事なれハとていさゝか曳物
日をひ（覆）屋台なと添ん事を願ひやう〳〵こしらへ
たてゝ其日ねりわたりつるさま又
上覧処に方屋をすへばんぜい（万歳）がはけのながき声を
あけて呼出せる其名は菊つくしの花やかなる
わらべ角力とり〳〵きそう見事のまハしむすひ
の太鼓うち納たるめてたき事なと絵に写して
こゝにとゝめをき申候

文化四年丁卯烋（秋）九月　　祭行事

菊合童相撲

鉄棒引

拍子木打

御雇祭の場合、分限者や地主が費用を多く支出したので、不在地主はありがたくなかったのであろう。三河町二・三丁目は祭礼の後、本絵巻を作成するほど喜んだのである。

喜多村香城「五月両草紙」（日枝神社　一九七九）によると、化政期の大御所時代、姫君様の「御娯み」とて御用祭（御雇祭）が命じられ、担当町に金百両が下された。

拍子木打

木下聡氏によると、鶏合が三月三日に行われた理由は以下のように言われている（木下　二〇〇九）。陰陽道において鶏は陽の生物で、闘鶏は陽と陽の戦いなので陽の気はさらに高揚する。春の到来とともに行えば、万物の生育が促進され、五穀豊穣となる。そして、三は陽の数なので、陽の数が二つ重なるこの日に行うことで、陽の気をさらに増幅させることができる。こうした理由から鶏合はこの日に儀式として行われた。

拍子木打

むかしは祭礼に
万度といひて大ぬさ(幣)の
うへに其附祭乃趣を
見たてかさりつけその
町〻の若ひもの多く
そろへの衣裳にてもつ
ことなり是をまんと
もちといふしかるに
寛政年中
御改政のゝち此万度
ヤミけり其後いつとなく
モ見立を車のうへに
かさりて子供あまた手曳
にす是を今ひきものと
いへり

鶏合引物
三月三日の年中行事
桜の造り物

宝暦七年（一七五七）序『拾遺雑話』（木崎惕窓）に
「延宝（一六七三〜八一―引用者）の頃鶏合はやり、
我も〳〵と強き鶏を求めもてはやしけり」

番附読み

知らせ太鼓（催し太鼓）

万歳　よひ出し
　傳五郎

行司
樹邑寅松
同　太吉
同　梅太郎
同　貞次郎
同　松之助
同　友吉

団扇一様墨塗
文字金裏金ニテ菊
神気必応
利害前定

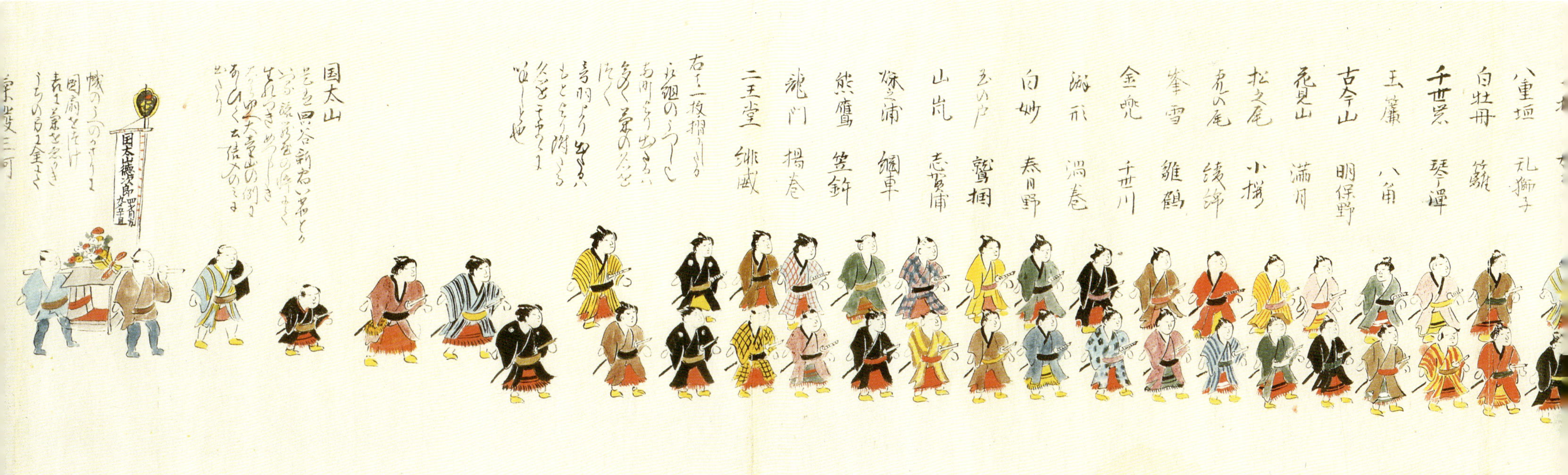

東　西
草摺　加賀白
八重垣　乱獅子
白牡丹　籬
千世岩　琴弾
玉簾　八角
古今山　明保野
花見山　満月
松之尾　小桜
虎の尾　綾錦
峯雪　雛鶴
金兜　千世川
鍬形　渦巻
白妙　春日野
玉の戸　鷲摑
山嵐　志賀浦
烋(秋)之浦　綱車
熊鷹　笠鉾
龍門　揚巻
二王堂　緋威

右は一枚摺(番附)にしたる
取組のうつし也
両町より出たるハ
多く菊の名を
つく
音羽より出たるハ
もとより附たる
名を其まゝに
呼しと也

国太山
是ハ四谷新宿いセやとか
いへる旅籠屋の倅にて
生れつきめつらしき
大からゆへ大童山の例に
ならひて土俵入のミに
出たり

国太山徳次郎(幟文字)　四才目方
九貫五十目

国太山の花駕籠

寛政六年（一七九四）、東洲斎写楽の錦絵「大童山土俵入り」は七歳の子供であるが、子供力士は人気があった

幟のうへのかさりに
団扇をつけ
表に菊をゑかき
うらの方に金にて
菊發三河
香盛四渓

方屋は
屋根しやうじ（障子）
はしらハもミ（籾）にて包
幕ハひとんす（緋緞子）
菊の包花束ハもゝ色
西は白也赤きは不用よし

方屋
番附では「四本柱土俵附相撲台」
柱に弓取り式の弓

幄は二つに
わかれて
東西の角力
支度処と
なる也

楽屋

屋台のおとりは
河津股野喜瀬川の
行司にて角力物かたり
所作是は先年猿若
の座にて顔見セ狂言に
中村仲蔵嵐三五郎
瀬川菊之丞勤候て
（雷子は三五郎）（路考は菊之丞）（おし鳥は舞踊名）
切に雷子路考おし鳥の
所作ありし時の狂言也

御雇祭の踊り手は少女であるが、「神田明神祭礼絵巻」11頁下の仲蔵を真似た踊りの反った姿態は艶かしい。真似られた猿若座の三代目菊之丞は人気役者であり、菊合に相応しく菊花と美しさを競う菊合見立が寛政十二年（一八〇〇）「戯子名所図会」に描かれ、その前年刊の『鳴呼奇々羅金鶏』には彼に憧れ菊を飾り物思いにふける男が描かれている。舞踊「鴛鴦」の上巻は清元の通称「相撲」、下巻は常磐津「鴛鴦」、「四十八手恋所訳」とも。上巻は河津三郎祐安、股野五郎景久による喜瀬川亀鶴をめぐっての恋争いを背景に、相撲の四十八手を舞踊に取り込んでいる。絵は上巻、新造の喜瀬川が囲碁勝負の行司を買って出て、相撲の濫觴から四十八手の相撲の手を踊る。安永四年（一七七五）十一月、江戸中村座初演時に、股野を初世仲蔵、河津を三五郎、喜瀬川を三世菊之丞が演じた（郡司・柴崎　一九八三）。「河津俣野角力の学び」踊台は、文政十年（一八二七）神田祭に元乗物町が出す。

踊屋台は八人で舁く

富本豊前太夫
大和太夫
河内太夫
常太夫
三弦
三保崎友次
佐吉
八五郎
はやし方
坂田重五郎（太鼓）
同　門弟中

底抜け屋台（担ぎ日覆い）
『守貞謾稿』によると、運行時は摺鉦や扇を柱に紐でつる。唄や三弦を奏する時は扇獅子をかぶる（25頁参照）。

此ことく行列して田安御門を練り入御馬場のうしろなる
廣ミにや、休息し十九番に続きて
上覧処に至り候へハ屋台を正面にすへ左の方はやし方右之
方に太夫三弦居なミひおとり初る土俵場ハ屋台のまうし
ろに引附垣に幕打たる囲ひハ二ツになりて左右に居へ東西
角力子供夫〻の方に入其用意頭おとり済候へハ屋台を退
土俵場をし出し行事角力のいはれをのへ東西の土俵
入まへ角力の小菊より二番つゝの取組にて関と関と乃
大倫まていつれ見事の菊合目てたく結ひ納め候

鶏合・相撲節会

二木謙一氏の説によると、鶏合は雄鶏を左右につがえて闘わせる遊戯。闘鶏とも。中国では古く周代から行われていた。日本では『日本書紀』雄略天皇紀に見え、奈良時代以前から行われていたと思われるが、遊戯として流行を見たのは平安時代以降であり、物合の一種として発達した。『三代実録』には陽成天皇が弘徽殿前で闘鶏を観覧したことがみえ、『栄華物語』にも花山院主催の鶏合がみえる。物合に和歌を添えるという特殊な教養を必要とせず、単に鶏を闘わせてこれを観覧する鶏合は武士や庶民階級にも広く親しまれた。原本平安末期の「年中行事絵巻」にも三月三日の節会の闘鶏がみえ、朝廷では鎌倉時代に至っても三月上巳の節の遊興として行われていた。武家では室町時代になると三月上巳の鶏合がみえ、幕府の年中行事になっていた。江戸時代においても、軍鶏を闘わせることが庶民の娯楽として行われていたが、賭博類似の行為を生じやすかったため、幕府はしばしば禁令を発していた(二木　一九八九)。

神田祭御雇祭の場合、前代の朝廷における雅な、年中行事・遊興としての鶏合を趣向として採り入れたものと思われる。つまり、江戸時代における賭博性の高い闘鶏ではなかったのである。

一方、相撲節会は平安時代には、七月七日の七夕の年中行事の一環として行われていた時期もある。

樹邑虎□(松)述之

そも〳〵童相撲と申は
人王五十六代の
清和天皇の貞観三年
六月廿八日にみかと前殿に
出御まし〳〵て叡覧
ありしを初めとし
其後さかんに行ハると
国史旧記に明らか也
又六十六代乃
醍醐天皇延長
六年閏七月六日の
日中の六條院に
於て童の相撲
興行あり廿番
はてし後則舞楽
を奏しつゝ左乃
方は蘇合香右の
方は新鳥蘇つきに
胡蝶の舞楽あり舩の
吉實發樂し
叡覧に入奉る今日
上覧の其式も朝廷の
余風にてことふく御代も
長月の花によそへし
菊合せ童の角力
興行とそ敬白

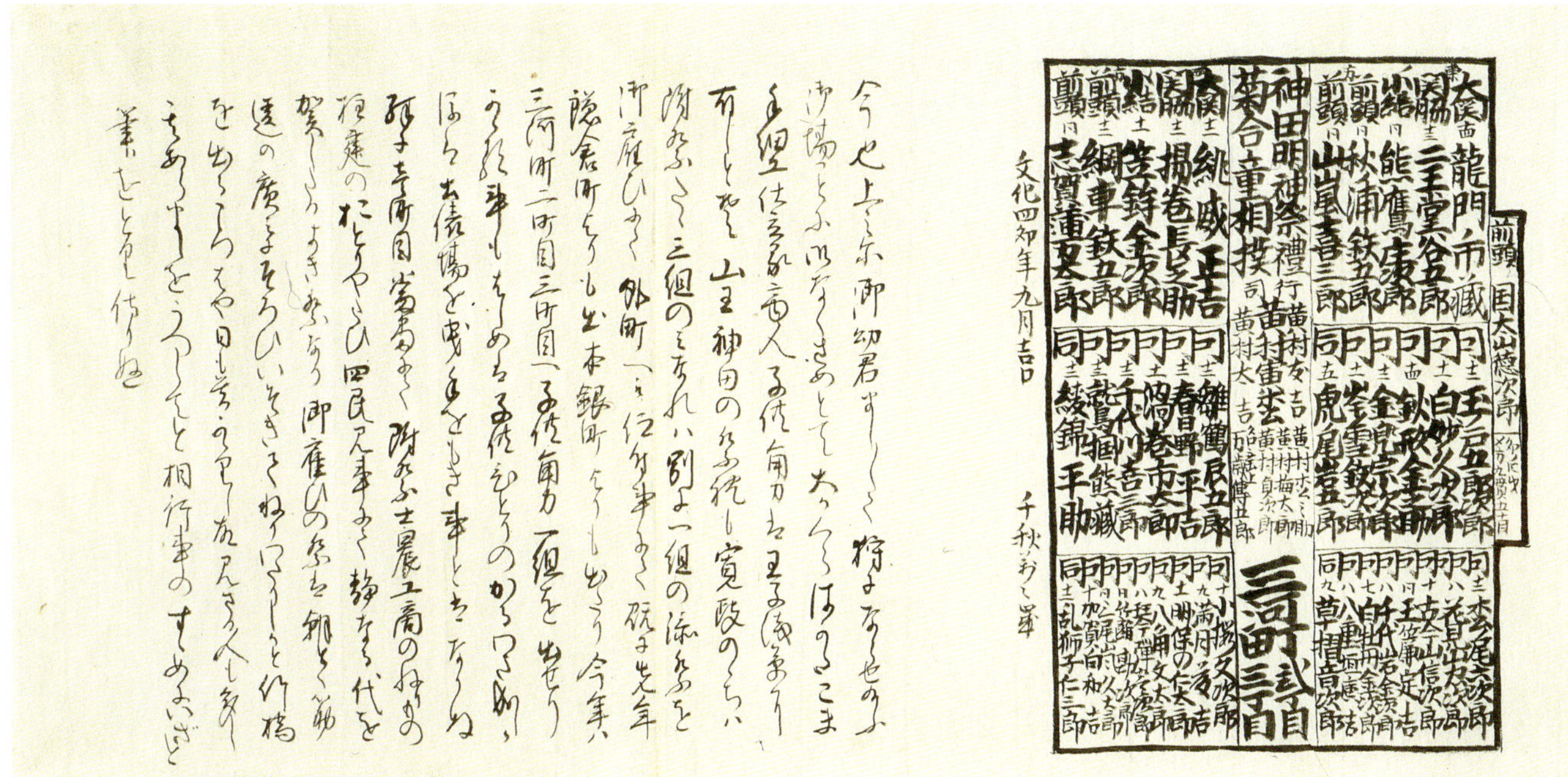

童力士四十人
四股名上の数字は力士の年齢
角力を取らない国太山四歳を除くと、
七歳から十五歳までの少年

今や上ミに御幼君まし〳〵て狩にならせ給ふ
御場ことに御なくさめとて大かくらはかたこま（博多独楽）
手細工仕立る商人子供角力は王子浅草に
有しとそ山王神田の祭礼も寛政のゝちハ
附祭たゝ三組のミなれハ別に一組の添祭を
御雇ひにて外町へ被仰付事にて既に先年
鎌倉町よりも出本銀町よりも出たり今年ハ
三河町二町目三町目へ子供角力一組を出せり
かゝる事もはしめは子供ひとりのかるワさ成しか
後は土俵場を曳手をもき事とはなりぬ
殊に壱町目当番にて附祭士農工商のねりもの
柱建のおとりやたひ四民見事にて静なる代を
賀したるよき祭なり御雇ひの祭は朝とく筋
違の廣ミにそろひいそきてねりわたりしかと竹橋
を出るころはや日も暮かゝりし故見さる人も多く
其あらましをうつしてと相行事のすゝめにいざと
筆をとり侍りぬ

前頭　国太山徳次郎（卯ノ四歳　メ方九貫五十目）

東ノ方

大関十四　龍門市蔵
関脇十三　二王堂谷五郎
小結同　熊鷹庄次郎
前頭同　秋ノ浦鉄五郎
前頭同　山嵐喜三郎

同十二　玉ノ戸五郎次郎
同十一　白妙久次郎
同十四　鍬形金之助
同十二　金兜宗次郎
同十一　峯ノ雪鉄次郎
同十五　虎ノ尾岩五郎

同十二　松ノ尾六次郎
同八　花見山忠次郎
同十　古今山信次郎
同同　玉簾定吉
同八　千代岩金次郎
同七　白牡丹金次郎
同八　八重垣廣吉
同九　草摺音次郎

神田明神祭礼
菊合童相撲

行司　黄村友吉
黄村寅松
黄村太吉

黄村松之助
黄村梅太郎
黄村貞次郎
名乗上　万歳傳五郎

三河町　弐丁目　三丁目

西ノ方

大関十二　緋縅正吉
関脇十二　揚巻長之助
小結十一　笠鉾金次郎
前頭十二　綱車鉄五郎
前頭同　志賀浦万太郎

同十二　雛鶴辰五郎
同十二　春日野平吉
同十一　渦巻市太郎
同十二　千代川喜三郎
同十三　鷲掴熊蔵
同十二　綾錦平助

同十　小桜又次郎
同九　満月藤吉
同十一　明保の仁太郎
同九　八角文太郎
同八　琴弾豊次郎
同同　籠勘次郎
同同　三尾嵐久太郎
同十　加賀白和吉
同十二　乱獅子仁三郎

文化四卯年九月吉日
千秋萬ゝ歳

文化四年「神田祭御雇祭菊合童角力絵巻」

（個人蔵）

紙本著色一巻

紙高二八・七、見返し九・八、第一紙から第十五紙まで二五・九、四一・一、四七・六、三四・三、四一・二、四一・二、四一・二、三四・二、七・〇、四一・〇、四〇・七、四一・〇、四〇・八、四一・〇、三〇・二、計五五八・二

描写内容からして前・後欠や錯簡はない

見返しに「江戸三王権現祭禮出し」と墨書されるが、神田祭と知っていた絵師以外による後筆であろう。鶏合引物との組み合わせから考えると、文化四年（一八〇七）神田祭の御雇祭であるが、山王祭附祭でも例えば文政十三年（一八三〇）のように子供角力は人気のある出し物であったので誤ったのであろう

神田祭でも本図の文化四年に先行して寛政三年（一七九一）『近世珍聞集』によると、「子供角力」は早くから人気であった

文化四年神田祭において、祭礼行列第十九番神田多町二丁目の「嶋台ニ松」山車の後に、三河町二丁目・三丁目合同の御雇祭が続いたのである

文化四年九月十五日は西暦一八〇七年十月十六日、当時の気候よりすれば菊の見頃の秋であり、これに因む菊合子供角力であった

飲料補給も夏季の山王祭に対し、炭火で沸かした湯の茶がふさわしい

以下参照する番附とは宮内庁書陵部蔵の番附（本書159頁）である

袴着の錫杖突きの鉄棒引（手古舞）が先導し、背には「角力」字の逆「力角」

番附では警固合計として、羽織袴着の警固十二人、袴着の警固三十人

本図では裃袴着の杖突警固十四人

鶏合引物の綱引子供二十人は太織染嶋小袖着、本図では十九人

綱引子供の半纏背には「角力」字の逆、股引着

錫杖を突く二人の男児

片肌脱ぎの三人の少女の帯が特徴的である
『誹風柳多留』（九八篇五四）に「拍子木かち〱
お祭は浅黄まだ」
片肌脱ぎの大人四人、拍子木打二人が煽り、手前の半纏背には「靏」の文字

牛の造り物を四輪に乗せて引く、牛の鼻面に手綱
軍配を町名額にして「三河町　貳丁目　参丁目」
造り物の桜木、その造花に短冊
鳥籠
白鶏と黄（金）鶏の造り物が対峙している
周りには一面、菊の造花

番附では呼出子供、太織染嶋小袖着の二人とあるが、本図では一人が「傳」（万歳傳太郎）の朱字が書かれた扇子、角力番附を手にする

番附では角力知らせ太皷（催し太皷）担ぎ子供五人は木綿御納戸茶袷、裁付を着る
三つ巴太鼓打と担ぎ子供は裁付

軍配を持った行司子供は番附では太織染嶋小袖袢着の二人とあるが、本図では黄村友吉以下六人
袖に鶏合
袢に菊花

附祭に相応しい鶏合

先頭力士は黄菊と白菊花
王将、金将、歩など将棋の駒

子供力士は番附では三十人、交替は十人とあり、子供なので恐らく木刀（造り刀）一本を差す
本図では五十一人が描かれ、黄色の足袋
羽織はカラフルなデザインで斬新な着物が多く、廻しが裾下から覗く

菱形紋

宝珠

源氏車

裾に輪の被り物か

違い鷹の羽
白兎が座る

土俵の俵と軍配、肩に負うのは勝者への褒美の反物であろうか

二人の腰の袋物は煙草入れか、手前の袋物には瓢箪のデザイン

緑地に茶で文字柄、下半身に円座を付ける

肌地に白の青海波紋

緑地に白の格子縞
紺と紅の横縞

緑地に濃茶の流水紋
桃地に正月遊具、羽子板、羽根、手まり

栢(柏)に瓢箪
立雛人形と桃色の桃に見立てた円座

袖に菖蒲と幟、下に舌出し化け猫
両袖に鳥居で稲荷を表し、裾に三つ巴太鼓で稲荷の初午

袖に米俵、赤鳥と白羽のデザイン
大銀杏を結えない子も達磨の柄、角力でも「七転び八起き」の意味か

桃地に宝珠と奇怪な顔の鬼らしきもの
鈴と分福釜釜。江戸時代の赤本や絵本に、茶釜から顔や手足を出した狸の姿がデフォルメされたことによって、そのイメージが広範に笑話化されて伝えられている。もともとは狐の恩返しをテーマにしたものであり、この柄も狸か、狐かはっきりしない

袖に三方に鏡餅、お多福かおかめ、擂り粉木、白鼠

袖に大般若面
腰に緑の帳面の造り物、羽根突きの羽根柄

分福茶釜

舌出し化猫

紫地に松の木
大判(金貨)に打出の小槌、軍配
黄地に杉の木
宝珠や打出の小槌、大判、傘など宝尽くし
紫地に袖の碇と般若面
桃地に珊瑚
最後は大人の警固と同じ上背の大柄の子供力士が造り物の煙管を吸って貫禄の練り

荷を風呂敷で背負う
雷紋は風呂敷荷物を手でも持つ

床机を肩で運ぶ、手前は竹の垣根デザイン

荷箱を担ぐ

袖の碇と般若面

二人の裁付着が「土俵」朱文字の扇子で引手を煽る、腰に煙草入れを下げる

二十人が緑手拭の頬被り、半纏に股引、背に三河町の「三」、台を引く
なかには「土俵」の朱文字の扇子を持つ

大日方克己によると、平安時代の童相撲は以下の通りであった(大日方　二〇〇九)。

平安時代、宮廷などで行われた童による相撲。史料上の初見は『三代実録』貞観三年(八六一)六月二十八日・二十九日条。清和天皇が居所の東宮で童相撲を覧じた。(中略)『新儀式』『西宮記』に記す儀式次第は、まず殿上公卿を左右頭に定め、童左右各二十人を内取で選抜し、御前内取を経て、当日は天皇出御のもとで、まず左右頭による奏上、厭舞などがあり、出居・籌指円座(かずさしわろうだ)を置いた後、占手から相撲が始まる。勝方の乱声、酒饌、奏楽などおおむね相撲節に準じているが、左右頭が左右近衛大将で、参列者も近臣とされる点などが異なっている。

『誹風柳多留』(一一四篇二六)に「祭礼の角力土俵は方四五里」

「四本柱土俵附相撲台」には車輪は見えないが、
番附では四輪車にて引く
屋根は市松模様の軽い障子屋根
四本柱正面左には弓取り式の弓

中央には御幣、力水をつける桶
菊の季節ではあるが、これは造花

番附では手木前（手古舞）は白木綿半纏着の十二人

片肌脱ぎの三人、手前の男は煙管を持ち、白地に
鳥の巣、二羽の雛と煙管のデザイン
後の男は黄地に雲

角力楽屋は四人による担ぎ日覆

以下は東京都立中央図書館特別文庫室蔵「御雇子供相撲一件書留」による
三河町二丁目の子供十一人、同三丁目の子供十四人、他に諸々の十一人、計三十六人
子供角力番数は二十番
四本柱を紅白の裂（布）で巻き、弓と三方神酒を飾る
日覆の屋根障子は薄赤掛けにて張り、下に紫（本図では緑）黄紅布の幕を張る
紅葉その他見事な造り枝を取り付ける
俵は飾り俵にて内に籾を詰める
菊の造り花を四囲の岩組（本図では緑）へ差す

二人の桜造花の花笠

荷茶屋屋根には「三河□弐丁目、三丁目」
四隅には菊花の造花があしらわれている

蜘蛛の巣笠
金毛九尾の狐

番附では麻裃の町人十二人

菊の造花花笠の拍子木打の着物には桃地に「一万度　大神宮」の万度、伊勢太神楽の籠毬など諸道具の柄

扇子には「角」裏には「力」であろうか、袖には軍配の柄、笠上には菊にとまった蝶
蜘蛛の巣に見立てた笠の上には緑の蜘蛛、金毛九尾の狐のデザインは秀逸である、前頁に拡大

踊屋台は正面額に「力角(角力の逆)故實」、四脚の八人舁き
市松模様の障子屋根に秋の紅葉の造花をあしらい、菊合に因んだ菊、獅子、蝶などの襖絵で飾られる
舞台下幕は波濤を表し、角力の激闘を暗示するものか
屋台の舞踊は河津と股野、中央喜瀬川の行司にて「鴛鴦」の角力物語を典拠とする所作
角力の決まり手の一つである河津掛けは『曾我物語』に、曾我兄弟の父河津祐泰と俣野景久が角力を取った話で、祐泰が今の河津掛けを繰り出したことに由来するという。猿若座顔見世狂言にて初世中村仲蔵・二代嵐三五郎(雷子)・三代瀬川菊之丞(路考)が演じた舞踊「鴛鴦」は、歌舞伎曾我物「水滸伝曾我風流」の二番目に初演された。
唄は富本豊前太夫・同大和太夫・同河内太夫・同常太夫、内一人が描かれ唄本を持つ
唄方が唄い(語り)、三味線二人は屋台外を奏さずに歩く
囃子方は番附では太織染嶋小袖で十三人、太鼓の坂田重五郎と門弟
囃子方六人は同じ柄の着物、屋台下の足が省略されているが徒囃子、正面締太鼓二人、中に大鼓、小鼓、後方に鉦と撥二本を持つ
底抜け屋台の周りには朝顔の造花があしらわれ、柱に扇が下がっている(17頁参照)
三味線は三保崎友次・同佐吉・同八五郎
上覧所では踊屋台を正面に据え、左の方に囃子方、右の方に太夫(唄方)と三味線が並み居る
土俵場を踊屋台の真後ろに引付け、垣に幕を張った楽屋の囲いが二つに分かれる
子供力士はその東西に入る

番附の荷茶屋二荷の内の一荷、屋根には桜の造り枝と花があしらわれている
風呂釜には炭火が熾っている

御雇祭ならではの錠前付き「御用」の長持には弁当が入っているものと思われる

象牙製軸直径一・六

本図の一部は『平成二十四年　京都組合大市会目録』(京都府古書籍商業協同組合刊)に掲載

「江戸山王祭礼之図」

（個人蔵）

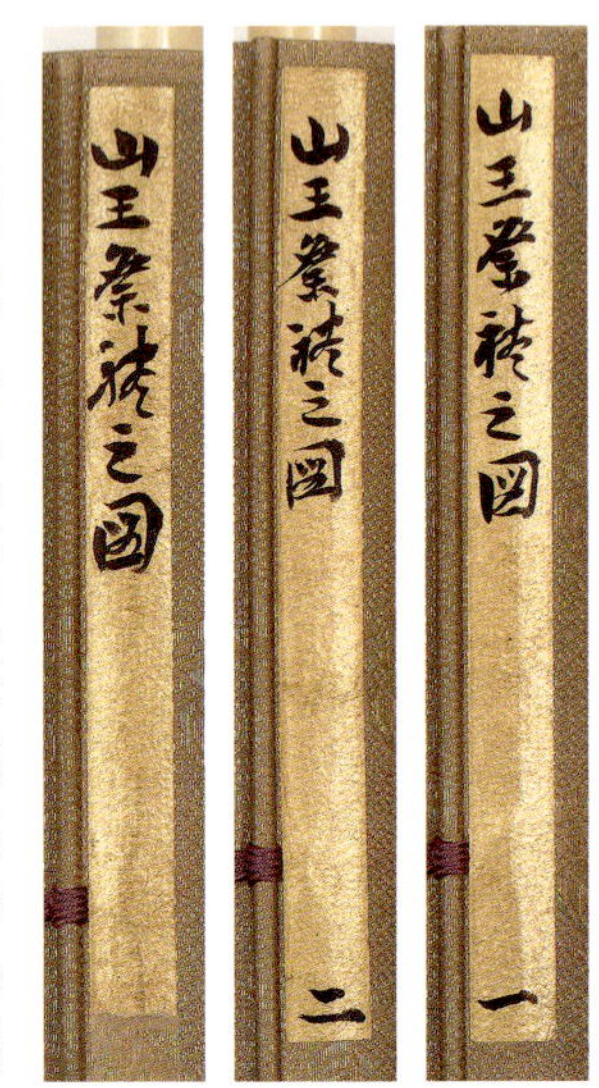

紙本著色　三巻
第一巻　紙高二九・三　総長一六五九・三、総寸法は30頁
絵巻下の番号は行列集団ごとの番号

①

山王権現（明治以降は日枝神社）は江戸時代、徳川将軍家の産土神として将軍家より厚い崇敬を受けた。山王祭礼は将軍の命令によって行なわれ、幕末まで将軍の上覧が八十回ほど確認されており、将軍家が公的な行事として費用を負担する御用祭とも称された（千代田区教育委員会　一九九九）。山王祭は日光東照宮祭礼とともに、徳川権力中枢に最も近く、将軍の御威光に満ちた権威ある祭礼であったため、多くの祭礼図が残されているのである。

絵師は不詳、祭礼の内容より十八世紀初頭頃の景観年代と思われる。

描かれた人数は一巻四六七人、二巻三六七人、三巻三三八人、計一一七二人。そのうち、見物人は第一巻の上図七人のみであるが、実際は、見物人はもちろん参加者の実数も膨大なものであったろう。当該町人のみでなく、祭日雇いとして囃子方や踊り手、舁き手などに他町、周辺農村、専業芸能者が参加していたからである。

早朝、山車・屋台・練物・神輿が山下門を出発して以降、常盤橋門を出るまでの間の長蛇の祭礼行列を描いている。番附坂、山王社前から梨の木坂、堀端沿いに進み半蔵門より内郭に入り、将軍の上覧所を通る。竹橋御門から内郭を出て、武家の上屋敷沿いに進み常盤橋御門を出る。以降は神輿渡御のみ。巻頭と巻末に町家と町木戸が描かれ、休憩中の描写もあるので、本図は城内ではなく、半蔵門入城以前の景観か。以下、番号は参加集団ごとの順番を示す。

第一巻

①町木戸が閉じられ、僧や親子連れの七人の見物、板屋根の上には水桶。江戸の町には基本的に町毎に二箇所の木戸が設けられ（伊藤　一九八七）、「木戸木戸で角をもがれて行く屋たい（台）」（『誹風柳多留』初篇二〇）とあるように、江戸の祭礼屋台は木戸を通過するごとに飾り物が引っ掛かり外れてしまうことがあったようである。第三巻末も木戸の描写で終わるが、描かれた場所の同定は出来ない。

行列先導六人が水桶を持ち、柄杓で清めの打水を撒く。

②

通常の絵巻物(巻子装)は、見る人から向かって右から左へ拡げて見、それは人や物の移動を描き込む行列絵巻でも基本的には同様である。本書の全祭礼絵巻のように、行列を向かって右へ前進するように描く作例の場合、それは時間の経過と相関することもある。つまり、閲覧(観賞)途中の場合、既に見終わって右に巻かれている箇所は過去、今見ている場面は現在、左の巻かれたまま(未開)の部分は未だ見ぬ未来、ということになる。なかには長巻の紙面によって、ほぼ同じ時間にあたる長蛇の全行列を描く作例もある。

また、本書の絵巻は空間的にも、右端の巻頭が到着点(目的地)の先頭、左端の巻末には出発点の最後尾が配される。

日本の祭礼絵巻のなかには、専業絵師の手にならない、右記と逆巻の行列絵巻が存在するが、これは恐らく、巻子装の決まりを知らず、描いている地点(視点)によったことが制作要因であろう。本巻の場合は専業絵師による作例と思われる。巻頭と巻末しか景観が描かれていないので場所を同定できないが、第一巻を開いた瞬間が行列先頭となり、第三巻末が長蛇の列の最後尾となる。普通は早暁より夜間まで、一日かかる山王祭であるが、城内と城外、上覧に伴う芸能演技状況、天候(温湿度)などにより進行速度は毎回異なろうが、例えば第一巻⑬⑭が飲食しているお昼時であったなら、最後尾はこれから城内入りかもしれないのである。79頁参照。

町与力

②与力集団三十八人。出役与力は先番五人、跡番五人が染烏帽子、麻裃、騎馬にて勤め、出役同心は先番、跡番とも十五人ずつが羽織、袴にて勤めた(千代田区教育委員会 二〇〇八:一七〇~一七一)。描かれた三人の与力の騎馬集団三組は先番である。出役の与力、同心は半蔵門より常盤橋まで(江戸城内)は「服取」、常盤橋門外より「服立おろし、乗馬」(千代田区教育委員会 二〇〇八:一七〇~一七一)とあるので、すでに先頭は常盤門を過ぎている描写であろう。先頭は刺股、突棒、袖搦の捕物具を持つ警固役の同心である。尻端折、作り髭を蓄えた五人が伊達者風流ともいうべき装いで、白地に市松模様の着物を着て行列する。かれらは両袖口をつかみ、揃いの所作で練る。「江戸天下祭図屏風」(京都市個人蔵)における「与力衆」の短冊札銘は、最後尾山王社前の二騎に付されるが、先頭の常盤橋を渡る一騎も与力と思われ、本図三騎の与力と騎馬数が符号する。

町与力

山王祭渡り物

元禄三年(一六九〇)『江戸惣鹿子名所大全』所載「山王神事作物次第」には、以下の四十六番山王祭山車の編成が載っている。

(九月)十五日　山王祭　丑卯巳未酉亥の年あり、江府中役にて色々の作物出す

「山王神事作物次第」

一、大吹貫に鳥太鼓　大傳馬町三丁分
二、大吹貫猿　南傳馬町三丁分
三、笠ほこ拾弐本　麹町拾貳丁分
四、家台湯立　山王町、南大坂町、丸屋町三丁分
五、麒麟鳳凰　桶町貳丁分
六、三福神　本町四丁分
七、廿四考らうらい子　本両かへ町、するが町、さや町、品川町
八、石公張長　瀬戸物町、小田原町、伊勢町
九、唐船　大舟町貳丁分、室町三丁分
十、一來法師　本石町四丁分
十一、しやうき　本ごふく町貳丁分
十二、高砂　西がし町貳丁分
十三、なす与一　本銀町、のり物町、新石町、かわや町
十四、吹貫水車　神田かち町貳丁分
十五、吹貫むさし野　神田鍋町
十六、吹貫　神田新石町貳丁目、すだ町、れんじやく町
十七、小ほろ　鎌倉がし、三河町
十八、家台　小網町三丁分
十九、吹貫　新材木町、新のり物町
廿、大吹貫　堺町、ふきや町、すみよし町
廿一、のぼり五本　通油町、田所町、新大坂町
廿二、吹貫　富澤町、長谷川町
廿三、金箱大黒　銀座三丁分
廿四、分銅　同四丁目
廿五、西王母　通四丁分、南大工町二丁分、南油町
廿六、材木きやり　本材木町四丁分
廿七、氷室山　萬町、青物町、佐内町、平松町
廿八、若ゑびす　本材木町五・六・七丁分
廿九、茶臼茶せん　長崎町、本みなと町
卅、廿四孝大しゆん　はくや町、まき町、くれ正町、川瀬石町
卅一、吹貫　八丁堀、みなと町
卅二、吹貫　竹川町、出雲町
卅三、太刀國次國吉　太刀売町
卅四、弓　西紺屋町、弓町
卅五、小原木売　新肴町、彌左衛門町
卅六、吹貫　水谷町、本材木町八丁目
卅七、雪女　具足町、柳町
卅八、仙人　新右衛門町、南鍋町
卅九、國栖　山下町
四十、吹貫　数寄(屋)町
四十一、山入(大江山)　五郎兵衛門町、北こんや町
四十二、吹貫　南新堀
四十三、猿廻し　霊岸島銀町
四十四、吹貫　同四日市、塩町
四十五、吹貫　北新堀、箱崎町
四十六、のぼり　本飯田町

以上四十六番

『江戸叢書　巻の三』『江戸惣鹿子名所大全』前編(藤田理兵衛)巻の二(江戸叢書刊行会　一九一七:四七~四九)

これを基に元禄時代の山王祭について考察してみる。吹貫に該当するのは一番・二番・十四番・十五番・十六番・十九番・廿番・廿二番・卅一番・卅二番・卅六番・四十番・四十二番・四十四番・四十五番の十五台。元禄期の祭礼番付において約三分の一を占めていた。

③

屋台に該当するのは四番・六番・十八番などであるが、人形名のみは山車・屋台・引物の区別は難しい。屋台が大発展する以前の番付である可能性が高い。

その内三番麹町の「笠ほこ十弐本」は人が担いでまわる舁山構造の二蓋傘鉾であり、幕末・明治期まで命脈を保った。九番の唐船は船型の曳山である。

この「山王神事作物次第」と本巻「山王祭礼之図」が一致するのは、一大吹貫に諫鼓鶏(大伝馬町)、二大吹貫猿(南伝馬町)、三傘鉾十二本(麹町十二丁分)、四湯立屋台(山王町・南大坂町・丸屋町)、六三福神(「山王祭礼之図」では五福神)(本町四丁分)、十六吹貫(須田町)、十七小母衣(鎌倉河岸・三河町)、二十九茶臼茶筅(長崎町)、三十一吹貫(八丁堀)、三十三太刀国次・国吉(太刀売町)、三十四弓(西紺屋町)である。

③山王社よりの神馬三頭、十九人の集団。大御幣、大榊、神馬、賽銭箱舁、三巴の太鼓持ちと打ち手。河内全節『麹街略誌稿』(国書刊行会 一九一六、千代田区教育委員会 二〇〇二)によると、武州多摩郡堀の内から榊が出され、当日榊が出る時刻は大概五ツ時分頃であり、先番の与力が半蔵門よりこの一行を繰り入れ、以降の練物を番付を参照して順次門内へ繰り入れる(千代田区教育委員会 二〇〇八:一七〇～一七一)。

賽銭箱

三巴の長胴締め太鼓を両撥で打つ
寛永期(一六二四～四三)の『きのふはけふの物語』(国立国会図書館デジタルコレクション)に山王祭太鼓の拍子についての記述がある。
「山王祭を御らんじて候か、いやいまだ見申さぬといふ、さらばひやうしをふみてきかせ申さふとて、大宮のはやしはのんのやのんのさんわうまつりすこ〱すこや、さてもおもしろきひやうしぢや」

④

人しゆハ天満町ゟ出

④伝馬町の四十二人。天満町は伝馬町の当て字であり、大伝馬・南伝馬の両町の人衆、つまり神輿舁きをはじめとする神社が出す人手は両町が国役として出す。大伝馬町は中央区日本橋大伝馬町、日本橋本町二・三丁目にあたる(以降、町名表記は現地名の付近、「該当する」という表記を略す、現地名は『東京都の地名』(平凡社地方資料センター　二〇〇二)による)。南伝馬町は中央区京橋一～三丁目。

猿田彦、烏帽子の鼓打ち、田楽太鼓、びんざさら、緑頭の獅子六頭(四人立ち)は二十四人、「南伝馬町」の幟を持つ男十人が続く。

天保九年(一八三八)の『東都歳事記』の時代には獅子頭二になっているが、『麹街略誌稿』によると、「持人廿四人、獅子頭は大傳馬町・南傳馬町より、往古は人夫差廻しけるに、中古より鳶人足も交ぢる、獅子頭の持夫帰社の節は、土足のままにて薬師堂へ上るを例とす、獅子頭供奉の町々には、十四日より社頭に詣ると云」とあり、持人の人数が上図と同じである。

「神田明神祭礼絵巻」(草野本家蔵)によると「角獅子　大傳馬町　半天雲稲妻」、「玉獅子　南傳馬町　半天雲竜」(岸川　二〇一二:九九)

法量一覧

	第一巻	第二巻	第三巻
見返し	二五・六	二五・六	二五・六
第一紙	一二二・四	一三三・二	一三一・二
第二紙	一二九・九	一三三・七	一三四・二
第三紙	一三三・七	一三四・三	一二六・六
第四紙	一三四・〇	一三四・九	一三一・五
第五紙	一三三・九	一〇一・五	一三二・六
第六紙	一三四・八	一三四・二	一三二・三
第七紙	一三四・四	一三三・一	一三二・四
第八紙	一四五・三	一三四・四	一二二・五
第九紙	一三四・一	一三一・九	一三〇・〇
第十紙	一三三・八	一三三・四	一二七・五
第十一紙	一三三・五		一三三・九
第十二紙	一三三・六		
白紙	三〇・三	三一・六	三〇・八
各巻総長	一六五九・三	一三六一・八	一四九一・一

三巻全長　四五一二・二

⑤

ここから66頁の㊺までが山王社山車番組町（産子町）による出し物

⑤大伝馬町による出し印が諫鼓鶏の吹貫、縦額「大傳馬町」の町印、四十二人。鶏の羽も五彩で正確である。山王・神田両祭において、毎回町方よりの山車番組第一番として固定している。牛が曳く荷車に重しとして俵を乗せ、作り顎鬚と唐人帽の唐人仮装（朝鮮人風）二人が乗り、一人が軍配を掲げる。二人が手替り（交代要員）として待機する。

車軸中央より貫通する一本柱の頂の飾りや造り物を「出し」「出し印」「出し飾り」というが、本書では出し印と表記する。出しは民俗学では祭りに降臨する去来神の依代と考えられてきた（折口　一九九五）。固定する重しのために土嚢（土の入った俵）らしきものが乗せられており、これは本巻を通じて描かれる。

三巴太鼓とその上の鶏が出し印であり、町名の額を付けた諫鼓鶏のテーマである。

大伝馬町は山王祭では五彩まだらの羽の鶏、神田祭では白い羽の鶏を出し（『麹町略誌稿』）、南伝馬町の山王祭の猿は銀の烏帽子を被って銀紙の御幣を持ち、神田祭では金の烏帽子で金紙の御幣を持ったという。

本図の牛曳きの山車や屋台において、牛の横には必ず博労が伴い、片肌脱ぎや胸をはだけている姿が多い。諫鼓鶏のように荷車を祭礼屋台に代用する嚆矢の姿は「鳥獣人物戯画　丙巻」にすでに見える。牛の前垂れや腹掛け、臀部や轅に張られた日覆いの染織品も豪華である。傘鉾、屋台、町印の装飾と同様、牛を飾った風流の染織美は人気の的であったのではないか。「江戸天下祭図屏風」の牛にも美しい織物などが掛けられている。参加者には煙管を吸っている人も数人見られ、緊張が緩和した場所を行列していることが暗示されている。真夏の水分補給のためであろう、瓜を割って食べ歩く姿も見られる。

『誹風柳多留』（一四八篇三）に「祭の瓜実肌ぬぎも六かわ半」。

⑥

天下祭では事前に行列の順番・山車・附祭の趣向や芸人の名前などを町奉行を介して幕府に届出をすることが決められていた（都市と祭礼研究会　二〇〇七）。

⑥南伝馬町による出し印は猿の吹貫、町印、三十一名、烏帽子をかぶり御幣を持った猿人形、縦額「南傳馬町」の町印。山王・神田両祭において、毎年山車番組第二番。瓜を満たした桶を振り分けにし、ナイフ状のもので割っている者もいる。

『東京市史外篇　天下祭』（東京市役所　一九三九：一一二）によると、「鶏は斑羽、俗に油羽といふ変り羽であり、猿は口を少し開き、銀の烏帽子を冠り、萌黄地金襴の直垂、白の袴、銀紙の幣に扇子を持つ」とある。『隠秘録』（藤沢二〇〇七）によると、五代綱吉の御代までは以下のようであった。

「南傳馬町の猿の御幣持物作り物の出し一番にて、鶏は二番に引し也。彼猿の出し（此猿の面は赤右衛門が作の由、主計猿と云也。奥寺南傳馬町名主主計方に有之候）御幣、祭礼の日、俄に折ける故、二番の鶏、猿の拵の中、行ぬけて已来は、一番に引渡し候にと、台命に仍て、永く第一となり。此天下泰平のいさおしなり。」

山王権現の神使、猿に因むと言われる。

⑦

壱町め
二町め
三町め
四町め
五町め

⑦麹町一～十二丁目の傘鉾十二本、八十六人。麹町一～十二丁目の傘鉾十二本は元禄三年（一六九〇）撰の『江戸惣鹿子名所大全』所収「山王神事作物次第」の記載と同様である。麹町一～十丁目は千代田区麹町一～六丁目、麹町十一・十二丁目は新宿区四谷一丁目、十三丁目は新宿区四谷二丁目。麹町は山車番組第三番を四組で構成し、麹町一～三丁目、同四～六丁目、同七～十丁目、同十一～十三丁目がそれぞれ合同であった。第三番は加えて麹町平河町一・二丁目組合、同三丁目・山元町組合の二組もあり、全六組であった。

十二本の傘鉾の重しとして、石材か俵が積まれている。「江戸天下祭図屏風」には南伝馬町山車の後に、六本の二蓋傘鉾が連なる。この先頭の烏帽子猿の出しは本図と同様であり、高砂の尉と姥人形の傘鉾も続く。岩崎均史氏は屏風の六本の傘鉾の先頭二本を南伝馬町のものとされた(岩崎　一九九八)が、全て麹町が出した傘鉾であろう。

麹町一丁目は横額「糀町」に猿人形の出しの二蓋傘鉾、傘下には軍配と団扇が下がる。烏帽子を被った猿が背中に御幣を背負い、腰に刀を差している出し飾り。麹町二丁目は上弦の月に薄の武蔵野の出し。月を後景に薄や萩を象ったテーマを武蔵野と呼び、趣向を凝らさず細工が簡単であるところから、経済などの諸事情により準備が整わない町の出し物とするケースが多い。二蓋傘鉾の傘下には扇と懸け守りが下がる。麹町三丁目は「本」字を象った剣型の出し印の二蓋傘鉾、傘下には扇が下がる。麹町四丁目は猩々人形の出しの二蓋傘鉾、傘下には扇が下がる。麹町五丁目は赤布の母衣を後景にした剣、三鍬形の兜と幣の出し、兜を被り母衣を負った武人の見立てであろう。二蓋傘鉾の傘下には巾着袋が下がる。

麹町六丁目は矢車の出しの二蓋傘鉾、傘下には扇が下がる。

麹町七丁目は高砂の松に尉と姥人形の出しの二蓋傘鉾、傘下には軍配が下がる。「江戸天下祭図屏風」と同様の趣向である。

麹町八丁目の出しは三宝に両手をついた赤熊、赤覆面、裁着袴姿の人形、二蓋傘鉾の傘下には扇と団扇が下がる。傘鉾の下部分には幕がかかっており、後続の傘鉾の描写から推すと、幕中の操作により人形が三宝上で逆立ちの曲芸をするからくり仕掛けと思われる。

麹町九丁目の出しは大拍子を二本の撥で叩く烏帽子を被った楽人人形、二蓋傘鉾の傘下には扇と袋が下がる。やはり、幕中の操作により、大拍子を打つ所作をするからくり仕掛けであろう。

麹町十丁目の出しは葡萄と竹と剃髪人形。二蓋傘鉾の傘下には扇と巾着袋が下がる。幕中の人は飲物を手渡されている。人形が竹枝を回し、葡萄木を回転させるからくり仕掛けであろう。

麹町十一丁目は逆立ちの赤熊人形の出し印の二蓋傘鉾、傘下には扇が下がる。これも逆立ちをするからくり仕掛けであろう。

麹町十二丁目は三鍬形の兜の出し印の二蓋傘鉾。傘下には軍配と団扇が下がる。

『麹街略誌稿』によると、前日「十四日は麹町揃とて、出番の笠鉾六本、早朝より一丁目御堀端へ揃ひ、夫より麹町中ねり歩行、喰違の外、紀州公の御前にて御上覧あり。故に十三日より家々幕を張り、屏風毛氈をしき、客を招き、其繁昌なる事、実に麹町の大盛事と云ふべし」とある。

六町め
七町め
八町め
九町め
十町め
十一町め
十二町め

『誹風柳多留』（八九篇一五・一七、九三篇二）に
「行列の傘大黒と福録（禄）寿」

⑧

⑧山王町の吹貫、横額「山王町」の町印、その後の湯立て屋台、四十七人。山王町は中央区銀座八丁目、南大坂町・丸屋町とともに山車番組第四番を構成した。

剣、三鍬形の兜飾り、柄杓の水車の出し印、横額「山王町」、吹流しが風で膨らむ。

三鍬形の兜

南北朝時代から室町時代にかけて流行していった三鍬形と呼ばれる変わり兜がある。兜の鍬形は、大将格を表す標識として発生したものであるが、鍬形の二本の角の間に、前立と呼ばれる装飾が加えられるようになった。なかでも剣をモチーフとしたものを三鍬形と呼び、『太平記』にも三鍬形の名称が出てくる。三鍬形の前立の剣は、現存するもののほぼ全てに菱形の切っ先が備わっており、さらに中央にはスリットが入っていて、様式として定着していたことを窺わせる。前立の剣は不動明王の剣を表していると意味づけられ、島根県佐太神社蔵の三鍬形の前立には天照皇大神宮、左右の鍬形に八幡大菩薩と春日大明神という三社託宣の文字が透し彫られている。三鍬形には「神仏を宿す依代としての存在が仮託されていることは明らかで、鉄鉢の物理的な防御機能と対になった、何らかの咒力・霊力による超物理的な力を求めたものである」（福持　二〇一五:八八）。福持氏は京都剣鉾にも、この前立の剣の意匠が十六世紀前半頃、祭礼の鉾の意匠として採り入れられたとする。本絵巻の一本柱上の出し飾りに三鍬形が見られるのも、ただ飾りとしてではなく、神仏のイメージが前提にあったからであろう。また、本物は銅製で薄く作られるので、祭の一本柱上の出し飾りの造り物にしやすかったものと思われる。

⑨

山王町

四輪の屋根付き屋台のテーマは湯立て神事。警固が、六月十五日の山王祭日の頃には旬の桃を幕中の人に手渡している。牛二頭が屋台を曳き、巡らした懸装幕は桃色地、流水に紅葉散しの模様、幕中より人がのぞく。中では鳴り物楽器で囃しているのであろう。屋台屋根の前後に鬼面、正面には湯立て釜が据えられ、中には笹がみえる。巫女役の女児が二本の茶筅形の棒で湯をかき回す所作をするのであろう。笹で湯を撒く所作もあったのかもしれない。屋台の車輪や周辺人物の大きさに比べて、屋台上部の絵画表現が圧縮されており、詰まっているような不均衡さが感じられるのは、絵巻紙高の制約があるからであろう。以降、全図にわたって、全ての屋台表現に同じことが指摘できる。近世後期の祭礼絵巻では屋台の上を表現するために、貼り紙も用いられることがある。

以上の理由により、屋台上にいるのは人形ではなく、人による巫女や神主の仮装であろう。「江戸天下祭図屏風」にも巫女による湯立て二輪車が描かれ、巫女が今まさに笹で湯釜の湯を撒いているところである。前掲「山王神事作物次第」では山王町に加え、南大坂町と丸屋町三町合同の「屋台湯立」が出ている。

⑨桶町は吹貫、万灯の町印、花桶の練物、二十六人。桶町は中央区八重洲二丁目、中央区京橋一～二丁目、山車番組第六番。

町印「桶町」の出し印は御幣に兜の鍬形の飾り。花桶を持ち、赤前垂れ、笠をかぶった女性十人の練物が続く。花は熱帯植物のように巨大であり、桔梗、蓮の葉、女郎花、芙蓉、萩あるいは薄が桶に入っている。こぼれた花を拾う人物など、実にリアルである。桶町は国役の桶大工を負担し（平凡社地方資料センター　二〇〇二）、『京橋繁昌記』や『江戸惣鹿子名所大全』によると桶屋が多く、花桶持ちの練物はこの生業と関係があろう。

「江戸天下祭図屏風」ではこの位置に花桶の出し印の町印が続くが、町名は不詳である。

本絵巻の町方出し物の構成

行列番号・町名	吹貫・吹流・出し	万灯・出し	額・文字	屋台	練物	舁き・曳き台（車）	その他
一巻							
⑤大伝馬町	諫鼓鶏・牛		町名				
⑥南伝馬町	猿		町名				
⑦麹町十二ヶ町			町名（先頭）				二蓋傘鉾十二本
⑧山王町	三鍬形・水車		町名	湯立て神事 牛二			
⑩桶町	鍬形・御幣		町名		花桶		
⑪本町一丁～四丁目				五福神 牛二			
⑫駿河丁・本両替丁	芭蕉	町名			花桶		
⑬小田原町・瀬戸物町	武蔵野	町名		猩々人形 牛			
⑭室町	武蔵野	町名		高砂と汐汲み人形・牛	汐汲み		
⑮不明			御幣 文字不明				長刀踊り・二人
二巻							
⑯不明				お夏清十郎人形・牛			巻頭欠損の可能性
⑰本石町一～四丁目	武蔵野・四本	町名・四					
⑱不明				囃子・牛			先頭は車配出しに纏い
⑲鍛冶町				高砂人形 牛			
⑳本銀町	髭籠	町名		蟷螂 車輪・牛			
㉑鍋町	金銀七葉・二	町名・二					
㉒須田町	金銀重馬験・二	町名・二					
㉓不明						剃髪の太鼓打からくり	
㉔五郎兵衛丁					拳固振り上げ		町名幟持・五
㉕霊岸島	髭籠	町名					
㉖新塩町・新富町	武蔵野	町名			白鼠大名行列	大黒を白鼠が舁く（二丁目）	
㉖新富町三丁目	金貨（町名）					金貨を荷車で曳く	
㉗南大工町	髭籠		町名		巡礼女		
㉘檜物町		芭蕉・町名				御用石を荷車で曳く・牛	
㉙本材木町		武蔵野 町名					大拍子 町名幟持十
㉚四日市町・平松町 左内町							町名幟持十
㉛材木町	薄・柳・髭籠 計三	町名・三					
㉜長崎町					茶壺道中	茶筅・茶壺を舁く	大拍子
㉝東湊町	武蔵野	町名			鷹狩り		
㉞川瀬石町	武蔵野	町名			汐汲み		
三巻							
㉟本八丁堀町	出し各種・五		町名・五				大拍子
㊱本湊町	雷神		町名		念仏聖・大道芸		
㊲出雲町		髭籠・武蔵野・町名			鳥刺し		
㊳南紺屋町	武蔵野	町名				名刀二振りを荷車で曳く・牛	
㊴西紺屋町	武蔵野		町名			世平弓を荷車で曳く・牛	
㊵新肴町	武蔵野	町名					白幟持・五
㊶山下町・南鍋丁			町名		汐汲み		出しが花桶の傘鉾
㊷鎌倉町・三河丁	芭蕉	町名			小母衣		
㊸堺町					大母衣		
㊹富沢町	髭籠	町名				大母衣と猿の人形からくり	
㊺銀座	金貨・町名					千両箱を荷車で曳く・牛	

以上のように踊屋台はない。

弁当が入っている長持の幕には「桶町　三ノ内」とあり、描かれている長持は二つであるが全部で三棹有ったものと思われる。

⑩

⑩本町一～四丁目による五福神屋台、二十七人。本町は江戸随一の繁栄を誇った商業地、中央区日本橋本石町二～三丁目、中央区日本橋室町二～三丁目、中央区日本橋本町二～三丁目、岩附町・本革屋町・金吹町とともに山車番組第七番を構成した。

『誹風柳多留』（八九篇八）に「御祭に牛を引出す長つぼね」、同（八篇二一）「くらやみへ牛を引込む長つぼね」、同（七篇二八）「くらやみへ牛を引出す十五日」、同（一四篇二九）「けちな祭は人間がだしを引」。

本町
　壱町め
　二町め
　三町め
　四町め

福神は商人の神であり、本町にふさわしい。牛二頭が曳く四輪屋台の上に、龍船に乗った五福神。ここではリアルな姿勢から人間の仮装と考える。大黒天、毘沙門天、福禄寿、布袋、蛭子。桃色の幕があげられ、篠笛、締め太鼓、大鼓、小鼓が囃す。演奏しない時は⑧の湯立て屋台のように幕をおろすものと思われる。「山王神事作物次第」では本町の三福神であるが、本図では五福神。

⑪

⑪駿河町・本両替町合同による芭蕉の出し印の吹き流しの手打ち万灯「駿河町」「本両替町」と花桶持ちの練物、二十三人。駿河町は中央区日本橋室町一〜二丁目、本両替町は中央区日本橋本石町一〜二丁目。この両町は隣り合い、品川町・同裏河岸・北鞘町と合同で山車番組第八番を構成した。

菅笠をかぶり、二本差し、竹杖を持ち、尻端折りで赤褌が見える警固六人、花桶を持ち揃いの衣装、赤前垂れの女性十人の練物が続く。桶の中は蓮葉、桔梗、芙蓉、女郎花、萩、百合などであり、出し印の芭蕉とリンクしている。「江戸天下祭図屏風」には本両替町による花を活けた桶を持つ二人の人物が描かれる。松風と村雨の見立てであろうか。

弁当長持には「靍屋　つるや」と墨書される。

寛政改革以前の景観とされる「神田明神祭礼図巻」（神田神社蔵）第二巻には、永富町による牛曳きの二輪の踊屋台も見える。これは絵空事であろう。安全面からも本図のような四輪車であろう。

⑫

⑫小田原町と瀬戸物町合同の二十三人。小田原町は中央区日本橋室町一丁目、中央区日本橋本町一丁目にあたり、日本橋の魚河岸の中心地である。

満月に薄の武蔵野の出し印に、牡丹模様の吹貫、万灯「小田原町」。

瀬戸物町は中央区日本橋室町一〜二丁目、中央区日本橋本町一〜二丁目。この両町と⑭伊勢町は合同して山車番組第九番を構成した。

牛の背覆いの飾り裂も見事であり、牛が四輪の猩々人形屋台を曳く。博労は桃を食べつつ歩く。

屋台上の前部には酒壺と二人の猩々人形が据えられ、後部の岩組は造り物であるが、柳と松は本物の可能性もある。後ろでは猩々に因み桶の酒を飲む情景であろう。

『誹風柳多留』（七七篇七、一三六篇四三）に「御祭も夏はしつぽり汗にぬれ」。

十八世紀初頭頃の山王祭では、未だ茶小屋（荷茶屋）という飲料運搬具が導入されていなかったものか。

せと物町

⑭　⑬

⑬室町と船町合同の十三人。室町は中央区日本橋室町一〜二丁目、船町とは「山王神事作物次第」では大舟町、つまり本船町と思われ、日本橋魚河岸の中心地、中央区日本橋室町一丁目、中央区本町一丁目。この両町と本町三丁目裏河岸と安針町の四町合同で山車番組第十番を構成した。

上弦の月と薄の武蔵野の出し印に吹貫、万灯「室町」「ふな町」。団子を食す男、上箱に「銅屋　善九郎」と書かれた長持が開けられ、三段重弁当や酒が振舞われている。長持に掛けられた裂を道に敷き、腹ばいになって酒を飲む男。このようにリラックスした姿の参加者を描いた祭礼絵巻は非常に珍しい。

⑭伊勢町の二十人も休憩中である。伊勢町は中央区日本橋本町一〜二丁目、瀬戸物町・本小田原町と山車番組第九番を構成。道に莫蓙を敷いて腰を下ろす潮汲み役の女性五人は、屋台上の松風と村雨であろう潮汲み人形に対応し、人形の後には須磨の浜の苫屋がある。高砂の尉と姥人形は須磨と高砂という播磨の文芸、芸能世界でつながっている。

四輪屋台の中には囃し方と思われる五人の男がいるが、幕があげられて風を入れて休憩中であり、夏祭りにふさわしく水分補給の瓜が届けられている。長持より弁当や酒が出され、瓜の桶も見える。

いせ町

未明に山下門(見附門)で集合・出発した行列は、入城前の半蔵門外で昼飯だったようである(菊池　二〇〇三)。山下門から半蔵門まで七、八時間程を要したことになる。

将軍上覧所から竹橋門より出ると、諸侯の御物見前へ招かれる。御家人の御小人目付という役人が指揮をし、大名たちの見物席へ向かった。先頭の両伝馬町が常盤橋門に着く頃は正午余程過ぎになり、行列全てが出るのは夜になる。行列末が竹橋門を出るとすぐ点灯する時間となった。

⑮

⑮町名不詳の十七人、三本の御幣を立てた縦額(町印か)に長刀持二人が続く。恐らく長刀振りの芸能を演じる芸能者を出す町であろう。「江戸天下祭図屏風」には箔屋町の長刀振り、田所町の二人の棒振りの演技が描かれている。この町は箔屋町かもしれない。

歌舞伎と山車人形

初代尾上松助が三役を勤めた『音菊天竺徳兵衛』は文化元年(一八〇四)初演された当時、早替りや水入りからくりの多用が受けて、七月三日から九月初めまで打ち通すほどの大当たりだった。大田南畝は文化五年六月の三演の時の熱狂ぶりを伝える書簡を残している(大田南畝「文化五年七月十二日中村李囿宛書簡」『大田南畝全集』第十九巻収録、岩波書店)。

当春浪花より中村歌右衛門が江戸に下り、三演目の芝居は春より夏まで大当たりを取った。この他にも初めて江戸で演じた中村歌右衛門による義経千本桜の忠信狐が大当たり大入にて、六月山王祭の造り物にも歌右衛門人形が多く出された。

『誹風柳多留』(一二一篇八甲)に「祭礼の行れつ人形芝居めき」とあるように、舞台から採った山車人形は多かった。

⑰　⑯

第二巻　巻頭欠損の可能性あり

⑯町名不詳の九人、牛が四輪屋台を曳く。おろされた幕中の前方より一人が外を覗いている。移動囃子の演奏中であろう。屋台屋根の前後には二羽の金色の鳳凰飾り、正面には額に「おなつ　清十郎」の文字、武家の人形が清十郎、公家の娘らしき人形がお夏であり、有名な駈落ちの場面であろうか。屋台上部圧縮表現による子供(あるいは大人)歌舞伎の芸屋台(移動舞台)の可能性も捨てきれない。そう考えると、本絵巻唯一の踊屋台となる。原作の宝永四年(一七〇七)近松門左衛門「五十年忌歌念仏」の役柄と、本図の髪形、衣装は異なるが、密会の場面であろう。

他の集団でも同様であるが、「風流の警固」ともいうべき祭礼行列を彩る「出演者としての警固」は菅笠をかぶり、二本差し、竹杖を持ち、緑の半纏を纏い、尻端折りで赤褌が見える警固である。

⑰本石町の吹貫四本の裂地の色と柄は華麗であり、ともに月に薄の武蔵野の出し印と吹貫であるが、出し印の造形が異なる。本石町四丁分と十軒店は山車番組第十一番を構成した。三十一人。先頭の「本石町」は恐らく一丁目であり、中央区日本橋本石町三～四丁目、上弦の月に薄と芭蕉。同町二丁目は中央区室町三～四丁目、満月に薄と軍配四本、同町三丁目は中央区室町三～四丁目・中央区日本橋本町三～四丁目で三日月に薄と芭蕉、同四丁目は中央区日本橋本町三～四丁目で満月に薄と矢羽の形の出し。

警固は菅笠をかぶり、竹杖を持ち、茶の半纏を纏い、尻端折りで赤褌が見える警固である。

各万灯「本石町」「同二町め」「同三町め」「同四町め」

⑱

江戸の祭囃子

城所恵子氏の論を引用する。

(前略)狭義に祭囃子という時、それは江戸の祭囃子を指し、江戸前らしい曲調は近世邦楽や歌舞伎の下座音楽などに取り入れられている。江戸の祭囃子は、享保初年に現葛西神社の神主能勢環が村内の若者に和歌囃子(訛って馬鹿囃子)を教え、祭礼で囃させたといわれる葛西囃子を元に神田明神の将軍上覧祭に参加させて以来関東一円にひろがりをみせている。通称五人囃子(締太鼓二、笛・大太鼓・鉦各一)で、屋台—昇殿—鎌倉—四丁目—屋台と性格の異なる曲をおり混ぜて組曲形式をとるのをひとっぱやしと称し、これに木遣りのつく時、鳳輦(ほうれん)を曳く時など場に応じた間物(まもの)といわれる秘曲を挿入して組みかえる。神輿の渡御行列に供奉するほか居囃子として神楽殿でも囃される。各曲に短いパターンを綴り合わせて江戸前らしい音色や節まわしを求め、多くの流派を生み、また数々の名人を輩出してきた。東京周辺の祭囃子にひょっとこやおかめ、天狗の踊りのつくことがある。これは山車を曳く時に曳き子を囃した身振りが次第に舞踊化したものである。(城所　二〇一〇:四二二)

⑱町名不詳の十九人、牛が曳く囃子屋台。先頭の軍配の出し印に纏いは恐らく軍配裏に町名が書かれた町印であろう。屋台前方には神主風衣裳に烏帽子の三人、後方には篠笛、鉦、鼓の囃し方が奏する。屋台屋根や屋根下の水引幕、高欄部の飾り、屋台周囲の懸装品、牛の背覆いと胸部の飾りなど色彩、デザインが見事である。「江戸天下祭図屏風」では⑱本石町と同様の趣向の屋台であることから、⑰と⑱は本石町による一連の趣向で、⑰が町印、⑱が囃子屋台、あるいは⑰が本石町、⑱が十軒店の可能性もある。

⑳　⑲

かぢ町

⑲鍛冶町十人は尉と姥（翁と媼）人形の屋台。鍛冶町は千代田区鍛冶町二丁目、千代田区内神田三丁目。鍛冶町二丁分は㉑鍋町と共に山車番組第十四番を構成した。牛が曳く四輪屋台、上には高砂の松に見立てられた真松を背景に、熊手を持った尉と箒を持った姥の人形が乗る。風流の警固の半纏の紋様が特に素晴らしい。

⑳本銀町は舁き吹貫と蟷螂屋台の二十一人。同四丁分は中央区日本橋本石町四丁目、中央区室町四丁目、中央区本町四丁目。同町は新革屋町・新石町一丁目・元乗物町と合同で山車番組第十三番であった。出し印は髭籠（ひげこ）で、編み残しの竹を放射状に下げた籠を言い、折口信夫は祭に降臨する神の依代とした（折口　一九九五）。町印部分は万灯「本銀町」である。京都祇園祭の蟷螂山さながらの四輪屋台を牛が曳く。

㉑

御簾の下りた公家館の屋根に蟷螂と御所車の二輪の車輪部が乗っている。「蟷螂の斧を以って降車の轍を禦がんと欲す」(弱いものが身の程知らずに強い者に立ち向かう無謀なことの譬え)という中国の故事に因んだもの。京都祇園祭では蟷螂と御所車の車輪が動く仕掛けであるが、これは二輪の車輪と車軸のみなのでからくり細工は難しいと思われる。高欄部は透彫であろう。

㉑鍋町は千代田区鍛冶町三丁目、鍛冶町と山車番組第十四番を構成した。金と銀の七葉の出し印の吹貫二本の十五人。町印部分は万灯「鍋町」「なべ町」であり、夜間は灯が入ったものであろう。

㉓

㉒

㉒須田町一・二丁目は千代田区神田須田町一丁目。
金と銀の瓢箪上下合わせの出し印の吹貫、万灯「すた町」の町印の十三人。須田町は通新石町・連雀町と合同で山車番組第十五番を構成した。

㉓町名不詳の十二人による輿(台)の上で正座した剃髪の人形が二本の撥で締太鼓を叩く。輿を舁く四人の中央、輿のほぼ真下に首から下の姿が見え、歩きながら人形が撥を打つからくりを操作しているものと思われる。
㉒須田町、あるいは第十五番の通新石町・連雀町合同で出した屋台の可能性もあり、先行の吹貫が町印として先導しているのかもしれない。
『誹風柳多留』(五八篇三五)に「からくりの上にごきわな太鼓うち」。

㉔

㉔五郎兵衛町は中央区八重洲二丁目、山車番組としては北紺屋町とともに第四十一番を構成した。幟四本の後に作り髭、大小二本差しの八人の伊達男が右手の拳をあげるポーズをとりながら練る。計十七人。

山王祭山車番組表（『増補改正　万世江戸町鑑』嘉永三年（一八五〇）より作成）

山車番組	番組構成町
第一番	大伝馬町一～二丁目
第二番	南伝馬町一～三丁目・同三丁目新道
第三番	麹町一～十三丁目・同代地・麹町平河町一～三丁目・同代地・麹町山本（元）町
第四番	山王町・南大坂町・丸屋町
第五番	小舟町一～三丁目・堀留町一～二丁目・堀江町一～四丁目
第六番	桶町一～二丁目・同東会所
第七番	本町一～四丁目・岩附町・本革屋町・金吹町
第八番	品川町・同裏河岸・北鞘町・本両替町・駿河町
第九番	瀬戸物町・本小田原町一～二丁目・伊勢町
第十番	室町一～三丁目・本町三丁目裏河岸・本船町・安針町
第十一番	本石町一～四丁目・十軒店
第十二番	西河岸町
第十三番	新革屋町・新石町一丁目・元乗物町・本銀町一～四丁目
第十四番	鍛冶町一～二丁目・鍋町
第十五番	須田町一～二丁目・通新石町・連雀町
第十六番	三河町一丁目・鎌倉町
第十七番	小網町一～三丁目・同一丁目横町
第十八番	新材木町
第十九番	新乗物町
第二十番	住吉町・同裏河岸・難波町・同裏河岸・高砂町・猿若町一～二丁目
第二十一番	田所町・通油町・新大坂町
第二十二番	富沢町・長谷川町
第二十三番	銀座町一～三丁目・同裏河岸・同四丁目
第二十四番	通一～四丁目・呉服町・元大工町
第二十五番	檜物町・上槙町
第二十六番	元材木町一～四丁目
第二十七番	万町・元四日市町・青物町・佐内町
第二十八番	大鋸町・本材木町五～七丁目
第二十九番	霊岸島長崎町一～二丁目・霊岸島町・東湊町一～二丁目
第三十番	川瀬石町・小松町・音羽町・平松町・榑正町・新右衛門町・南油町
第三十一番	箔屋町・岩倉町・下槙町・福嶋町
第三十二番	本八丁堀一～五丁目
第三十三番	本湊町
第三十四番	西紺屋町・弓町・南紺屋町
第三十五番	芝口一丁目東側・同西側・出雲町・竹川町
第三十六番	新肴町・弥左衛門町
第三十七番	柳町・本材木町八丁目・具足町・京橋水谷町
第三十八番	山下町・南鍋町
第三十九番	数寄屋町
第四十番	南新堀町一～二丁目・北新堀町・北新堀大川端町・箱崎町一丁目・霊岸島塩町・霊岸島四日市町
第四十一番	五郎兵衛町・北紺屋町
第四十二番	元飯田町
第四十三番	南大工町
第四十四番	常磐町
第四十五番	霊岸島銀町一～四丁目

次の七つの山車番組は、第三番組のみ六組、それ以外は二組より構成され、各組が別の山車を出していた。

第三番組は、麹町一～三丁目、同四～六丁目、同七～十丁目、同十一～十三丁目、麹町平河町一・二丁目、麹町平河町三丁目・麹町山本（元）町の六組。

第十四番組は、鍛冶町一・二丁目と鍋町の二組。

第二十番組は、住吉町・同裏河岸・難波町・同裏河岸・高砂町と猿若町一・二丁目の二組。

第二十三番組は、銀座一～三丁目と銀座四丁目の二組。

第二十五番組は、檜物町と上槙町の二組。

第二十七番組は、万町・元四日市町・青物町と佐内町の二組。

第二十八番組は、大鋸町と本材木町五～七丁目の二組。

㉖ ㉕

㉕霊岸島町は中央区新川一丁目、霊岸島長崎町・東湊町二丁分とともに山車番組第二十九番を構成した。
髭籠の出し印の吹貫、万灯「れいがん嶋」の町印の八人。「江戸天下祭図屏風」では同町は武蔵野の出しである。

㉖万灯の正面は「新塩町」、側面が「新富町」であり、後続が新留二・三丁目なので側面は新留町の誤記かもしれない。中央区新富一・二丁目の新富町は明治四年(一八七一)起立の町名で、江戸時代は武家地であったからである(平凡社地方資料センター 二〇〇二)。両町ともに山車番組町ではない。
満月に薄の武蔵野の吹貫が後続の屋台を先導しているのであろうか、最後尾の人物が後続の屋台を振り返って見ているのは一連の出し物を想定させる。

新塩町と新留町合同であろうか。四十五人。

新塩町は大伝馬塩町が明暦の大火で焼失後の移転代地である霊岸島塩町、中央区新川一丁目であり、山車番組は南新堀町一丁目・同二丁目・北新堀町・大川端町・箱崎町一丁目・霊岸島四日市町とともに第四十番を構成した。㉕の霊岸島町の後続にふさわしい。

新富（留）町二丁目は白鼠の被り物の仮装行列で、打出小槌と大名行列の立傘と挟箱が先導し、俵に乗った大黒を据えた輿（台）を舁く。

同三丁目は赤い円筒型の出し印の吹貫に、中央が括れた形の金貨の町印、荷車の上に「万枚」の墨書がなされた、町印と同形の金貨の造り物二つを引っ張る。

「江戸天下祭図屏風」では、白鼠の仮装が大きな黒い塊を乗せた二輪車と俵上の大黒を舁いている。黒塊は分銅と解釈されるが、金色の経年褪色によるもので本図と同様、中央が括れた金貨の造り物の可能性もある。

新富（留）二町め

同三町目

万枚（金両箱のイメージ）

㉗南大工町は中央区八重洲二丁目、京橋二丁目。山車番組第四十三番を構成。髭籠の出し印の吹貫、横額「南大工町」の町印。巡礼女の練物で、背中には経文か納経関係の墨書であろうか。総勢二十一人。

地走り踊

本図には見られないが、十九世紀における江戸の祭礼の附祭や御雇祭では地走り踊といい、朱の風流傘を差し掛けられつつ、巡行路を前進して踊り行く芸能が流行した。この源泉は室町時代の京都とその周辺で流行した風流囃子(拍子)物にあると考えられよう。それは大型の風流傘(傘鉾・笠鉾)を中心に、その傘下において笛・太鼓・鉦などによる徒囃子を奏し、また同時期に都で流行した小歌をうたい、さらに物語を表現する仮装練物や異形の棒振りの芸能などで構成された行列風流(道行風流)である。

風流囃子物は、小正月の松囃子、盆の風流踊、京都祇園祭などの祭礼に現れるが、祭礼においてはその様式が各地に流行し、やがて車が付いた鉾車や屋台となって風流化・大型化するなど、近世中期以降の都市祭礼において町人の経済力や職人の技術力を背景に、山・鉾・屋台・山車の祭礼へと大きく成長した(植木・田井 二〇一〇)。

地走り踊はまさに朱傘を差し掛けられた道行踊で、風流囃子物の江戸的展開とも考えられよう。『誹風柳多留』(一六五篇一三)に「祭の諸葛地踊を走らしむ」。

㉙ ㉘

㉘檜物町は中央区八重洲一丁目、日本橋三丁目、山車番組では上槇町とは別に第二十五番を構成した。

芭蕉の出し印の手持ち万灯「ひもの町」の町印。牛と十人が御用石の四輪屋台を曳く。上には前方に二人の木遣り、後方に鉦、鼓、三味線が囃子を奏する石運び屋台、計二十四人。

御用石は公的建物の石運搬の造り物であり、実物ならば修羅などで曳くものである。「伊勢津八幡宮祭礼絵巻」（ニューヨーク市立図書館・スペンサーコレクション蔵）など、江戸前半の城下町祭礼風流には石曳きなどの風流が見られた（福原　二〇一四）。

㉙長胴枠付き締太鼓は町方練物の中に三つ、最後の山王社一行に一つ見えるが、この太鼓は社人らしき烏帽子、白丁が叩くので、後続する山王社が出したものかもしれない。ここでは本材木町を先導するものと解しておく。

本材木町一～四丁目は中央区日本橋一～三丁目、山車番組第二十六番、同五～七丁目は中央区京橋一～三丁目、同第二十八番、同八丁目は京橋三丁目、同第三十七番を構成した。下弦の月の出し印に枝垂れ柳、万灯「本材木町」の町印、本材木町の幟持ち十人、計十六人。「江戸天下祭図屏風」の材木町は材木（造り物）を積んだ二輪車を牛が曳く。

㉛　㉚

天下祭

山王権現(明治期以降は日枝神社)は徳川将軍家の産土神であり、文明十年(一四七八)太田道灌が江戸城築城の際に創建したとされ、万治元年(一六五九)、江戸城の裏鬼門にあたる現在地に遷座した。神田明神(明治期以降、神田神社)は江戸の総鎮守であり、江戸期には大己貴命と平将門の二柱が祭神であった。元和二年(一六一六)、江戸城増築に伴い現在地に遷座した。

山王権現と神田明神の祭礼のみ行列が江戸城に入り、北の丸で将軍の上覧に供することから「天下祭」の俗称があるが、江戸期の史料上「天下祭」の語はほとんどなく公称ではない(木下・福原　二〇〇九:一六)。むしろ、幕府が費用負担をする「御用祭」の用例の方が多い。山王祭は寛永十二年(一六三五)、神田祭は元禄元年(一六八八)に初めて上覧した記録が残り(『徳川実記』)、延宝九年(一六八一)からは隔年交代となる。つまり、山王祭は子・寅・辰・午・申・戌年の六月十五日、神田祭は丑・卯・巳・未・酉・亥の九月十五日が基本。前近代の旧暦において、十五日望月には月明かりによる夜祭りが可能となり、祭りが多く催される日であった。

祭礼行列は神輿・山車・附祭・武士の供奉が主である。山王祭の行列は本絵巻のように山車行列のあとに神輿行列が続く形式で、神田祭の場合は当初山王祭同様であったものを、天明三年(一七八三)に神輿帰社の都合のため、山車行列の途中に神輿行列をはさむ形式に改めている。

祭礼費用は地主から徴収し、担当の町名主が段取りから警備(警固)・取り締りまでを行った(千代田区　一九九八)。

㉚「四日市、平松町、左内町」の幟持ち十五人。平松町と左内(佐内)町は中央区日本橋一～二丁目で隣り合う。平松町は山車番組第三十番、佐内町は同二十七番。

四日市は二つの可能性があり、元四日市町の場合は中央区日本橋一丁目であり、佐内町・万町・青物町と第二十七番を構成した。霊岸嶋四日市町の場合は中央区新川一丁目で、霊岸嶋塩町・南新堀町一丁目・同二丁目・北新堀町・大川端町・箱崎町一丁目と合同で山車番組第四十番を構成した。組合町よりすると、前者の元四日市町であろう。

㉜ ㉛

㉛材木町は新材木町（中央区日本橋堀留町一丁目）であろう。山車番組第十八番を構成した。薄、柳、髭籠の出しと吹貫、万灯「材木町」「さいもく町」の町印、二十一人。

神田祭山車番組表（『増補改正　万世江戸町鑑』嘉永三年（一八五〇）より作成）

山車番組	番組構成町
第一番	大伝馬町一～二丁目
第二番	南伝馬町一～三丁目・三丁目新道
第三番	神田旅籠町一丁目
第四番	神田旅籠町二丁目
第五番	鍋町
第六番	通新石町
第七番	須田町一丁目
第八番	須田町二丁目
第九番	連雀町
第十番	三河町一丁目・鎌倉町
第十一番	豊島町一～三丁目・湯島一～六丁目・神田金沢町
第十二番	柳原岩井町
第十三番	橋本町一丁目
第十四番	橋本町二丁目
第十五番	神田佐久間町一～二丁目
第十六番	神田佐久間町三丁目・同四丁目（残地・元地・裏町・代地）・神田富松町・同町元地
第十七番	神田久右衛門町一～二丁目蔵地・同代地
第十八番	多町一丁目
第十九番	多町二丁目
第二十番	永富町一～四丁目
第二十一番	竪大工町
第二十二番	関口町・蝋燭町
第二十三番	神田明神西町
第二十四番	新銀町
第二十五番	新石町一丁目
第二十六番	新革屋町
第二十七番	鍛冶町一～二丁目
第二十八番	元乗物町
第二十九番	横大工町
第三十番	雉子町
第三十一番	三河町四丁目
第三十二番	神田明神下御台所町
第三十三番	皆川町二～三丁目
第三十四番	塗師町
第三十五番	白壁町
第三十六番	松田町

次の三つの山車番組のうち、第十一番組は三組、第十五・十六番組は二組より構成され、各組が別の山車を出していた。

第十一番組は、豊島町と湯島町と神田金沢町の三組。

第十五番組は、神田佐久間町一丁目と同二丁目の二組。

第十六番組は、神田佐久間町三・四丁目と富松町の二組。

㉝

長崎町

㉜長崎町は中央区新川一・二丁目の霊岸島長崎町のことであろう。霊岸島町・東湊町二丁分とともに山車番組第二十九番を構成した。同一丁目には茶入蓋師などの小道具唐物屋があった（平凡社地方資料センター　二〇〇二）。茶筅と茶壺の出し印により町印としたのであろう。後続には五つの茶壺から成る御茶壺道中の練物、二十七人。

御茶壺道中は毎年四・五月頃、宇治茶を茶壺に入れて江戸まで送らせた行事で、将軍御用の盛大な行列であった。そのため、「麹屋町奉納踊御茶献上大名行列図」（一巻、長崎歴史文化博物館蔵）のように、長崎くんちなどの祭礼行列に取り入れられることもあった。「山王神事作物次第」に記された長崎町の出し物は「茶臼茶筅」である。

㉝東湊町二丁分は中央区新川二丁目、山車番組第二十九番。

満月に薄の武蔵野の出し印の吹き流し、手持ち万灯「東湊町」の町印、後続の鷹狩りの練物十八人。竿先の鳥餅持ちと犬を連れた勢子二組、鷹匠二人、獲物の鳥（鴨であろうか）が続くが、鷹と獲物は造り物であろう。「江戸天下祭図屏風」の湊町は満月に薄の武蔵野の出し印の吹貫、縦額の町印、松風・村雨の見立てと思われる潮汲み女の練物である。

③④

武蔵野の山車

月に薄などの造り物を上に乗せた山車を武蔵野の山車といい、火事などの災害や経済的な問題により、本格的な山車(人形・趣向)が出せないときに出すと言われる。幕閣が上覧した際、武蔵野山車により各町の経済や災害復興状況を把握するとも言われるが、史料上の裏付けはない。『守貞謾稿』によると、岩組(形)は紙張りに胡粉ぬりで、浪も同じ製法である。多くの山車は毎年替えるものではなく、修繕をしつつ、同じ人形・趣向を数年(回)出すのが普通であろうが、何かの契機、あるいは一定の年限が経ったら趣向を変える時もある。

武蔵国の平野をいう武蔵野は神田・山王祭礼の舞台より西に広がり、都人が自然を愛でる対象ともなった。一方、薄は秋の七草であるが、花ともいえない寂しげな風情で月見の景物として映える。武蔵野が、なぜ、趣向のない俄拵え、廉価や簡易というマイナスイメージの山車となったのであろうか。武蔵野には『万葉集』や『伊勢物語』以来の都人にとっての東国の鄙びたイメージが前提としてあり、『続古今和歌集』に「武蔵野は月の入るべき峯もなし　尾花が末にかかる白雲」(源通方)と詠まれ、俗謡に「武蔵野は月の入るべき山もなし　草より出でて草にこそ入れ」とあるように、見渡すかぎりの草叢が広がっていたと想像される。

他にも牡丹、石台に牡丹や松、花籠などが、趣向を凝らさない定番の山車の造り物であった。

㉞墨書の河崎石町、万灯「河先石町」とは中央区日本橋二丁目の川瀬石町のことであろう。小松町・音羽町・平松町・榑正町・新右衛門町・南油町と合同で山車番組第三十番を構成した。満月に薄の武蔵野の出し印の吹貫、万灯の町印。

祭りの興奮か、酒に酔った勢いか、木刀であろうが抜刀の喧嘩が行われようとしており、数人が止めにようとしている。あるいは芝居の演技なのか。

潮汲女六人の練物が続き、計二十五人。

河崎(瀬)石町

山王祭での喧嘩

天保二年～嘉永二年(一八三一～四九)編纂の『事々録』第三巻(三田村　一九二七b)によると弘化五年(一八四八)六月十五日は鳴物停止、山王祭礼は七月二十七日に延期された。獅子附の者と毛利大膳太夫(毛利藩士)祭礼警固の人歩(人夫か)が永田馬場において喧嘩を行い、獅子附の者多くに怪我人が出、数人が入牢。

『寛政紀聞』寛政一年(一七九九)の条

一旧冬之暮にかゝり画双紙問屋西村源六卜申者板本(元)にて、侠太平記向フ鉢巻と云三冊物之双紙売出しになり、此作者ハ式亭三馬也、其趣向ハ去年山王祭礼之節麹丁祭、小舟町通り之折意趣有レ之由にて大喧嘩相始マリ、誠に軍同様と申位にて即死怪我人夥敷、余程之間ひまどり漸ク内済ニ相成候始末を、それとなく軍に事よせ作り替、絵に八下町辺纏など真ノ如くに写し、人足等之印半天まで其まゝにゑがきたり、然るに右仲間之者共銘々身分にかゝる事を慰みに致し売出し候義甚不届也と、一同申合せ、諸方小売店ノ卸本を追々と買取り置、当月二日ノ夜、町役人へ右之本を持参致し、斯ク之仕合故、用捨致し兼候ニ付、西村方へ押懸ヶ打こはし候間、左様ニ承知有レ之度由申置キ、夫より四五十人にて鳶口或ハかけや之類、手にく提け、西村方江おしかくるや否、見世座敷土蔵之嫌なく、微塵に打こはし、其後直ニ町奉行江罷出、右之始末申上候ニ付、奉行所ニ於て一応取糺し、右之者不レ残ラ入牢被二申渡一、西村ノ主人も早々被二召呼一手鎖所預ニ相成、作者三馬も同様也、御裁許ハ如何被二仰付一候や、未夕相訳り不レ申候得共、此節世上之評判、右ノ壹件許りなり。(三田村　一九二七a:一八三一～一八四)

第三巻　紙高二九・三　総長一四九一・二

㉟

第三巻

㉟長胴枠つき締めの太鼓を両側から打つ。

本八丁堀五丁分(一〜五丁目)は中央区八丁堀三〜四丁目、山車番組第三十二番を構成した。一〜五丁目の五本の吹貫と縦額「本八丁堀」の町印、出し印は猩々人形、烏帽子猿、金色の二蓋馬験、金色の将棋駒「飛車」と兜の鍬形飾り、満月に薄の武蔵野、計三十六人である。

山王祭に参加できる町々も、祭礼初期より定められていた。江戸城下町のうち初期構成町(古町)の中から財力のある日本橋(魚市場)を中心とした町々から選ばれた。

神田界隈でも、鍛冶町・須田町・新石町・鎌倉町など財力のある町々は山王祭に加わっていた。

紫の一本

戸田茂睡『紫の一本』巻四に天和三年(一六八三)頃の山王祭の行列について次のように記されている(鈴木・小高二〇〇〇:二一九)。

(二)山王(中略)

祭の露払ひは山王町なり。伝馬丁より「諫鼓苔深うして、鳥驚かぬ」と云ふ誌の心の作り物定って出る。糀丁十一町は十一の笠鉾の上には、金の烏帽子を着け、御幣を持ちたる猿と、突舞ひをする猿との作り物かはらず出る。その外は年により替はる。弓丁より大弓、鍛冶丁より大太刀必ず渡るなり。あるいは屋台を作りて、車に載せ牛に引かせ、あるいは銀の千貫箱を車に積んで、鼠の面被りたるものに引かせ、又は塩汲みの体をまなぶに、塩桶を金銀にて溜みて、立つ波を絵に描きたれば、寄せては帰る荒磯の、岩根の浪の音添へて、高師の浜の風荒れて、かけじや袖も濡れぬべし。または花籠を持たするに、まづ咲き初むる梅の花、霞に匂ふみよし野の雲に疑ふ桜花、春の錦は着たれども、帰らん事を忘れ水の、岩根の躑躅影見えて、なほ水潜る紅の、濡れてや色の深見草、かの源の俊頼の「尾花波よる夕暮」と真野の入江に読みたりし、一村薄、萩の露、しのに乱るる刈萱の、下葉も匂ふ藤袴、ひもとく花の初めより、霜まで残る白菊は、花かあらぬか作り枝と疑ふまでに作るもあり。大母衣小母衣吹流し、大名唐人山伏の形を似せて出るもあり。この祭は二階の上の見物ならず。祭の渡る道筋をば人を通さず。なるほど形義よし。

㊲ ㊱

八丁堀

㊱本湊町は中央区湊一～二丁目、山車番組第三十三番を構成した。

乗雲、連太鼓の雷神の出し印の吹貫、縦額「本湊町」の町印。厨子負いは商い聖か、六十六部などの勧進聖の仮装であろう。

『人倫訓蒙図彙』所載の大道芸人「高足駄」を彷彿とさせる仮装は蝋燭二本を頭に戴く。

袈裟姿に干し鯛の開きを背負っている者が続く。計十五人。

㊲出雲町は中央区銀座八丁目、芝口町一丁目・竹川町とともに山車番組第三十五番を構成した。上弦の月に薄の武蔵野と髭籠の出し印の吹貫、万灯「出雲町」の町印、小鳥を刺す黐竿(もちざお)、猟の獲物の鳥の造り物を舁く者など、鳥猟(餌刺し・鳥刺し)の練物、十四人。

㊳

蜘蛛の糸巻

京山岩瀬百樹編『蜘蛛の糸巻　二巻』十六「山王祭」の従来の翻刻には過ちもあるので、国会図書館蔵近世後期の写本、表紙『天明事蹟　蜘蛛の(乃)糸巻　下巻』(通称「追加」、請求記号WA一九―三)によって翻刻した。前半は『増訂　武江年表』(享保年間記事)に類似している記述がある。文末のしんばの屋台は「文政七年(一八二四)江戸山王祭礼新場附祭図屏風」(神田神社蔵、神田神社での名称は「江戸天下祭図屏風」)に描かれている。二行分かち書きは括弧に入れた。

享保以前、山王・神田明神の祭りに、屋台と唱へ、破風作り四本柱、総黒漆になし、此内に草木・人形など、さま(繰り返し濁点)の餝り物をなして担ひありく、其費、屋台一ツに三十四・五両に限れりとぞ、物の価ひ、今より八安かりしゆゑなるべし、此事享保六年国禁ありて絶しに、卅年ばかり後、宝暦にいたり、始にかへり、附祭りと云事も起り、むかしの餝り物屋台を踊り屋台と唱へ、正面に腰掛を置、毛氈を掛け、女子二人三味せんをひき、歌をうたふ、其姿八髷の正面に花かんざしの長をさし、それをたよりとして、紫きぬ紅裏の手拭やうの長をかぶりて、むすびさげる、おほかた八振袖也、其前にてをどりをなす、又女子の絹上下を着たる後見あり、此屋台の後に付て、男あるひ八女子のはやし方、いづれも銀地の扇の上に、牡丹の花の作り物を付、皆紅裏の絹の手拭やうの物を縫付て、かぶりありきながらワざをなす、是宝暦・明和・安永中三十年ばかりの間の風俗也、天明中の末にいたりて、今のそこぬけやたいとて、はやし方、是に入りてワざをなす事起りシ也、天明二三年比の事かと覚ゆ、材木町に附まつりありし時、踊り指南する藤間お□ん、をどりやたいにて、石橋の所作ありし時、歌八松永忠五郎(狂言座立歌也)此屋台大評判也しに、(是八しんば(新肴場―引用者)より出しにや、其頃、しんばの屋台と云へり)、しんばの揃ひに黒びらうどを市松に切りぬき、下に緋ちりめんを着たる者あまたありしを見たり、今八さる事なし、尤国禁厳重なるゆゑなるべし

㊳南紺屋町は中央区銀座一丁目、西紺屋町・弓町とともに山車番組第三十四番を構成した。上弦の月に薄の出し印の吹貫、万灯「南こんや町」の町印。

作り髭に同様の所作でポーズをとる尻端折の伊達警固。

㊴

「國次　國吉」と銘が記された横額、太刀二振りを四輪の荷車に乗せて牛が曳く。二十一人。『御府内備考』によると、南紺屋町は太刀売町とも俗称される。永田町日枝神社には正保二年（一六四五）、徳川亀松寄進の「太刀　豊後国吉次銘」（重要文化財）が現蔵されており（日枝神社　一九七九）、図の太刀はこれを大型の造り物にしたものと思われる。「江戸天下祭図屏風」の太刀売町もほぼ同様の屋台である。「山王神事作物次第」では太刀売町の「太刀　國次國吉」とあり、本図と同様である。

㊴西紺屋町は中央区銀座一～四丁目。上弦の月に薄の武蔵野の出し印の吹貫、縦額「西こんや町」の町印。

牛が曳く二輪の荷車上に「世平弓」の銘の縦額を付けた巨大な造り物の赤袋入り弓を乗せる。二十人。東京都の南部光徹氏は室町時代作木製漆塗りの世平弓一張を所蔵している。西紺屋町は弓師、矢師などが住む弓町と隣り合っている（平凡社地方資料センター　二〇〇二）。「江戸天下祭図屏風」では町名不詳であるが、大弓と矢の二輪車を牛が曳く出し物がある。「山王神事作物次第」では西紺屋町と弓町合同の「弓」である。

㊵

㊵新肴町十八人、同町は中央区銀座三丁目、弥左衛門町と合同で山車番組三十六番を構成した。満月に薄の武蔵野の出し印の吹貫、万灯「新肴町」の町印。五本の幟持。

「江戸山王祭之図」

本絵巻は昭和七年(一九三二)発行の『東京市史稿』市街篇第十七に部分図四カットが所載された。同書は宝永六年(一七〇九)より正徳三年(一七一三)までの編年史料集であり、正徳三年五月五日に山王、根津、神田三社の祭礼の年次が定められた『柳営日次記』の記事などが載せられている。そこに折込の形で本絵巻第三巻の㉟・㊳・㊷・㊺の四つの出し物が掲載され、「山王祭礼絵巻　東京　池田金太郎蔵」とキャプションが付されている。山王祭は正徳三巳年執行とされ、同記事附載として絵巻部分図が掲載されているところから、編者には同絵巻の景観年代を正徳三年と考える根拠があったのかも知れないが、筆者には不明である。さて、その後、同絵巻は「江戸山王祭礼図巻」の名称で「日枝山王名寶展」に出品され、その際に付された「銀座　池田延太郎氏所蔵」の紙札が木箱内に現存している。池田金太郎、池田延太郎氏は親子であり、両氏とも銀座の天麩羅店「天金」の主人であった。金太郎氏の次男は国文学者、慶応大学教授の故池田弥三郎氏であり、同氏は「戦前まで丹念な父の手によって、いろいろな資料が集められた」と回想している(池田　一九九六)。先の『東京市史稿』の折り込み冒頭には銀座町の出し物が掲載されており、銀座に店を持っていた金太郎氏が蒐集した可能性が高い。この作品は近年の入札会を経て個人の所蔵に帰している。本書では外題箋通りに、さらに近江や各地の山王祭礼と区別するために「江戸山王祭之図」とした(福原　二〇〇八)。

㊷ ㊶

㊶山下町と南鍋町は中央区銀座五～六丁目で隣り合い、両町で山車番組第三十八番を構成した。桔梗などの花桶の出し印の傘鉾、横額「山下町、鍋町」の町印を四人が舁く。傘鉾下には軍配の飾りが吊り下がる。潮汲み女六人の練物、計二十六人。

『誹風柳多留』（五六篇一九）に「汐汲に所望の浪が打て来る」。

㊷鎌倉町と三河町一丁目合同の出し物。鎌倉町は千代田区内神田一～二丁目、三河町一丁目は千代田区内神田一丁目、神田美土代町、神田司町二丁目・鎌倉町と三河町一丁目は山車番組第十六番を構成した。

芭蕉の出し印の吹貫、万灯「鎌倉町」「三河町」の町印。小母衣と剣を背負った十人の練物。計二十六人。

皆、首に回した紐を両手で引っ張りバランスをとっている。背負った造り物は三鍬形兜の見立てであろう。「山王神事作物次第」では鎌倉河岸と三河町の小母衣、「江戸天下祭図屏風」の鎌倉町は五条橋の弁慶・牛若の二輪車である。

㊸

『誹風柳多留』（一二七篇七九）に「母衣蚊帳に祭り労れの武者一騎」

さかい町

㊸堺町は中央区日本橋人形町三丁目、48頁の山王祭山車番組町ではない。『東都歳事記』は山王社の氏子東限を堺町の辺りとし、芝居町の堺町は浅草への移転前は山王祭に出ていた。48頁では芝居町の猿楽町が第二十番組であるが、堺町は移転前、同じ芝居町の葺屋町とともに第二十番組に属していた。

格子縞と裁付の揃いの八人が扇や団扇で大母衣を囃し立てる。乗雲と連太鼓の青雷神、毛鑓と金御幣を背中の竹竿上に付け、大母衣を背負った男、計十四人。㊷の小母衣と一連の出し物であり、本来矢除けの母衣は近世前期までの祭礼風流として流行した。

㊹

㊺

㊹富沢町は中央区日本橋富沢町、長谷川町と合同で山車番組第二十二番を構成した。

髭籠の出し印の吹き流し、手持ち万灯「留(富)沢町」「とミさわ丁」の町印。

柄杓の水車の上に金色の烏帽子と御幣の猿人形が座り、金色烏帽子の猿二匹と母衣背負い人形を輿(台)で舁いている。輿の下には紐が二〜三本下がっており、これを操作することによって、二匹の猿が交互に横棒で前方回転するからくり仕掛けであろう。計十五人。


㊺江戸時代初期、中央区銀座一〜四丁目の銀座新両替町辺りに銀座が置かれていたことから銀座町とも称される。銀座一〜三丁目合同と銀座四丁目の二組で山車番組第二十三番を構成した。

中央がくびれた金貨型の出し印の吹貫、出し印自体が町印。


千両箱に見立てた造り物を四輪荷車に青紐で固定し、牛が曳く。荷車の前方には木遣り一人が音頭をとっている。計二十五人。「山王神事作物次第」によると、銀座一〜三丁目が「金箱大黒」、銀座四丁目が「分銅」の出し物である。

㊻

以上で町方ょり出る山車・屋台や練物は終了し、以下は寺社の行列、跡番の与力が跡を押さえる。

㊻さんわうゟ出ル
山王社の行列である。

長胴枠付き締め太鼓は神社が出し、白丁が打つ

三本の神鉾に吹流しが付いたものが続く。吹流しには「見ざる、言わざる、聞かざる」の三猿が描かれている。

『徳川実記』元禄元年（一六八八）に神主日吉大膳正房と見える。

別当は初めは最教院、後には観理院、社僧は初め四坊、後には十坊。

神主は初めは日吉氏、後には近江日吉社からの樹下氏に替わった。その下に社家（禰宜）が初め三員、後に六員となった。巫女は初めから二員。その外に社人（神人）があり、雑役に奉仕した。

本絵巻景観期前の寛永十二年（一六三五）当時は別当一人、脇坊（社僧）十坊、神主（樹下）一人、禰宜（社家）六人、神子（巫女）二人、宮仕四人、神人（社人）十人であった（日枝神社　一九七九）。

御捻りの賽銭を拾う白丁もいる。

『誹風柳多留』（八四篇一七）に「賽銭を呑で神輿をよろつかせ」。

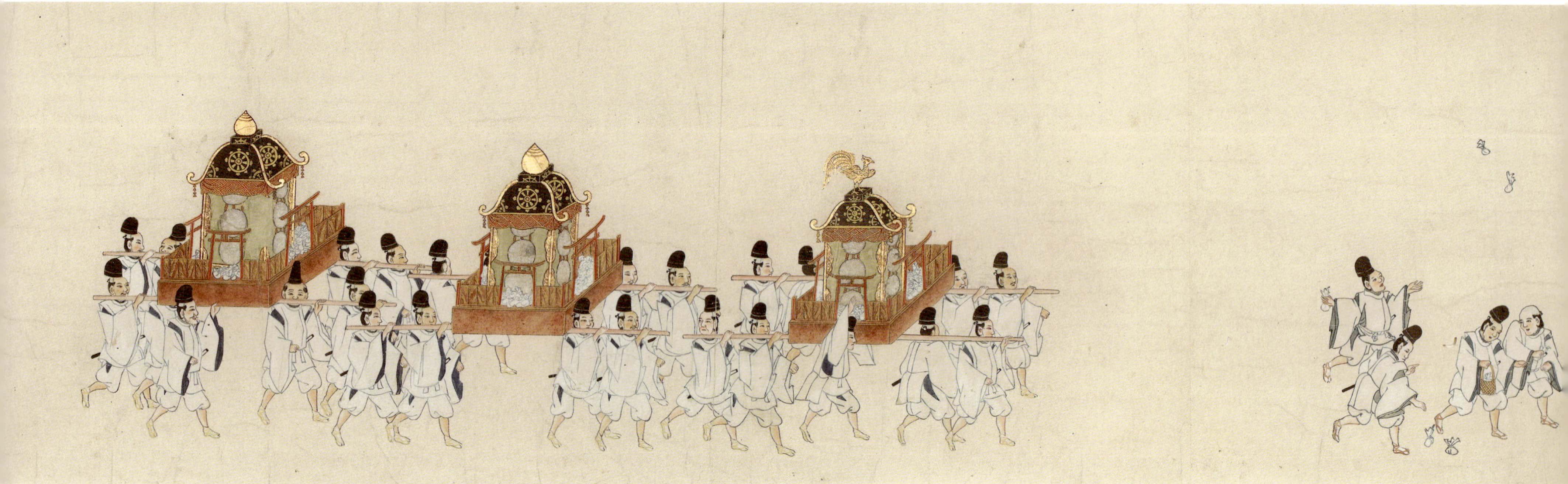

山王の神輿は三基で、先頭は屋上に金色の鳳凰の鳳輦一基、宝珠を頂いた葱花輦の神輿二基が続く。三基の神輿順は祭神に即し、大宮（一宮、比叡山大明神、小比叡大明神、国常立尊）、二宮（気比神）、三宮（客人宮、白山妙理権現）の順である。「江戸天下祭図屏風」の神輿も鳳輦一基のあとに葱花輦二基が続く。計三十一人。

㊽ ㊼

㊼下り奔馬が描かれた幟持ち、「ハうしむしや上野ゟ出ル」とある寛永寺の法師武者三騎、先頭と殿計六人。「江戸天下祭図屏風」にも、神輿直後のこの位置に法師武者三騎が描かれている。

近藤義休『新編江戸志』(近藤　一九一七)所収の文化元年(一八〇四)甲子六月十五日の「ねりもの番附」によると、法師武者は十騎であった。

ハうしむしや
上野ゟ出ル

『誹風柳多留』(一三五篇二〇)「法師武者一年置の土用干」、同(三五篇一六)「法師武者かぶとのうへに毛をはやし」、同(一五四篇九)「法師武者兜のこけるには困り」、同(四八篇三五)「法師武者けんくわと言と下りて逃」、「象につゞいて暑いのは法師武者」(安藤　一九二一)

㊽「しゆつけしゆ」と墨書され、御簾の下がった輿にのる出家衆は山王権現の別当、天台宗観理院であろう。その前に僧二人、巫女二人が進む。計二十四人。

しゆつけしゆ

しゆつけしゆ

㊾

㊾禰宜の集団二十七人。尻端折の伊達者風流の警固六人が左手を刀の鞘にかけ、右手の拳を右方に突き出した揃いの所作で練る。

ねぎ

禰宜三人が騎馬で続く。

『誹風柳多留』（一二三篇六五）に「神馬引有がたそうに屁をかゞせ」、同（二篇二七）「神馬引武士のめしをも喰た皃」

㊿

㊿長柄鎗十本を中心とする殿（しんがり）、二十人。長柄鎗については『麹街略誌稿』によると、前日「十四日に、山王より町奉行所へ受取参り、帰輿直に町奉行へ納む。持人は三河町雇人也、此鎗は福島正則の所持の鎗と云」とある。

「江戸天下祭図屏風」では最後尾も与力衆が固めているので、これも与力衆と思われる。行列がうまく進むように、跡番の与力三騎が半蔵門外に控え、同二騎が山王社前に残る。この集団も出役の与力・同心であろう。

木戸が閉められている。木戸には地蔵菩薩の御札、屋根には水桶。

天水桶

文政九年

「山王祭西河岸町附祭絵巻」

（神田神社蔵）

紙本著色　一巻

紙高三八・二、見返し四七・五、以下第一紙より第三十紙まで一六・二、二六・六、一七・一、二五・七、二七・二、二四・八、九・四、一二・〇、一三・七、九・二、一二・七、二四・五、二三・八、二七・三、二七・三、五・五、二三・一、二七・三、二七・一、一一・二、二七・二、一一・八、一九・七、一〇・八、二二・一、一二・六、一三・三、二六・五、二七・〇、一八・四、巻末の白紙七・二を合計すると、総長六三五・八。破魔弓曳物の貼り部分の紙部は紙高四六・一。

文政九年六月十五日、西暦一八二六年七月十九日に山王祭が行われ、天保改革前のこの年は114～119頁のような附祭が行われた。恐らく西河岸町の附祭のみを江戸の浮世絵師が同町より請け負って描いたものであろう。同じ文政九年山王祭附祭を描いた「深川富ヶ岡八幡祭踊屋台豊作手踊図」（東京国立博物館蔵、本書80～110頁）との関連は不明である。錯簡はあるものの、前欠、後欠があるかは不明である。

文政九年の山王祭番附は千代田区立日比谷図書文化館の三枚一組「御免山王御祭礼番附」と東京都立中央図書館特別文庫室蔵「御免山王御祭礼番附」が知られ、後者を掲載し解説する。

四輪車に高欄を巡らし一本柱の上に、造り物の三方にのせた正月の縁起物である喰積を十五人の子供が引く
「西かし」の扇子
喰積は俵と松竹梅、その下に正月遊具である鞠、羽子板、羽根
三方の二面、恐らく全四面に「山王」の文字
西河岸町の附祭は年中行事の引物・練物である

子供二拾人
喰つミ引物引
右上にて万歳
学ひ
女子供二人

正月の縁起物である破魔弓の巨大造り物を二輪車にのせて引く（是澤　二〇一五）

番附では綱引手の内、絹単物・紅絹襦袢着の子供二十人とあるが、それは本図の先頭、喰積引手のことかもしれない。

はま弓の引もの

綱引　三十五

祭礼行列には例年の山車行列が続き、西河岸町も附祭の世話番をつとめた。西河岸町自体の山車番組は単独町で第十二番であるため、附祭も単独で出している。

西河岸町の附祭は二つの行列を構成している。一つは山車行列第四番の後に続き、年中行事の学びを出している。

文政九年の千代田区立日比谷図書文化館蔵「御免山王御祭礼番附」によると、この後、第五番から十四番までの山車が挟まり、第十四番神田鍛冶町・鍋町の山車の後に九月菊合子供角力の学び、源三位頼政鵺（退治）の学びが続く。

正月から九月の菊合子供角力までは年中行事の練物であるが、最後の源三位頼政鵺退治は年中行事ではなかろう

裏に「正月分」と墨書

文政九年の山王祭附祭を描いた絵巻としては、従来国立国会図書館蔵の「山王祭之図」が指摘されてきた（福原　二〇一一）。これは北新堀町が出した附祭を、江戸の浮世絵師が描いたものであり、本西河岸町附祭絵巻と類似している描写も見える。

前年文政八年の神田祭附祭を描いた同館蔵「神田明神御祭礼御用御雇祭絵巻」（六巻）と絵師は異なるものの一組で伝来した可能性もある。

扇子には「西かし」の朱文字

端午の節供に因んだ朱色(病除けの朱鍾馗は多い)の唐風猫足四脚丸卓に鍾馗人形が乗る

雛人形
引物
甲人形
学び
子供
九人

錯簡のため三月雛人形とは行事の順序が逆であるが、番附の部分では雛人形の次に鍾馗人形が描かれている

鍾き

つな引
二十人

少女三人が紅絹摺込模様衣類を着、「荷い雛台」の内にて踊る

雛人形
女子
供三人

囃子方六人は鍾馗人形の囃子方

上着の上半身を脱ぐ

荷茶屋七荷の内、一荷「西かし」

白張着十八人が引く、扇子には「西」の青文字
本附祭では唄「鶴袖寿万歳」（正月）、長唄「梅若菜初音鳥追」（胡弓・三味線・木琴、正月）が唄われる（171頁）

四輪の紫宸殿をイメージした「雛人形餝台」は子供が人形役をつとめる。奥には内裏雛役の男（向かって左）女、官女二人、随身二人、公家二人

雛人形
引物
甲人形
学ひ
子供
九人

文政九年（一八二六）の山王祭絵巻と川越氷川祭礼絵巻

文政九年の山王祭附祭を描いた作例としては、本図のほかに東京国立博物館蔵「深川富ヶ岡八幡祭踊屋台豊作手踊図」（山王祭第四十番組七ヶ町）、国立国会図書館蔵「山王祭之図」（第四十番の北新堀町）が確認されている。これらに加え、埼玉県川越市氷川神社の城下町祭礼を描いた二種の「川越氷川祭礼絵巻」（川越氷川神社蔵・江戸東京博物館〈江戸東京たてもの園〉蔵）が知られている（黒田・トビ　一九九四、川越市教育委員会　二〇〇三）。前者は伝江野楳雪画、両者とも山王祭絵巻に比べると人物描写が小さく、山王祭を描いた絵師に共通性は見られない。とはいえ、同年にこれほど多くの祭礼絵巻が産み出されたことは注目されてよい。

朱傘（下に巻物筒飾り）を差し掛けた鵺退治の学び

鵺は源頼政が紫宸殿の上から射落としたという怪鳥。右の内裏に続く由縁であろうか。頭は猿、胴は狸、尾は蛇、手足は虎に似るという

鵺の後者は源頼政であろう

上着の右上半身を脱ぎ後ろにまわす

拍子木打

裏に「七月朝模様替ニ相成候」と墨書

唐人が先導している練物は番附では鍾馗人形行列の次に位置する

牽牛織女、七夕の学びは本図では失われている

唐人の幟の文字は「牽(牛脱カ)織女」

重陽の節供、九月を象徴する子供菊合角力の学びが始まる

本図では大銀杏を結った子供力士三人、童髷の三人

肩舁きの「踊台」(番附)が続く

けんぎう
しよく女
学ひ

女子
二人

きく
すまふ
学ひ

拍子木打

番附では、少女二人が河津掛けの舞踊、菊合にふさわしく色絹菊模様衣類着中央の少女が行司の学び

女子供
三人

はやし
かた
十八人

長唄「妹背秋月楽」と清元「菊角力千歳唐綾」が唄われる(171頁)

荷茶屋には「西かし」の文字
上着の右上半身を脱ぎ、後ろに回す

江戸期の天下祭行列巡行路

江戸城の東北に位置する神田明神、南西の山王権現。桜の馬場発の神田祭は田安御門、山下御門発の山王祭は半蔵御門から入城し、両者とも常盤橋御門より出る。常盤橋御門より両神社までは神輿渡御のみ。江戸期の江戸城門名は「御門」であった。神輿・山車・附祭は山王社の氏子地全てを廻ったわけではない。山の手地域の麹町や平河町などは山車番組町であるのに行列の巡行路とはなっていない。

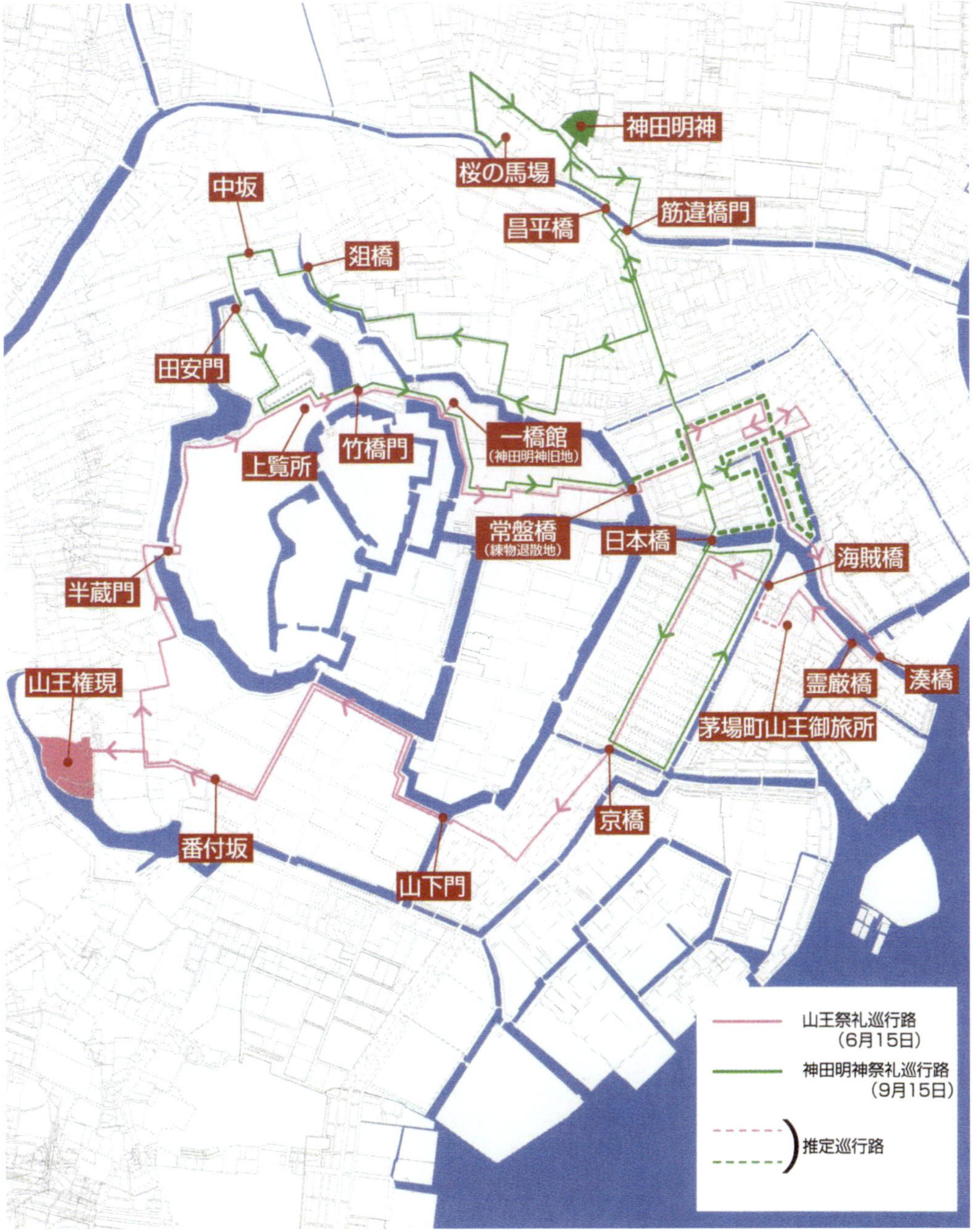

(滝口正哉氏提供)

「深川富ヶ岡八幡祭踊屋台豊作手踊図」

（東京国立博物館蔵・QB－一〇五五七）

紙本著色五巻

第一巻　紙高二八・五、見返し二一・〇、総長四三八・〇

絵巻上部に紙継と一紙の長さを記した

14.9 ①　40.3 ②　40.2 ③

天保五午年六月　南新堀弐丁目
外六ヶ町

五巻とも同じ外題箋「深川富ヶ岡八幡祭踊屋台豊作手踊図　共五」であるため、筆者が企画した展覧会と図録『描かれた祭礼』（国立歴史民俗博物館　一九九四）、作美陽一氏の著作（作美　一九九六）は同八幡宮祭礼としている。しかし、内容を見ると江戸山王祭山車番組第四十番の七ヶ町による文政九年、天保五年、弘化三年の附祭を中心に描いたものである。右の五巻分の外題箋が付けられたのは、東京国立（帝室）博物館に収蔵前か、後かが問題となる。また、最後の五巻後半は踊屋台の引抜（早替わり）の上貼り紙などが剥がれたものをまとめたものであろう。

本絵巻は東京国立博物館「徳川宗敬（むねよし）寄贈本」和書として伝来し、その目録である『東京国立博物館蔵書目録（和書・2）』（東京国立博物館　一九五七）によると、本絵巻は資料番号一〇五五七、資料館の図書資料として伝来してきたものであり、一部に破れがあるものの保存状態は概ね良い。同寄贈本に関しては本書12頁を参照のこと。

山車番組第四十番とは、南新堀一丁目・同二丁目・霊岸島四日市町・同塩町・箱崎町一丁目・北新堀町・大川端町の七ヶ町組合であり、七ヶ町という数の多さが特徴でもあり、「七ヶ町」は半天背中などのトレードマークになっている。

鉄棒引、背に「七ヶ町」

百姓の仮装の男は木綿単物と脚絆を着、「豊作」と書いた木札を持つ

百姓の仮装の男が鍬を持つ

老婆の仮装が絹単物を着、薬缶と団扇を持つ

子守り女の仮装が絹単物を着、人形を背負い、風車を持つ

庄屋の仮装が絹単物と羽織を着、番附では太皷を持つとあるが絵には見えない

天保五年「山王御祭礼御免番附」（国立歴史民俗博物館蔵）

40.4 ⑤

40.3 ④

第一巻前半には天保五年山王祭の附祭の一部が描かれる。本書139・140頁の番附から以下、解説する。

天保五年山王祭において、山車番組第四十番の七ヶ町は合同で「八乙女人形の出し」を出した。その後ろに、「豊作出来秋の学」練物を出して非常に好評を博した。この評判に関しては102頁コラムを参照すると、附祭というよりも大奥所望の御雇祭に近かったらしい。番附では練物とあるが、絵では淡い朱傘を差し掛けられ、地走り踊のようでもある。

踊り直前に菊・桔梗・薄など秋の七草の造り花や土手の造り物を置く

神主の仮装が絹狩衣、白麻差抜を着、烏帽子、中啓と鈴を持つ

座頭の仮装が絹単物と袴を着る

老人の百姓の仮装が絖袖なし羽織、木綿股引を着る

稚児の仮装が絹単物、腹掛をかけ、団扇太鼓を撥で打つ

医師の仮装が素襖を着、脇差をさす

番附では瞽女の仮装一人が絹単物を着、三味線を持ち、田舎娘の仮装が染絹単物を着、三味線を持つとあるが、絵では二人とも瞽女の仮装である

以上が豊作踊りの道化所作をし、三人が太鼓・三味線等にて囃す

土手に秋草の造り物を並べ、土手の書き割り風の腰掛を置く

七ヶ町より町人一人ずつ、計七人が麻裃を着、各町三人ずつ、計二十一人の警固、内十四人が袴着、七人が染帷子着、世話役十二人内十人が袴着、二人が木綿単物着、鉄棒引六人(手替も)裁付を着、荷茶屋四荷の構成であった

六紙から十一紙は本絵巻五巻の他の絵師と筆致が異なり、どの祭礼か不明。江戸祭礼、恐らく山王祭であることは間違いあるまい。

同天保五年山王祭附祭三十五番山車後、竹川町・出雲町・芝口一丁目西側による「傀儡師の学」踊屋台では傀儡師が唐子人形を出して手品を演じている。しかし、本巻の場面は傀儡師の学地走り踊である。加えて、本作品全体が山車番組第四十番の上記七ヶ町による附祭で統一されているなら、文政九年・天保五年・弘化三年ではないある年の、七ヶ町による附祭を描いたものであろう。

鉄棒引二人、装束は巻頭の「七ヶ町」と酷似している

箱を首からさげた男が、恐らく紙製の毛槍奴人形を後から操る

縁起物か、玩具売り

玩具を演じる

鉦を撥で打つ

横笛

三味線

文政九年六月の山王祭の祭り月、山王祭を舞踊化した清元「再茲歌舞伎花轢(またここにまつりのはなだし)」、通称「お祭り」、「申酉」が葺屋町の市村座で初演された。当代踊りの名手三代目坂東三津五郎が三役早替わりで、附祭の引抜との影響関係がある。三役は武内宿禰山車人形、漁師の網打ち(これも山車人形となっている)、金棒引の鳶頭である(渥美　一九三八)。

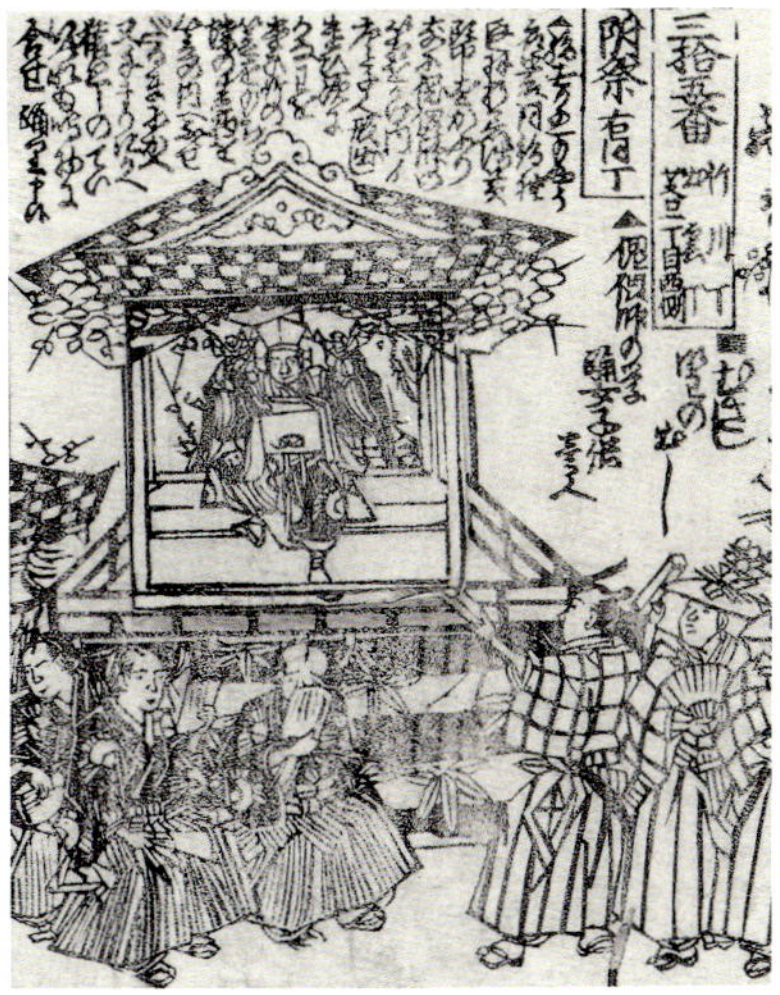

傀儡師の学踊屋台(本書134頁)

番附では、首掛け芝居、手品遣いの人形、手品は笊をつかった芸

首からつるした人形箱に入れてあるいろいろな人形を取り出し、人形芝居を演じてみせる大道芸人。文政七年(一八二四)江戸市村座初演の清元「傀儡師」の坂東流では唐子を出す演出がある(郡司・柴崎　一九八三)。唐子仮装が囃す傀儡師大道芸は祭礼や舞踊に採り入れられたのである。

小提灯が吊り下がった朱傘
傀儡師の地走り踊
唐子が銅拍子(手平金)
以降、朱傘を差し掛けられた囃子
地走り踊
黒塗り笛二人
笛二人
三味線二人
胡弓二人
三つ巴の大拍子を少女が打つ
茶小屋(荷茶屋)

『誹風柳多留』(二七篇八)
「我恋を人に知られる御祭礼」。

文政九年山王祭附祭一覧

行列中の位置	四番山車後	八番山車後	十二番山車後	十六番山車後	二十番山車後	二十四番山車後	二十八番山車後	三十二番山車後	三十六番山車の後	四十番山車後	四十三番山車後
附祭世話番町	西河岸町	元四日市町	青物町	萬町	佐内町	南新堀一丁目	霊岸嶋四日市町	箱崎町一丁目	北新堀町	南新堀町二丁目	霊岸嶋塩町・大川端町
出し物	破魔弓引物＊	枕造り物・曾我五郎の学踊屋台＊	仁田四郎人形引物	牽牛織女人形引物	清少納言人形引物	難波の学	羅生門兜金札引物＊	高砂人形引物＊	住吉船引物踊屋台＊	竹生嶋弁才天人形引物＊	番立の学＊
	喰積手引物＊	宝船引物	嶋台上に銚子盃手引物	官女七夕祭りの手引物	定家卿禿人形引物	義経静の形踊屋台	四天王の学＊	松葉狩りの学地走り踊＊	白楽天の学＊	貝拾いの学地走り踊＊	三番叟人形引物＊
	万歳の学	博多独楽・羽子板・毬手引物	狩場の学	星の学び練物	四季丹前の学踊屋台	安宅弁慶引物＊	養老瀧盃引物＊	阿蘇宮神主娘人形練物＊	花見車業平人形の引物＊	老松秦始皇人形引物＊	紅葉狩惟茂人形引物＊ 以降は大川端町
	七種年男の学＊	懸想文売の学地走り踊	頼朝五郎丸人形引物	土佐絵の学び地走り踊		業平の学＊	養老酒売の学地走り踊＊		鞍馬天狗人形引物＊	男達の学地走り踊	家（屋）形舟造り物＊
	猿廻しの学	七福人の学	菖蒲曳きの学地走り踊			草紙洗小町人形引物＊	江口人形象乗引物＊		牛若浄瑠璃姫の学		宇治川先陣の学＊
	鍾馗引物＊						赤前垂団扇所作＊				佐々木梶原の学＊
	切禿雛人形の学＊										那須の与市的矢の学＊
	甲人形の学＊										鵜魚採りの学＊
	牽牛織女の学＊										戸隠明神の学＊
	菊角力の学踊屋台＊										大石曲持の学＊
	鶴の学＊										

＊は本書掲載の絵巻に描写がある。
附祭は以下の三組から構成される。第十二番組の西河岸町・第二十七番組の四ヶ町・第四十番組の七ヶ町。

169～174頁の番附を元に作成。

114～119頁の同祭番附とは附祭の位置が異なる。本番附が正確。

第二巻　紙高二六・五、見返し二五・七、総長一一五六・二

前の七ヶ町による文政九年山王祭附祭

文政九戌年六月　霊岸嶋四日市町
七ヶ町持踊屋台　清水太一郎扣

文政九年「山王御祭礼御免番附」
（東京都立中央図書館特別文庫室蔵）

枕
造
物
上に
て
そ
が
五郎少々
学び
女子
供二人

はやし方十六人

墨書には「七ヶ町持」「霊岸嶋四日市町」とあるが、番附によると八番山車の後の元四日市町による踊屋台であり、同町は第二十七番組である。後述するように、愛人の艶っぽい場面を描く枕や寝台の場面ではない。

舞台左の鎌倉化粧坂の少将は『曾我物語』に曾我兄弟の弟五郎の愛人として登場する。江戸では五郎（御霊と音通）を荒人神と崇める信仰のもと、市川団十郎が五郎の役を家の芸「荒事」によって定型化した。享保年間（一七一六～三六）頃から、正月には江戸三座とも「曾我狂言」を上演する慣習が固定した。番附では踊屋台舞台を巨大な枕造り物とするが、本巻では普通の舞台である。

南新堀壱町目

二十四番山車の後、安宅弁慶引物、浄瑠璃「略能日吉の豊幣」（173頁）

次頁の番附では桜枝造り物の幟上部に男の歩行姿が描かれる

鉄棒引

尾が特徴の陰陽獅子頭は二人立ち、番附によると一行は四十五人

し、かしら四十五人内十五人女子供十五人

南新堀壱町目
一安宅弁慶引物
本巻では四輪、綱による引物、番附では「出シ」とあるが、絵巻では引物

弁けい出シ
安宅

引物には獅子頭に因む牡丹の絵か、彫りが施されている

前と続き、山車二十四番の後、草紙洗小町引物長唄「洗髪花の俤」(173頁)が唄われる

鉄棒引二人

40.1 ⑦

403 ⑥

熨斗に杜若の造り物
『伊勢物語』「唐衣…」の和歌の折句から杜若

つな引 四十人

在原業平
美貌の歌人小野小町と好一対をなす

竹馬をかぶる

長唄と一中節に「草紙洗」があるが、長唄は初世杵屋六四郎が嘉永三年(一八五〇)に、一中節は安政二年(一八五五)に作曲されたもので、本祭礼の方が先行する(渥美 一九三八)

綱引 六十七人

南新堀壱町目
一草紙洗小町引物

歌人として名を傷つけられた小町は大伴黒主が書き入れをした草紙を洗ってその奸計を暴露し、自分の名誉を守るとともに黒主に対しても寛仁の態度を取る物語

霊岸嶋四日市町

二十八番山車の後、羅生門引物

「艶やつし事」（172頁）が唄われる

四天王の学

大紋によると、源頼光の四天王、渡辺綱、坂田公(金)時、碓井貞(定)光、卜部季武

番附では羅生門兜金札引物とあり、山王(祭)の万灯には兜と金札が付く。

霊岸嶋四日市町
一羅生門引物

金札とは、能「羅生門」で渡辺綱が証拠の標札として手にする時に用いる小道具。

らせうもんかぶと引物
つな引四十五人
四天王行れつ

40.1 ⑪

40.1 ⑩

同じく霊岸嶋四日市町、二十八番山車の後に養老引物
番附によると養老酒売の学地走り踊
上図では番附にある朱傘が省略されている
「花の江戸御祭礼泉の酒もり」（172頁）が唄われる

霊岸嶋四日市町
一養老引物
番附では「養老瀧盃引物」

やう
ろう
さけう
りの
学び

同じく霊岸嶋四日市町、二十八番山車の後に江口引物
踊子七人
番附では底抜け屋台が囃す

さか
づき
引物

つ
なっ
引九十
六人

赤
まへ
た
れ
の
所作

（103頁へ続く）

38.9 ⑬　36.2 ⑫

「恋湊江口能入船」（172頁）が唄われる

霊岸嶋四日市町
一江口引物
番附では「江口人形象乗引物」
紅白の造花牡丹
能「江口」によると、摂津国江口の遊女を乗せた屋形船は白象と化し、遊女は普賢菩薩となった

箱崎町壱町目
三十二番山車の後に高砂引物
長唄「千代松葉狩」（172頁）
松葉狩りの学地走り踊
番附の朱傘が省略されている
笙・篳篥・鼓の管絃
阿蘇宮神主娘の香・烏帽子

松葉がりの学ひ
女子供
行れつ

39.9 ⑭　40.2 ⑮　34.2 ⑯

阿蘇の宮神主娘上輿

箱崎町壱町目
一高砂引物

番附の九十一人の引手で四輪を引くのは大掛かり

浄瑠璃「山王住吉御代壽」（173頁）

『誹風柳多留』（三五篇三七）に「化かされた楽天船にたち」。

たかさご
引物綱引
九十
一人

46.3 ⑱

38.8 ⑰

北新堀町

三十六番山車の後、住吉船踊屋台花見車、業平人形の引物を子供五十人が引く

北新堀町
一住吉人形餝付舩
引物

引抜前の貼紙

屋形上は住吉明神能「白楽天」は、白楽天が渡来して筑紫の海上にて小舟で釣りをする老人に出会う。老人は白楽天の名も渡来目的を知っており、白楽天の漢詩を即座に和歌に翻訳した。この漁翁は住吉明神の仮の姿で、やがて気高い老体の神姿を現し、舞い、神風を起こして白楽天を唐土に吹き返す

下右腰簑漁師は引抜で若衆奴に、下左唐団扇の白楽天は振袖娘に早替わり

業平人形の引もの綱引子供五十人

すミよしふね引物白らく天所作あり

㉑ 19.8 ⑳ 40.1 ⑲

同じく三十六番山車の後、北新堀町による鞍馬山天狗引物
前頁最後は牛若浄瑠璃姫の学
桜の枝に短冊

『誹風柳多留』（一四三篇二一）に「牛若のねり子産出す常盤橋」。

北新堀町
鞍馬山杉之立木
僧正坊
人形餝付引物

南新堀弐町目

貝拾いの学

四十番山車の後、竹生嶋人形引物

牛若浄るり姫の学ひ
女子供行れつ

行れつ
女子供貝
ひろいの学び

竹生しま引物
綱引九拾九人

「竹生嶋霊験一奏」（174頁）が唄われる

南新堀弐町目
一竹生嶋弁天人形岩組ニ
白龍餝付引物

文政九年山王祭の二十一番山車は二輪の竹生嶋龍神人形であるが、附祭はそれとは異なり四輪の引物である。岩礁に見立てた龍の背に乗り琵琶を弾く。能「竹生島」を典拠とする長唄・一中節・箏曲・常磐津の「竹生島」はいずれも都の公達が琵琶湖の竹生島へ行き、弁才天と龍女の姿に見えるという筋立てである（渥美　一九三八）。

同じく四十番山車の後、南新堀二丁目による老松秦始皇人形引物浄瑠璃「霞袖春雁金」（174頁）女による男（伊）達の学、番附の朱傘が省略されている

「老松」は長唄・常磐津・富本・清元・一中節に御祝儀曲としてあり、長唄は文政三年（一八二〇）、四世杵屋六三郎が作曲した著名な曲（渥美　一九三八）

南新堀弐町目
一老松秦始皇人形引物

四十三番山車の後、霊岸嶋塩町の三番叟人形引物「松の色寿三番叟」（174頁）が唄われる

霊岸嶋塩町
能舞台三番叟
人形引物

番附「女子供番立之学」
番立(ばんだち)とは歌舞伎劇場で、舞台を清め、大入りを祈願して序幕の前に下級の若い役者が三番叟を舞ったこと

三番叟が三味線楽に入り舞踊となった中で古いのは河東節、長唄では十一世杵屋六左衛門が作曲した別名「外記三番」などがある。（渥美　一九三八）

おひまつひきもの

男達の学び

三ばそう引物　綱引六十五人

女子供番立之学び

四十三番山車の後、高尾丸家形船之造物「調嬉縁の糸竹」(173頁)が唄われる

やかた舟の内にて女子供所作あり

北新堀大川端町高尾丸家形船之造物

屋形船型の底抜け屋台、囃子方以外の者が内側から支え持って歩く

宇治川のまなひ

宇治川に馬を引き入れての先陣争い

梶原景季(源太)は木曾義仲追討の折、佐々木高綱と先陣争いを演じた

那須与市学び

力もちまなび

上図では宇治川を描いた幕は台で固定しているが、番附では板状の道具を人が押さえ持つ

左は那須与一が吹き矢で的を狙う

つな引百人

腰に小舟の造り物を付け、行灯に描いた日の丸扇の的をかぶり、後に行灯が西瓜に変わって、西瓜をかぶる。

見世物からくり的を舞にした地唄「からくり的」は享和元年（一八〇一）『糸の調』に掲載（郡司・柴崎　一九八三）。夏祭りの山王祭に出たからくり的の景品が西瓜だったものか。

魚を取る鴉

大川端町

嘉永四年（一八五一）「神田明神祭礼御用留」（神田神社蔵）によると、「神代岩戸之学」踊屋台で、「造物岩ヲ持」戸隠明神が演じられた。

引抜前の貼り紙の戸隠明神（天岩戸を開いた手力雄命ととれる）

板の上での大力芸、始めは下の戸隠明神（上貼り紙）、早替わりで角力取になり、張抜の大石を持ち上げる、左には説明する口上言

腰付き台で三人が囃す、右はチャルメラか

同じく四十三番山車の後、紅葉狩引物
長唄「今様紅葉賀」（173頁）

大川端町
一紅葉之立木惟茂
人形引物

平惟茂が戸隠山へ紅葉狩に来て、鬼女を退治する伝説は能「紅葉狩」を元として歌舞伎に折々演じられたが、大部分は廃曲となり、古曲としては長唄の「紅葉狩」（「色見草月盃」）だけが伝わっているが、これは腰元が般若面を使う（渥美一九三八）

『誹風柳多留』（五七篇二六）「紅葉狩今ははんにやが内でまち」、同（六四篇二二）「紅葉狩女房忽ち角がはへ」、同（三三篇四二）「紅葉狩女房はあした後のシテ」、同（八二篇一〇）「紅葉狩女房は内で鬼に成り」。

第三巻　紙高二六・七、見返し二五・九、総長四二九・九

天保七申年附祭踊台　四十五番
汐汲之学　霊岸嶋銀町分

第一巻天保五年の次の山王祭がこの年で、東京大学情報学環図書館小野秀雄コレクションかわら版「祭礼」の「天保七丙申年六月十五日　山王御祭礼付祭番付」（板元　馬喰町二丁目　森屋治兵衛）によると、「四十五ばん　霊岸しま白かね丁」の山車と踊屋台が見え、この汐汲が附祭で演じられた

霊岸嶋銀町は第四十番の七ヶ町ではなく、これは同町のために描かれたものであろう

河東節の「汐汲」は本名題を「汐汲里の小車」といい、歌詞は抱一上人の作、汐干狩の遊びに貝尽くしの踊り地を添えたもので、文政元年（一八一八）の山王祭に小田原町から出した附祭に使った浄瑠璃で、四世山彦河良の作曲である（渥美　一九三八）。

定規で引いたような直線が特徴的である

16.0 ②　8.8 ③　15.0 ④　29.8 ⑤　39.4 ⑥

弘化三年(一八四六)山王祭第四十番山車組合町

「雪月花」附祭

「弘化三丙午年六月十五日　山王御祭礼附祭番附」(架蔵)により解説する

「雪中の学」は練物・地走り踊

七ヶ町の鉄棒引

「雪中の学」番附読み下しは100頁

立石

「雪のふる
　日なと
　さむくてそ
　あれ」

腰に草土手

同年の山王祭は、番付では六月十五日だが、「増訂武江年表」弘化三年(一八四六)によると、この年の山王祭礼は六月二十九日に延期と記される。前五月に紀州藩主斉順が死去し、将軍服喪と社殿修理が重なって延期された。山王修復については、『東京市史稿』市外編41、六月二十五日条(「柳営日次記」「慎徳院殿御実記」)に「山王御宮遷宮」とある(野尻かおる氏のご教示)。

同年は移転前に山王祭に出ていた芝居町が、浅草移転後初めて猿楽町として山王祭に山車を出すという盛り上がりもあった。

弘化三年「山王御祭礼附祭番附」国芳画(架蔵)　雪中の学

本絵巻第五巻の月見の学踊屋台は紫式部(たね十四歳)と藤原顕輔(さよ十三歳)の演技。左は番附、右は本絵巻第五巻(引抜前の上貼り紙)。

38.6 ⑧　39.6 ⑦

雪中の学び

長唄「雪簑操松ヶ枝」
長唄　芳村伊十郎・同伊太郎・同五十七・同宗次郎
三弦　杵屋三五郎・同三蔵・同三九郎・同半二

番附読み下し

（十一丁裏）
地走踊り手は少女六人、内一人は常盤御前の学、下げ髪姿にて着付桃色絹裾廻し、浅黄絹下着白絹紅絞り絹の襦袢、茶絹摺込模様搔取を着、浅黄絹帯を欝金絹扱きを締め、人形を懐へ入れ、造り物の笠・杖を持
内一人は刑部三郎の学（源義清、平安時代後期の武将。甲斐源氏の祖新羅三郎義光の子）、棒茶筅の髪姿にて、道服紫絹摺込模様、造り物の真鍮金物、赤糸威の鎧、真鍮銅物付の臑当、白茶絹摺込模様陣羽織、萌黄海気摺込模様裾括り袴を着、紫絹の上帯を締め、造り物の大小を帯し、内四人女軍兵の学、嶋田髷、桃色絹鉢巻にて着附、紫絹裏袖の四天、黄糸にて馬簾を付黒色綱襦袢着、欝金絹帯を締め、桃色絹襷を懸け、梅の折枝を持所作、日傘差し掛け、雪降石の造り物をかぶる男一人
（十二丁表）
鼠色縫（着）ぐるみ腰へ草土手を付、土手の飭付箱台三つ、長八尺、幅六尺、高一尺五寸、三枚に致し後ろへ松葉を画いた木綿の幕を張り、左右へ松の立木を取付、それを人足十五人が持
囃子方男十四人、茶色絹単物着、紫竪縞袴を着、内囃子方七人は日傘差し掛け、底抜屋台一荷の持人足六人、鉄棒引二人、警固七人と世話役は染帷子袴着、鉄棒引の少女二人は絹紺角つなぎ単物着、欝金絹帯を締め、縞裁付を着

月見の学

浄瑠璃「江戸紫月武蔵野」
踊り台（踊屋台）一荷
踊り手は少女二人、内一人は紫式部の学、下げ髪姿にて桃色絹摺込模様の十二単衣を着、袖先絹五色の新海気緋袴を着、石の帯を締め、欝金絹檜扇を持
（十二丁裏）
後に引抜、田舎娘、洗髪結下げ姿、芒簪を差、着附、絹加茂川染黒縞の絹紅絞抜合の帯、絹紅絞扱きを締め、絹紅絞長襦袢を着、両裾を挟み、造物の鎌を持つ、後に肌脱になり所作、内一人は顕輔（平安時代後期の公家・歌人。小倉百人一首に載る）の学、烏帽子をかぶり、茶絹摺込模様、狩衣紫絹模様の刺貫、浅黄絹花の丸摺込模様白茶絹石の帯を締め、紅葉折枝の短冊を下げ、木脇差を帯し、後に引抜、田舎野良姿萌黄海気石持紋付着、紅絞絹襦袢、茶絹帯を締め、紙煙草入を提げ、絹絞脚半をつけ、手に造物の鍬を持、茶籠を背負、肌脱になり所作、後見女二人
囃子方四十四人、茶色絹単物、紫竪縞袴を着、内七人は日傘差し掛け、底抜屋台一荷、荷茶屋一荷、鉄棒引二人、警固七人、世話役七人、鉄棒引の少女二人、長柄持二十七人、床机持二十七人、供人足七十人

上図八紙までが「雪中の学」である。本図には徳川美術館蔵絵巻や番附にある常盤御前・刑部三郎地走り踊がない。四・五紙間に欠損があり、本来ここにあったものと思われる。

40.4 ⑩　　39.2 ⑨

練物・地走り踊の踊台

練物や地走り踊は神幸路を行列しながら演じ、往来を舞台としたのみならず、観客が多い場所、桟敷席前、所望の掛かった場所(花があげられた)では停止して舞台を急拵えして寸劇を演じた。本巻や徳川美術館本絵巻の同場面、附祭「雪月花」にはその舞台や書き割りが描かれている。嘉永四年(一八五一)「神田明神祭礼御用留」(神田神社蔵)によると、同年の附祭において、このような大道具についての記述が三ヶ所見られる(都市と祭礼研究会　二〇〇七)。①神田蝋燭町・関口町による「仕丁之学地走踊」において、「土手ヲ画キ候台」(長四間・巾一間・高一尺五寸)を三つに分け地車で運ぶ。引抜(早替わり)の際、土手台の前方左右に幕串を建てて幕を張って舞台を作る。これに要する人足十二人は木綿看板(職人や商家の人が着る名入りの印半纏)を着る。②新石町一丁目による「猿田彦仕丁楽人之学練物」では長一間・巾一間・高一尺五寸の引台一枚と、長九間・巾一間・高一尺五寸の引台二枚を地車で運び、少女五人の手踊りの時下に敷く。この人足十二人も木綿看板を着る。③神田横大工町による「曾我十郎之学」では「岩組石橋造物牡丹造華取付候台」(長四間半・巾一間)を三つに分け地車で運ぶ。引抜の際、台の前方左右に幕串を建てて幕を張り、岩組と石橋を取り付ける。これに要する人足は十二人。このように何度も組み立てては演じ、分解して運ぶ。長崎くんちなど、都市部の祭礼ではよく見られたが、運搬自作が描かれることはほとんどない。現在では栃木県那須烏山市の山あげ祭りの舞台が著名である

徳川美術館蔵弘化三年山王祭絵巻

尾張藩第十三代藩主、徳川慶臧は嘉永二年に十四歳で夭折した。慶臧は弘化二年に田安徳川家から養子に入り、江戸で見た翌三年の山王祭と弘化四年の神田祭を恐らく江戸の浮世絵師に描かせ、各三巻にまとめて愛蔵した。没後、天下祭絵巻は名古屋に運ばれ、他の浮世絵とともに菩提寺建中寺の尾張徳川家墓地に埋蔵されたが、戦後、墓地移転に伴い発掘調査が行われ、右の絵画は徳川美術館に収蔵された。神田祭巻は発掘当初より第二巻を欠くが、山王祭巻は三巻揃っている。両巻とも絵師不詳、「山王祭礼図巻」、外題は「山王附祭絵図一・二・三」(紙本著色三巻)と「神田明神祭礼図巻」、外題は「神田明神付祭絵図一・二・三」(紙本著色二巻)で、歌川国芳の手になるものと推定されている(内藤　二〇〇五・吉川　二〇〇八)。天保改革により附祭が三組に規制され、山王祭一〜三巻は「弐拾四番　三韓帰陣之学」、「四拾番　雪月花之学」、「三拾七番　三韓凱陣之学」、神田祭一・三巻は「五番　見立四季之学」、「参拾四番　松竹梅之見立」に充てられている。山王祭番附では順序通り、二十四番、三十七番、四十番の順であるが、絵巻では第二・三巻が間違えられたものと思われる。この第二巻の雪月花は、第四十番組の七ヶ町が出したものであるが、これが描かれているのである。附祭は三組の規制とともに、一組内三種までとされ、雪月花・松竹梅のような趣向が多くなった。「弘化三丙午年六月十五日　山王御祭礼附祭番附」(紙本墨摺一冊、架蔵)は板元三河屋甚助、絵は一勇斎国芳画であり、その雪月花を読み下しにした(安田一九九八)

17.9 ⑫ 40.7 ⑪

山王祭天保五年第四十番組による豊年踊りの好評

三田村鳶魚は同祭の番附を以下のように略説している(三田村 一九七六:七一～七九)。

天保五年は水野越前守(忠邦―引用者)が老中になった年である。世は安永・天明の昔に立ち戻って、「水が(の―引用者)出てもとの田沼になりにけり」と諑評された水野出羽守忠成は、この二月に幕閣を去ったが、未だ就任匆々の越前守忠邦は恣(ほしいまま)にすることを許さぬ。(中略)当時は大久保加賀守忠真が、万事を専決しておった。(中略)忠邦のごときは、往々にしてその掣肘を受けた。何もお祭りの盛衰が、すぐに政局の消長をしめすというのではないが、幕閣が大奥に制圧されると、出羽守忠成のように、御雇祭を始めねばならぬ。加賀守忠真はそれほどではなかったけれども、大奥が霊岸島(第四十番組七ヶ町組合―引用者)の豊年踊りを所望するのを歇(や)めることが出来なかった。(中略)越前守忠邦は、二大祭にも大抑損を加えた。彼の運命は大奥によって、大分に短縮された。

(中略)

山王御祭に霊岸島は附祭年番にあたりて、豊年踊りという練物を出せしが、(中略)上の御意にかなひ、再度御所望ありしが、大奥向大評判となりて、まつり済ての後にも、所々の御住居様より御所望ありて、其町内(第四十番組七ヶ町―引用者)にてはたき事ながら、たびく召れたり、有がたき事ながら、其町内(第四十番組七ヶ町―引用者)にては甚だ迷惑をしたりとのはなし。(『忘れ残り』『続燕石十種』第二輯―引用者)

(中略)

(豊年踊りは―引用者)余程滑稽に出来上っていたらしい。賞美されるのは自慢でもあろうが、それがためにお祭騒ぎの期間を延長することになるのは、町々の苦痛に相違ない。要するにこの場合は、大奥方向の意志が、市民の上に暴露したのである。お祭についていては、常に大奥の意志が出てきて、直接間接にその執行を華美にさせた。一体御殿女中というものが、江戸の奢侈を煽り立てる。実にその主動(導―引用者)者の位置にあるのだ。大奥は実に奢侈の策限地である。

『誹風柳多留』(七七篇一二)に「天が下はれて日吉の御祭礼」

長唄三味線
囃子方とも
拾六人

『誹風柳多留』(一三六篇二二)に「一日の祭りに足らぬ足袋の裏」、同(一〇九篇四)に「卯の花も小桜も着る御祭礼」、同(八六篇三〇)に「かげ祭りきやりの声もしずか也」。

江口引物

本書89・90頁の江口人形象乗引物と同じ文政九年山王祭附祭として、第四十番組七ヶ町の内霊岸島四日市町が、二十八番山車の後に出した。

第四巻　紙高二八・四、見返し二六・二、題箋五・六

※第四巻①～⑤（①23.5 ②40.3 ③40.4 ④40.4 ⑤28.8）は第一巻①～⑤と酷似（同じ絵師）のため省略した。

題箋「豊さく手をとり　南新堀壱丁目
外六ヶ町
清水様へ　」

弘化三年の七ヶ町による附祭「雪月花」花見の学

「雪月花」は、番附と徳川美術館蔵絵巻では花・雪・月の順、本絵巻では第三巻に雪、江口を挟み第四巻に花、第五巻に月の踊屋台（貼り紙）。

七ヶ町の鉄棒引立石「花のふるは　うかれこそすれ」、腰に草土手

江口　引物　つな引　六十五人

21.9 ⑨　21.9 ⑧　39.7 ⑦

若殿
藤間たか
十六才

小性(姓)
西川いの
十五才

浄瑠璃
「江戸 紫月
武蔵野」

花見の学は、徳川美術館蔵絵巻とほぼ同じ構図である。同絵巻では上図の後に、医師・供女・供男三人、105頁十・十一紙、囃子方と続く。

女奴八人

市山きん
十七才

同　げん
十五才

中村ゑい
十七才

同　ふさ
十六才

松本いの
十七才

同　きく
十七才

市山たね
十七才

松本はる
十七才

雪見の学

(十丁裏)

雪月花の内

「花見の学」は練物・地走り踊

立石の造り物をかぶる男は鼠色木綿縫(着)ぐるみ、腰へ草土手を付

少女の練物十人、内一人は若殿の学、若衆髷、紫絹摺込模様振袖、茶色縞絹袴を着、黄絹の帯を締め、木脇差を腰に、扇子を持

内一人は男小姓の学、若衆髷、着附鴉(鳶)色絹紫堅縞絹袴を着、欝金絹帯を締め、木刀大小を帯、造り物刀を紫緒にて持

内八人は女奴の学、嶋田髷、着附紫絹、背に釘貫の紋裾模様付桃色絹裾廻し、絹紫手綱染半襟欝金帯を締め、桜の折枝を持、所作、日傘差し掛け

供男の学、五人、内一人は医師の姿にて、着附空色絹紋付裾廻し、茶絹黒襦子の羽織を着、茶絹帯を締め、後に羽織を脱ぎ、袈裟を掛け、道化所作

内一人は供女の学、嶋田髷、着附、黒絹背に釘貫の紋裾模様付桃色絹の裾廻し、絹紫手綱染の半襟、欝金絹の帯を締め、造り物茶瓶を荷い、後に紅絞り絹襦袢肌脱になり道化所作

内三人は供奴の学、着附、萌黄海気(絹織物の一つ。縦糸も横糸もともに練り糸を用いた平織。滑らかで光沢がある。甲斐国郡内地方で産し、夜具地・羽織地などに用いられる)

(十一丁表)

菖蒲皮染半襟、絹紫手綱染欝金絹帯を締め、木脇差を帯し、内一人は瓢の造り物を下げた桜の折枝を持、内一人は造り物の大盃を持、後に三人共紅麻の肩衣を懸け、内二人は小太鼓を持

内三人は三味線を持って道化所作、日傘差し掛け

囃子方は男十四人、着附茶色、絹単物を着、絹紫竪縞袴、内囃子方七人は日傘差し掛け

底抜家台一荷を六人の人足が持(二人は交替要員)

長柄傘、二十二本

荷茶屋一荷を四人の人足が舁(二人は交替要員)

床机持三十六人、供人足二十人、

鉄棒引二人

(十一丁裏)

染帷子、裁付着、警固七人と世話役七人は染帷子、袴着

鉄棒引の少女二人は絹紺角つなぎの単物を着、欝金絹帯を締め、裁付を着

浄瑠璃「東都名物花の錦絵」

坊主　立川小三

供女　市川千調

『誹風柳多留』(一二九篇八)に

「面白さ杵屋で狂ふ猫と象」

文政九年山王祭

十二紙より霊岸嶋四日市町による附祭「羅生門兜金札引物」

湯島横町「土蜘蛛」山車

「神田明神祭礼絵巻」(神田神社蔵)

35.5 ⑯ 27.2 ⑮ 8.4 ⑭

源頼光は悪鬼「酒呑童子」や怪物「土蜘蛛」を屠った伝説がある平安時代の武士。「神田明神祭礼絵巻」に描かれた湯島横町山車「土蜘蛛」は坂田金時が糸で攻撃する土蜘蛛に跨がって退治する場面。御伽草子絵巻東京国立博物館蔵「土蜘蛛草子」や能「土蜘蛛」では頼光による土蜘蛛退治譚である。

雑兵が箒で凱陣道を清め、土蜘蛛が吐き出す攻撃の糸を糸車に絡め取る。

番附とは異なり、源頼光四天王の指人形を女性が操る地走り踊

四天王の先頭「金」は坂田金時、次は茨木童子という鬼の腕を切り落とした伝説で有名な渡辺綱、「定」は碓井定(貞)光、「季」の卜部季武にもウブメを懲らしめた伝説がある、

番附では、四輪の「羅生門引物」、「羅生門兜金札引物」「綱引四十五人内二十一人半天も丶引着、拾五人子供染絹単物着」

『誹風柳多留』(二篇一七)に「四天王渡辺斗紋が知れ」

須田町一丁目の附祭「大江山凱陣」「神田明神祭礼図巻」第一巻(神田神社蔵)

渡辺綱

坂田公(金)時

碓井貞光

卜部季武

『日本舞踊名曲事典』より引用。

江戸の顔見世狂言には、十数種の「世界」（その背景をなす時代）があって、毎年そのうちの一種を選び、その世界の範囲で新作を出したものであった。その中には、頼光やその四天王、将門の遺族等を活躍させる『前太平記』の世界があった。この世界が脚色されると、頼光に仇をした葛城山の土蜘蛛の伝説がいつも出てきた。そしてそれは舞踊劇が多かったので、顔見世狂言に出た土蜘蛛の舞踊は数十種からあった。（中略）この曲（明和二年（一七六五）江戸市村座初演の常磐津「蜘蛛の糸」—引用者）はその中でも最も古く、また常磐津でも古典の方である（郡司・柴崎　一九八三）。

『誹風柳多留』（四篇一六）に「金時が行きそうな所らしやう門」

20.1 ③　39.6 ②　31.8 ①

第五巻　紙高二六・八、見返し二二・九、総長二二三・五

第五巻前半は本書89頁文政九年山王祭霊岸嶋四日市町による養老引物を描く。同祭二十八番山車の後に続く附祭である。89頁には引物前の養老酒売地走り踊も描かれるが、上図は引物を中心とする。

「深川富ヶ岡八幡祭踊屋台豊作手踊図」五巻の絵師は、基本的には祭礼をよく知った江戸の浮世絵師であろう。

第一前半の天保五年豊年手踊り(80・81頁)と、本書では省略したが第四巻103頁題箋に続く冒頭第一紙～五紙の鉄棒引から荷茶屋まで同じ絵師による同附祭の描写と思われ、子守女の着物の柄に至るまでとほとんど同じである。第一巻後半の82～84頁までの附祭は不明であり、それ以外の絵師に比べて稚拙であり、素人絵の可能性も高い。

第二巻の85頁～98頁は同じ文政九年の山王祭第四十番組七ヶ町による附祭で、同じ絵師によるものであろう。

第三巻第一紙は天保七年の附祭であり、定規を用いたような直線表現で他とは異なる絵師であろう。同巻99頁～101頁第八紙までは第一巻前半、前述した第四巻省略部分、省略部分に続く103頁第六紙～105頁第十一紙までと同じ絵師であろう。背に七ヶ町とある鉄棒引はポーズも瓜二つである。

第三巻の101頁第九紙～103頁巻末までの江口人形引物は上記の絵師と異なり、第五巻前半の108頁～110頁第六紙までと同じ絵師であろう。管見の限り、「神田明神御祭礼御用御雇祭絵巻」(国立国会図書館蔵)の第六巻の絵師に近いと感じている。右六巻の内五巻までは同じ絵師であろうが、この巻のみ絵師が異なる。

第四巻冒頭の題箋に、「清水様へ」とあるのが重要であり、徳川宗敬本は御三卿一橋家に伝来したものであるが、この絵巻は山王祭第四十番組七ヶ町から清水家、その後一橋家に伝来した可能性がある。

40.2 ④

33.3 ⑤

35.6 ⑥

拍子木打

鉄棒引

養老酒売の学
やうろうさけうりの学び

さかづき引物

木賊狩

第五巻後半は部分図五点を貼り合わせたもので、本来の場所から剥がれたものもある。「田村」・「木賊狩」・戸隠明神役（本書89頁の力士の大石持曲芸の前段の上貼り紙であるため移動）・紫式部と藤原顕輔役（平安時代の公家・歌人、本書99頁の踊屋台の少女の踊り手）の踊屋台・能図の順番で、最後の二点が上下に貼り合わされている。「田村」と「木賊刈」はそれぞれ箱庭風置物であり、「田村」は後ジテ坂上田村丸（修羅物出立、平太）の霊が桜満開の鈴鹿山に出現した場面である。田村丸の霊が昔の姿で鈴鹿山に現れ、勅命で鬼神を討ちに出向いたとき、清水寺の千手観音の助けにあって敵を全滅したという物語を造り物とした四足付きの置物。修羅物ではあるが観音の霊験譚が中心になっており、勝ち戦なのでめでたい能とされ、お祭りに相応しい。「木賊狩」は能「木賊」のシテの老翁（着流尉出立）を造り物にした置物。信濃國原山で名産の木賊を狩る老翁は、ここで父を訪ねる幼い弟子を伴った都からの僧と会い、彼らを伏屋の森に案内し、自家に泊まらせる。酒を飲み交わすうち、子の弟子は老父だと知って久々の対面をする。右の能図は「田村」のワキ旅僧、ワキヅレ従僧が清水寺の童子から寺の来歴を聞く場面であろうか。能関係の三点が出た附祭に関しては今後の調査課題である。

嘉永七年「山王御祭礼本両替町・北鞘町附祭絵巻」

（京都『衆星堂古書目録　創業十周年　記念特別号』二〇一五年四月より転載）

紙本著色一巻　紙高二六・五、総長五七〇・〇
番附143頁、翻刻史料183～203頁・204～218頁

嘉永七年は祭礼後の十一月に安政に改元しているので本書では嘉永七年としている。山王祭山車番組第八番の本両替町と北鞘町組合による附祭「真の見立、紅葉狩の学」地走り踊を描く。出典目録には四場面の部分図が載り、落款はないが、歌川国芳（一七九七～一八六一）画説を取る。その根拠は江戸東京博物館蔵の「山王祭礼駿河町付祭行列図」紙本著色一巻（国芳の落款がある）と描写が酷似しているからである。同目録（三十頁）によると、「状態は新しく改装されており良好であるが、一部緑青焼けによる破損の跡が見られる」、「本絵巻と江戸博本はもと一具のものであった」と推定しているが、筆者もこの点は賛同するものである。

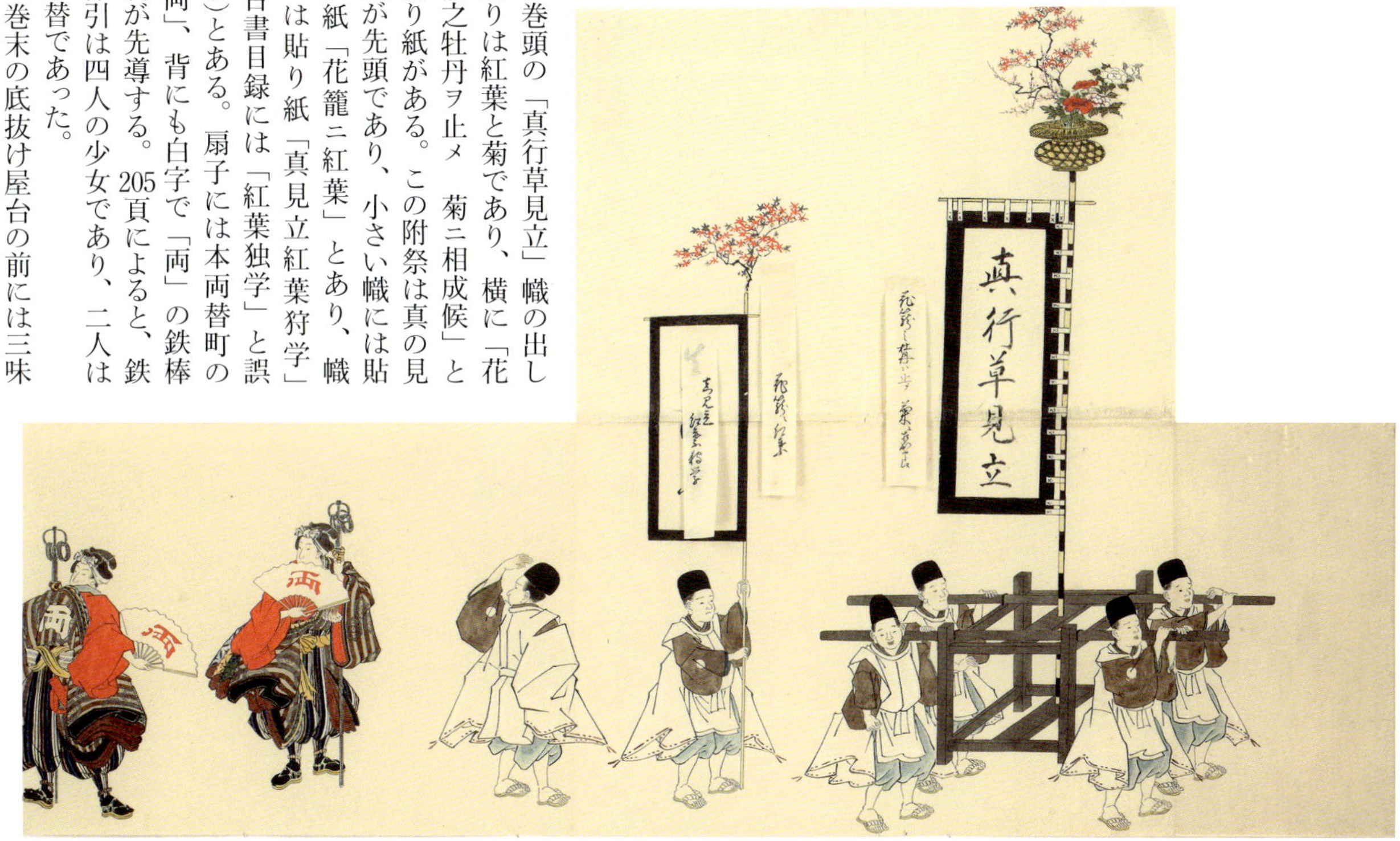

巻頭の「真行草見立」幟の出し飾りは紅葉と菊であり、横に「花籠之牡丹ヲ止メ　菊ニ相成候」と貼り紙がある。この附祭は真の見立が先頭であり、小さい幟には貼り紙「花籠ニ紅葉」とあり、幟には貼り紙「真見立紅葉狩学」（古書目録には「紅葉独学」と誤植）とある。扇子には本両替町の「両」、背にも白字で「両」の鉄棒引が先導する。205頁によると、鉄棒引は四人の少女であり、二人は手替であった。

巻末の底抜け屋台の前には三味線弾きも見え、恐らく長唄も描かれていよう。最後の茶小屋の屋根には町名の「両」と「鞘」。

真行草の行の見立は、同じ第八番組の品川町・同裏河岸による「士農工商の学」、草の見立は駿河町による「芥川小町業平の学」で、前頁で触れた江戸東京博物館蔵絵巻に描かれている(福原　二〇一二c)。

能「紅葉狩」を典拠とする歌舞伎や長唄より採られた紅葉狩之学における上の地走り踊と下の練物。その中央、平惟(維)茂は二十歳の中村歌菊、上の姫(下の練物では般若面を持ち鬼女の本性を現す)は十九歳の水木歌元で、腰元や侍女、囃子方の素性もわかっている。

147頁に番附図版。

文化四年「神田大明神御祭礼番附」（国立国会図書館蔵）

紙本木版墨摺二枚組
寸法：右二二・九×三一・四、左二二・八×三一・五

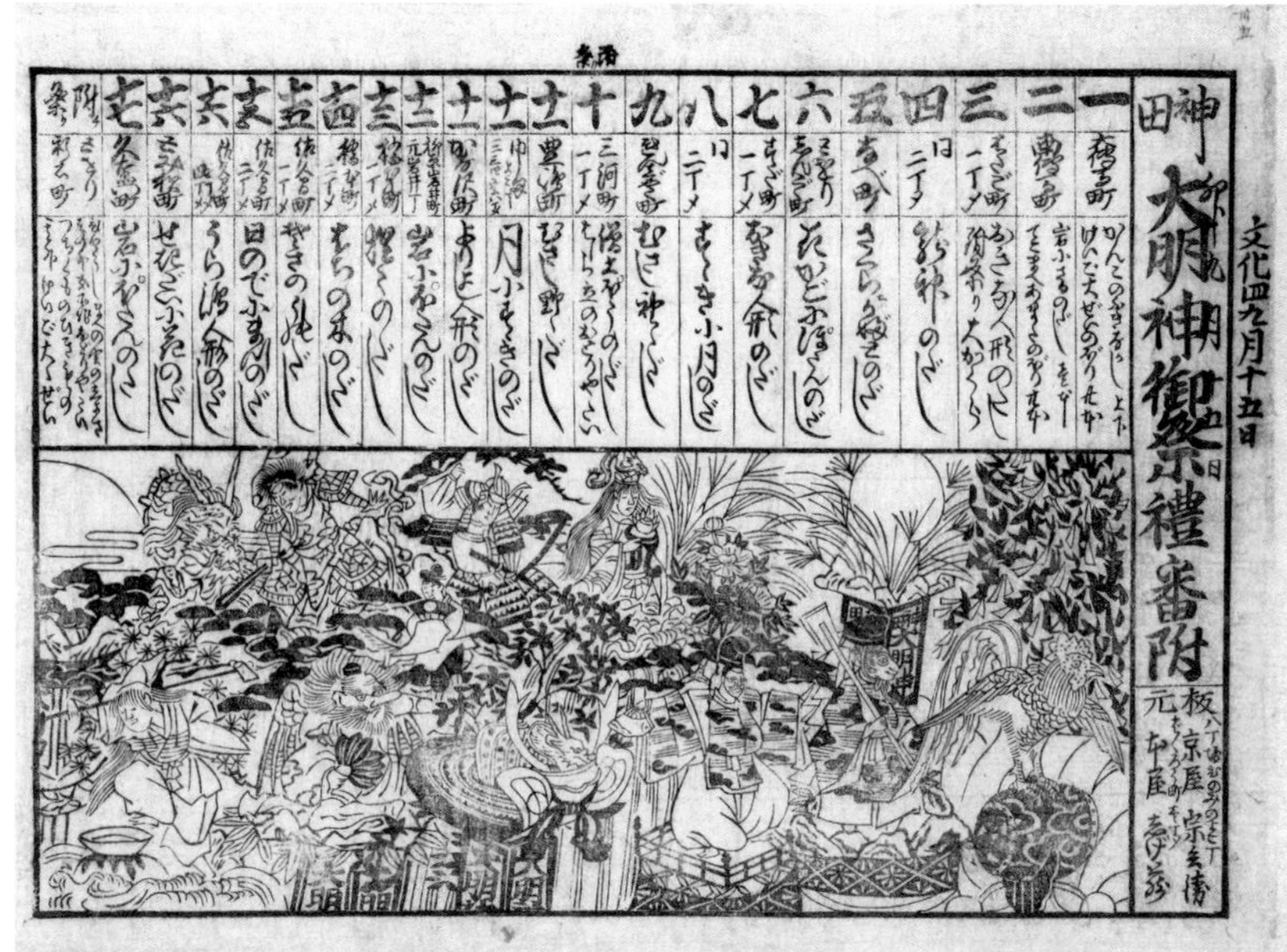

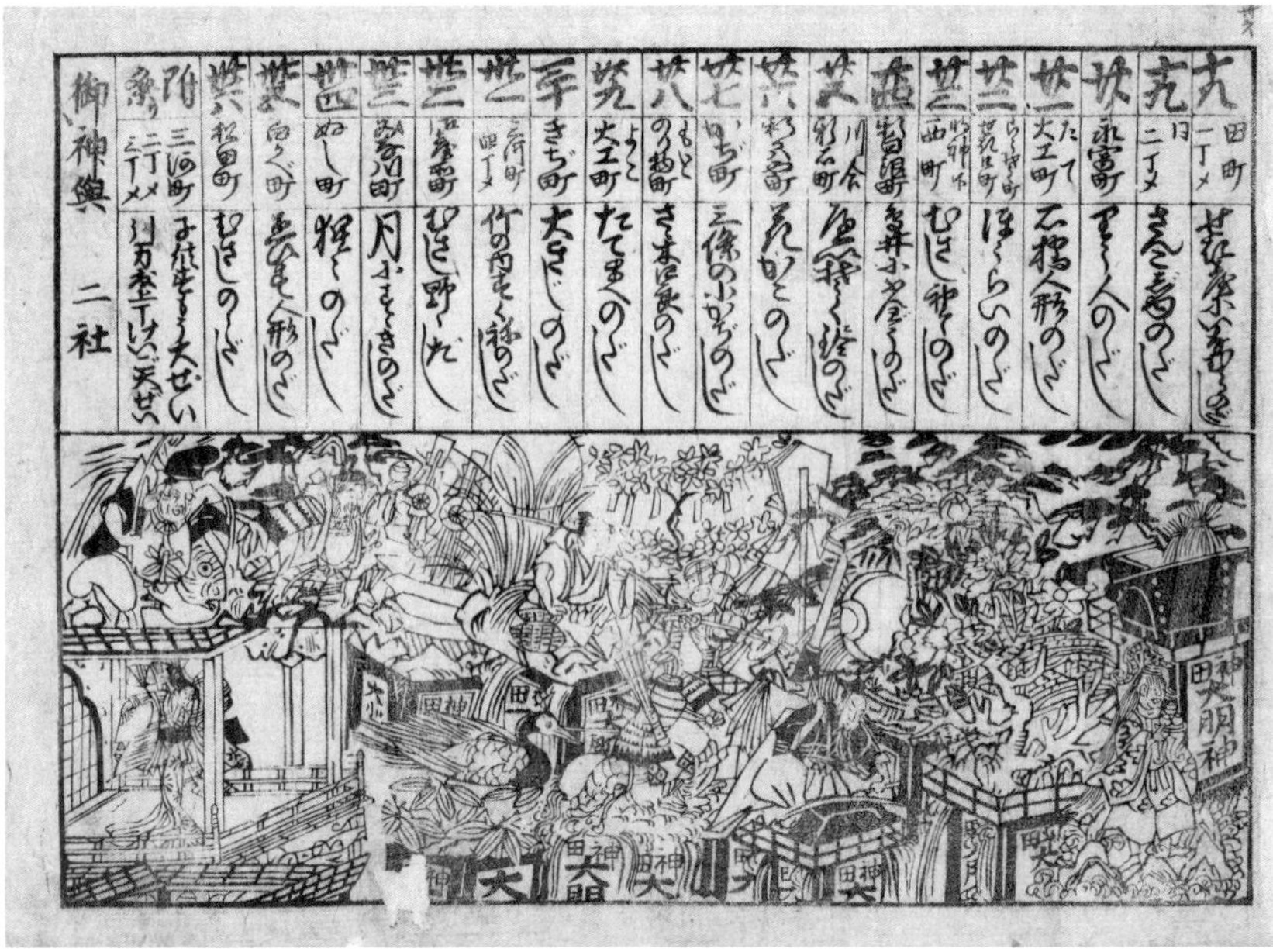

文化四九月十五日

神田 大明神御祭礼番附

卯九月十五日

板元 八丁堀ひのみのよこ丁 京屋 宗兵衛
ばくろう町壱丁メ 本屋 しげ蔵

祭ヶ附

一	大傳馬町	かんこのふきなかし上下 けいご大ぜいのぼり廿本
二	南傳馬町	岩にさるのだし壱本 てこまへあまたのぼり廿本
三	はたご町一丁メ	おきな人形のたし 附祭り大かくら
四	同二丁メ	龍神のだし
五	なべ町	さくらニかぶとのだし
六	とをり しんごく町	花かごにぼたんのだし
七	すだ町一丁メ	おきな人形のだし
八	同二丁メ	すゝきに月のだし
九	れんじやく町	むさし野ゝだし
十	三河町一丁メ	僧上ぼうのだし はしら立のおとりやたい
十一	豊嶋町	むさし野ゝだし
十一	ゆしま よこ町 一二三四五六丁メ	月にすゝきのだし
十一	かな沢町	よりよし人形のだし
十二	柳原岩井町 元岩井町	岩にぼたんのだし
十三	橋本町一丁メ	猩〻のだし
十四	橋本町二丁メ	はちの木のだし
十五	佐久間町一丁メ	そさのうのだし
十五	佐久間町二丁メ	日のでにまつのだし
十六	佐久間町三丁メ 四丁メ	うら嶋人形のだし
十六	とみ松町	せきだいに花のだし
十七	久右衛門町	岩にぼたんのだし
附ケ祭リ	とをり 新石町	ひやうしまへ（拍子舞）の雲のしよさ その外女所作をどりやたい つちくものひきもの 其外けいご大ゝぜい

十九	田（多）町一丁メ	せき台にいなむら（稲村）のだし
十九	同二丁メ	さんこじゆ（珊瑚樹）のだし
廿	永冨町	りう人（龍神）のだし
廿一	たて 大工町	石橋人形のだし
廿二	らうそく町 せき口町	ほうらいのだし
廿三	明神下 西町	むさし野ゝだし
廿四	新白銀町	鳥井にふんどう（分銅）のだし
廿五	川合 新石町	へいそく（幣束）ニ鈴のだし
廿六	新かハや町	花かこのだし
廿七	かぢ町	三條の小かぢのだし
廿八	もと のり物町	さゝ木四良のだし
廿九	よこ 大工町	たてまへのだし
三十	きぢ町	大きじのだし
卅一	三河町四丁メ	竹の内すくねのだし
卅二	御台所町	むさし野ゝだし
卅三	みな川町	月にすゝきのだし
卅四	ぬし町	猩〻のだし
卅五	白かべ町	ゑひす人形のだし
卅六	松田町	むさしのゝだし
附祭リ	三河町二丁メ 三丁メ	子供すもう大ぜい 引万度上下けいご大ぜい

御神輿 二社

本書163頁では通新石町他五ヶ町より出る

本書では御雇祭

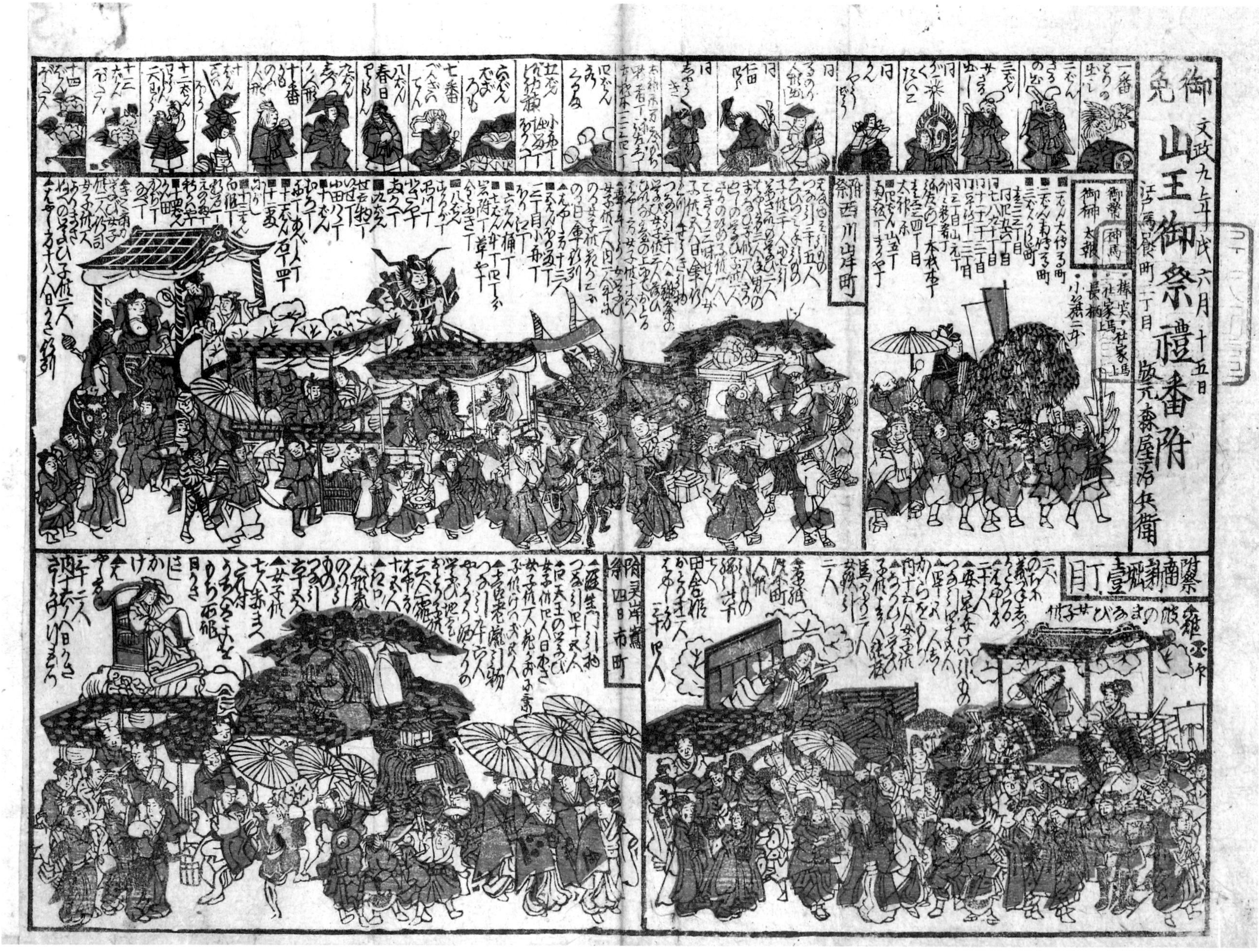

文政九年
「御免山王御祭礼番附」
（千代田区立日比谷図書文化館蔵）

紙本木版墨摺三枚組
寸法：二四・四×三二・三、二四・二×三〇・一、二三・九×三一・四

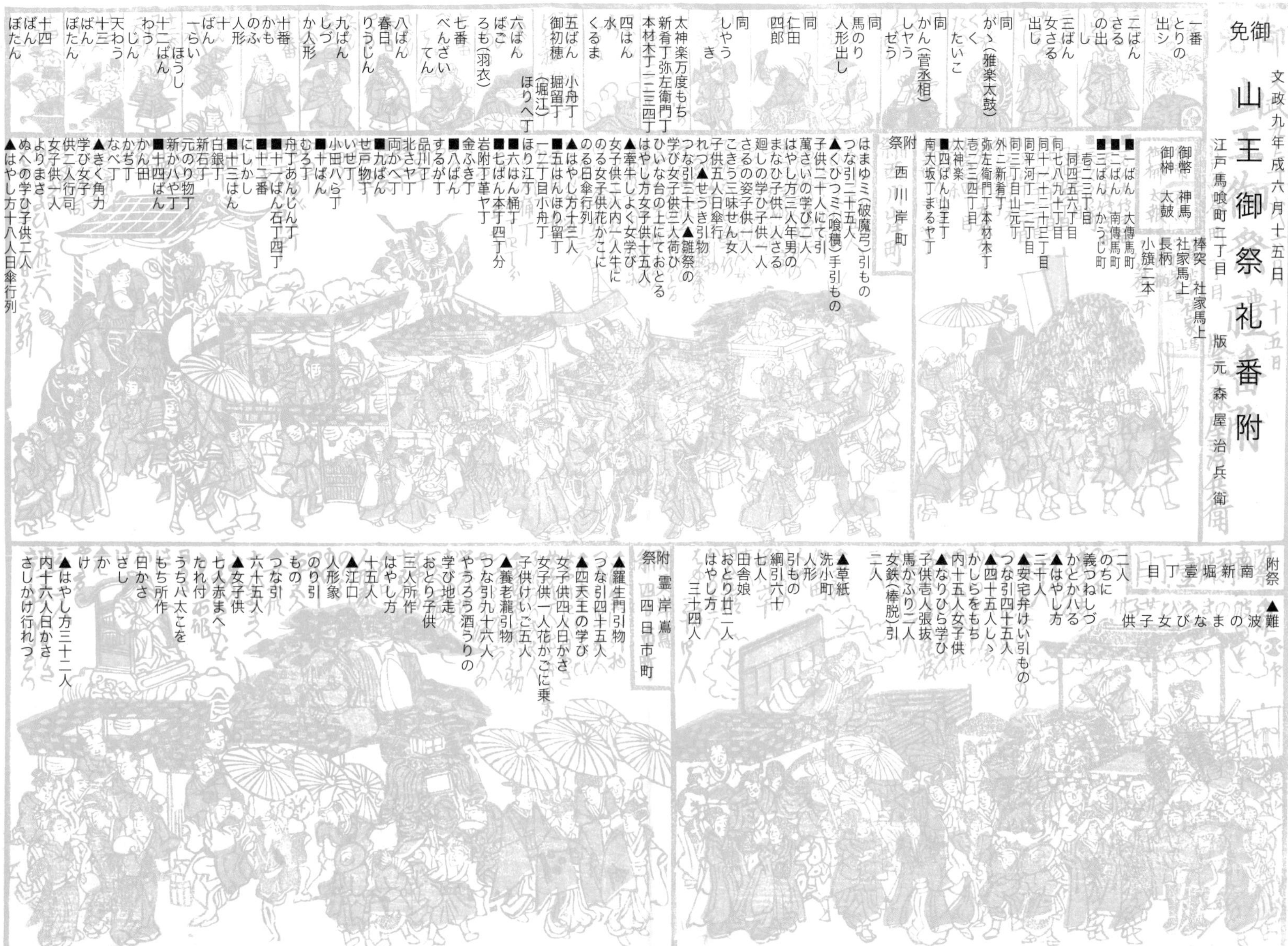

御免
山王御祭礼番附
文政九年戌六月十五日
江戸馬喰町二丁目
版元 森屋治兵衛
一番 とりの出シ
二ばん さるの出し
三ばん 女さる出し
同 がゝく(雅楽太鼓) たいこ
同 かん(菅丞相) しヤう ぜう
同 馬のり人形出し
同 仁田四郎
同 しやうき
太神楽万度もち 新肴丁弥左衛門丁 本材木丁一二三四丁
四はん 水くるま
五ばん 御初穂 小舟丁 掘留丁(堀江) ほりへ丁
六ばん ばごろも(羽衣)
七番 べんざいてん
八ばん 春日りうじん
九ばん しづか人形
十番 かものふ人形
十 ばん 一らい ほうし
十二ばん わうじん 天わう
十三 ばん ぼたん
十四 ばん ぼたん
棒突 社家馬上
御幣 神馬 社家馬上
御榊 太鼓 長柄
小籏二本
■一ばん 大傳馬町
■二ばん 南傳馬町
■三ばん かうじ町
壱二三丁目
同四五六丁目
同七八九十丁目
同十一十二十三丁目
同平河丁一二丁目
同三丁目山元丁
外ニ新肴丁
弥左衛門丁本材木丁
壱二三四丁目
太神楽
■四ばん山王丁
南大坂丁まるヤ丁
附祭 西川岸町
はまゆミ(破魔弓)引もの
つな引二十五人
▲くひつミ(喰積)手引もの
子供二十人にて引
萬ざいの学び二人
はやし方三人年男の
まなひ子供一人さる
廻しの学ひ子供一人
さるの姿子供一人
こきう三味せん女
子供五人日傘行
れつ▲せうき引物
つな引三十人▲雛祭の
学び女子供三人荷ひ
ひいな台の上にておとる
はやし方女子供十五人
▲牽牛しよく女学び
女子供二人内一人牛に
のる女子供花かごに
のる日傘行列
▲はやし方十三人
■五はんほり留丁
一二丁目小舟丁
ほり江丁
■六はん桶丁
■七ばん本丁四丁分
岩附丁革ヤ丁
金ふき丁
■八ばん
するが丁
品川丁
北さヤ丁
両かへ丁
■九ばん
せ戸物丁
いせ丁
小田八ら丁
■十ばん
むろ丁
舟丁あんじん丁
■十一ばん石丁四丁
■十二番
にしかし
■十三はん
白銀丁
新石丁
元のり物丁
新かハや丁
■十四ばん
かん田
かぢ丁
なべ丁
▲きく角力
学び女子
供二人行司
女子供一人
よりまさ
ぬへの学ひ子供二人
▲はやし方十八人日傘行列
附祭 南新堀壹丁目
▲難波のまなび女子供
二人
のちに
義つねしづ
かとかハる
▲はやし方
二十人
▲安宅弁けい引もの
つな引四十五人
▲四十五人しゝ
かしらをもち
内十五人女子供
▲なりひら学ひ
子供壱人張抜
馬かふり二人
女鉄(棒脱)引
二人
▲草紙
洗小町
人形
引もの
綱引六十
七人
田舎娘
おとり廿二人
はやし方
三十四人
附祭 霊岸嶌 四日市町
▲羅生門引物
つな引四十五人
▲四天王の学び
女子供四人日かさ
女子供一人花かごに乗
子供けいご五人
▲養老瀧引物
つな引九十六人
やうろう酒うりの
学び地走
おとり子供
三人所作
はやし方
十五人
▲江口
人形象
のり引
もの
つな引
六十五人
▲女子供
七人赤まへ
たれ付
うち八太こを
もち所作
日かさ
さし
か
け
▲はやし方三十二人
内十六人日かさ
さしかけ行れつ

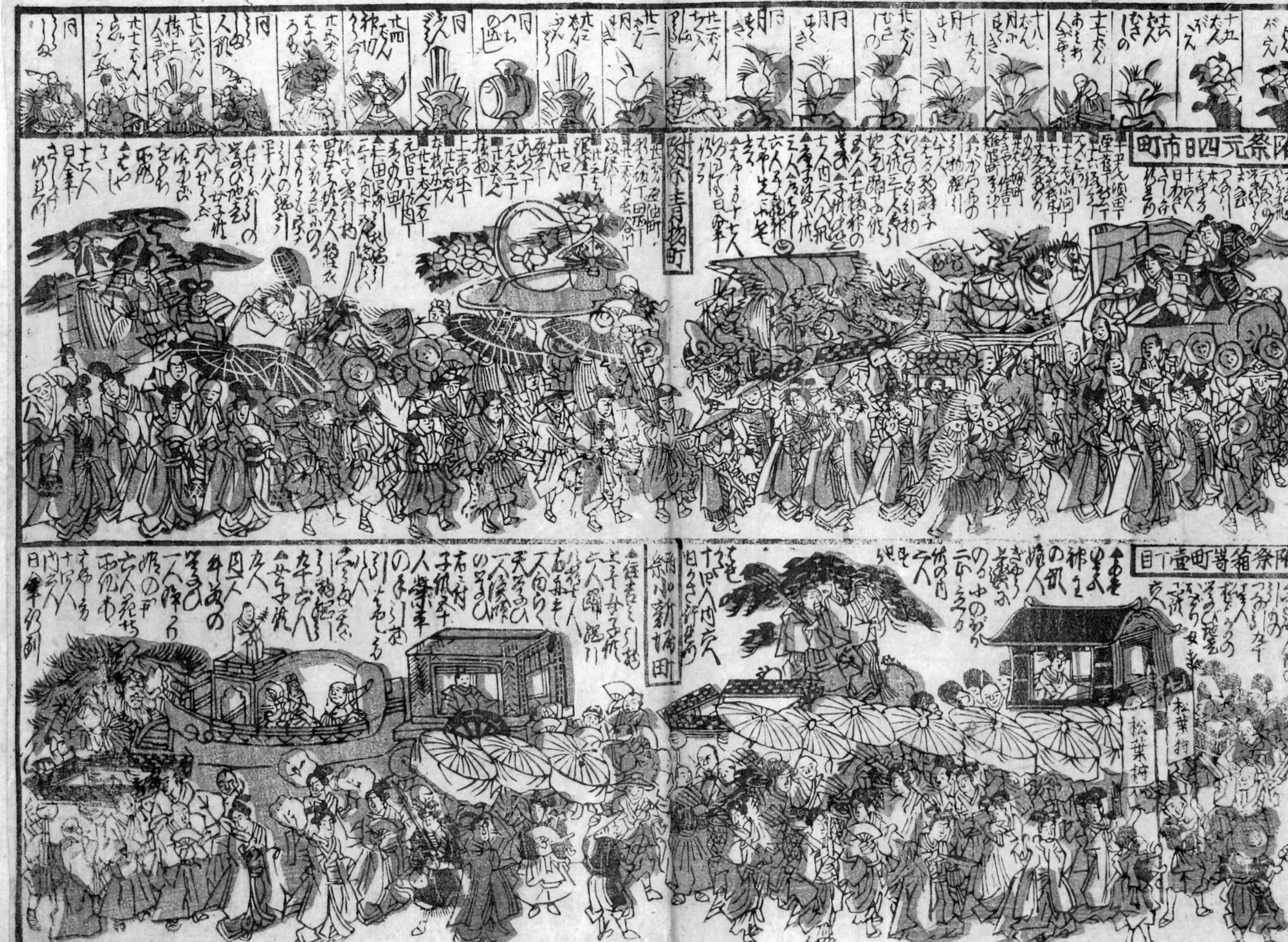
附祭元四日市町
附祭箱崎町壹丁目
松葉持

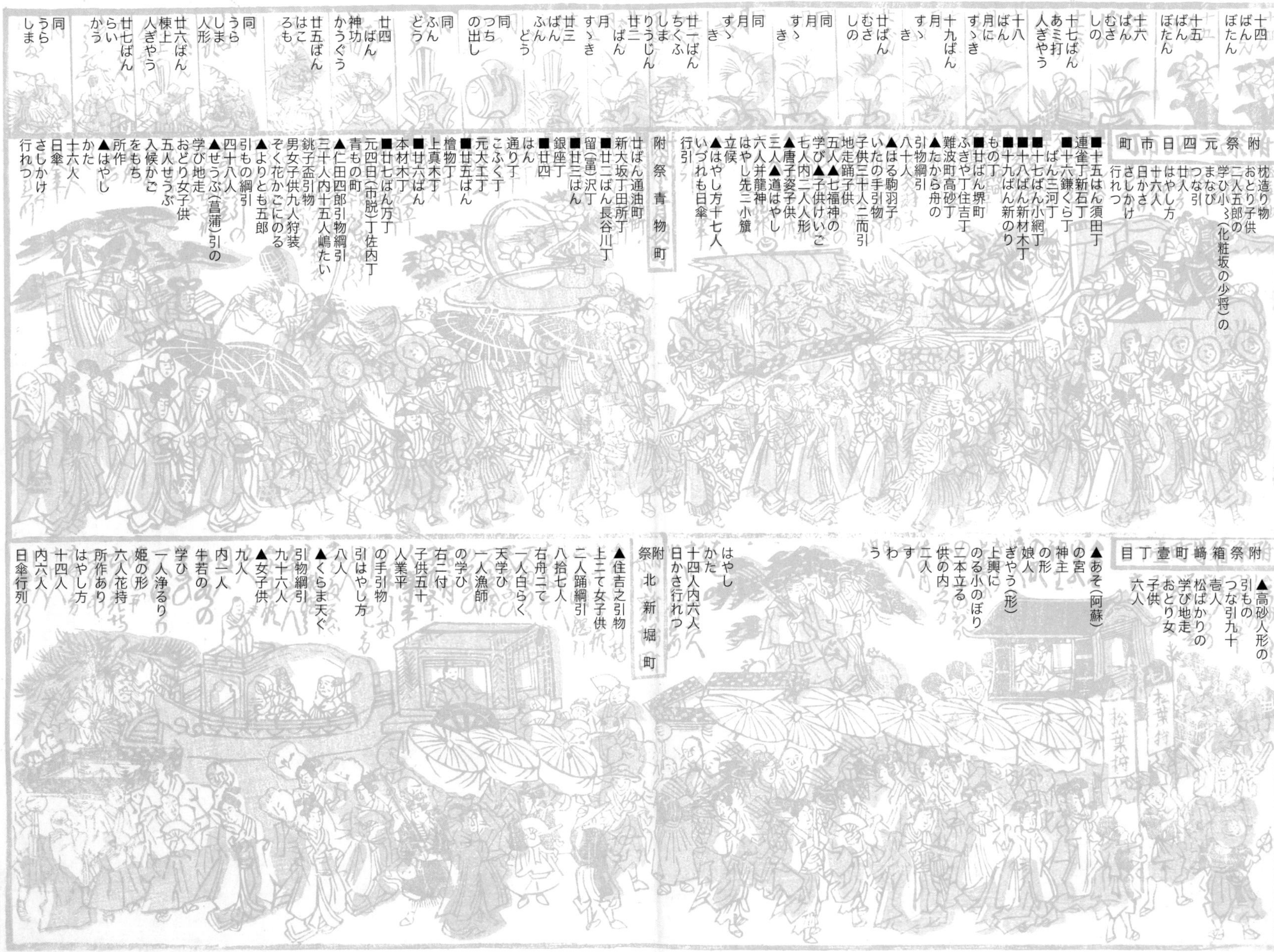
十四ばん ぼたん
十五ばん ぼばたん
十六ばん むさしの
十七ばん あミ打人ぎやう
十八ばん 月にすゝき
十九ばん 月すゝき
廿ばん むさしの
同 月すゝき
同 月すゝき
廿一ばん ちくふしま りうじん
廿二ばん 月すゝき
廿三ばん ふんどう
同 つちの出し
同 ふんどう
廿四ばん 神功かうぐう
廿五ばん はころも
同 うしまら人形
廿六ばん 棟上人ぎやう
廿七ばん らいからう
同 うらしま
附祭 元四日市町
枕造り物
おどり子供
二人五郎の
学ひ小〻(化粧坂の少将)の
まなび
つな引
廿人
はやし方
十六人
日かさ
さしかけ
行れつ
■十五はん須田丁
連雀丁新石丁
■十六鎌くら丁
ばん三河丁
■十七ばん小網丁
■十八ばん新材木丁
■十九ばん新のり
もの丁
■廿ばん堺町
ふきや丁住吉丁
難波町高砂丁
▲たから舟の
引物綱引
八十人
▲はる駒羽子
いたの手引物
子供三十人二而引
地走踊子供
五人▲▲七福神の
学び▲子供けいご
七人内二人人形
▲唐子姿子供
三人▲道はやし
六人并龍神
はやし先二小旗
立候
▲はやし方十七人
いづれも日傘
行引
附祭 青物町
廿ばん通油町
新大坂丁田所丁
■廿二ばん長谷川丁
留(富)沢丁
■廿三はん
銀座丁
■廿四
はん
通り丁
こふく丁
元大工丁
■廿五ばん
檜物丁
上真木丁
■廿六ばん
本材木丁
■廿七ばん万丁
元四日(市脱)丁佐内丁
青もの町
▲仁田四郎引物綱引
三十人内十五人嶋たい
銚子盃引物
男女子供九人狩装
ぞく花かごにのる
▲よりとも五郎
引もの綱引
四十八人
▲せうぶ(菖蒲)引の
学び地走
おどり女子供
五人せうぶ
入候かご
をもち
所作
▲はやし
かた
十六人
日傘
さしかけ
行れつ
附祭 箱崎町壹丁目
▲高砂人形の
引もの
つな引九十
壱人
松ばかりの
学び地走
おどり女
子供
六人
▲あそ(阿蘇)
の宮
神主
の形
娘人
ぎやう(形)
上輿に
のる小のぼり
二本立る
供の内
二人
すわう
はやし
かた
十四人内六人
日かさ行れつ
附祭 北新堀町
▲住吉之引物
上ニて女子供
二人踊綱引
八拾七人
右舟ニて
一人白らく
天学ひ
一人漁師
の学ひ
右ニ付
子供五十
人業平
の手引物
引はやし方
八人
▲くらま天ぐ
引物綱引
九十六人
▲女子供
九人
内一人
牛若の
学ひ
一人浄るり
姫の形
六人花持
所作あり
はやし方
十四人
内六人
日傘行列

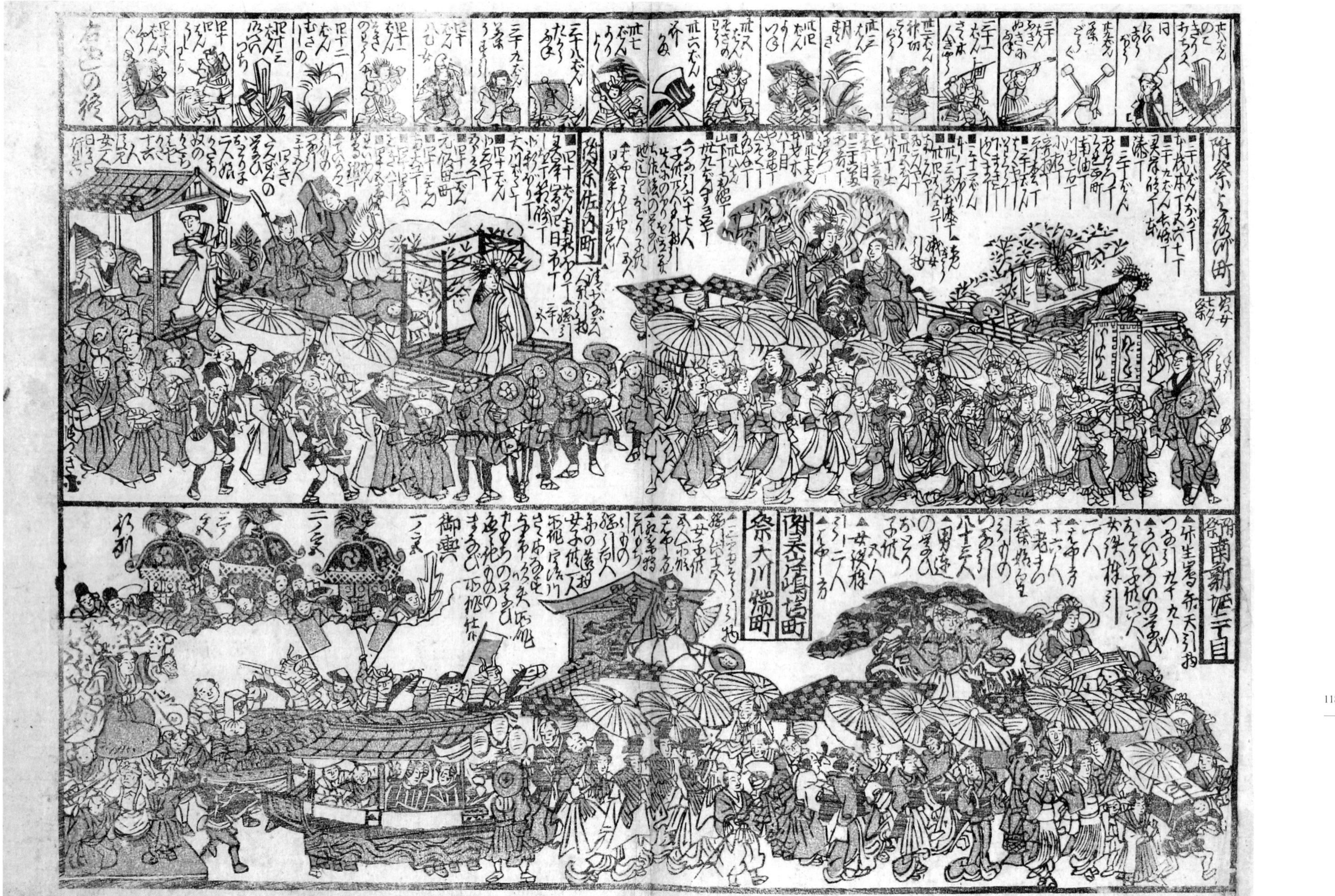
附祭佐内町
附祭南新堀二丁目
附祭大川端町

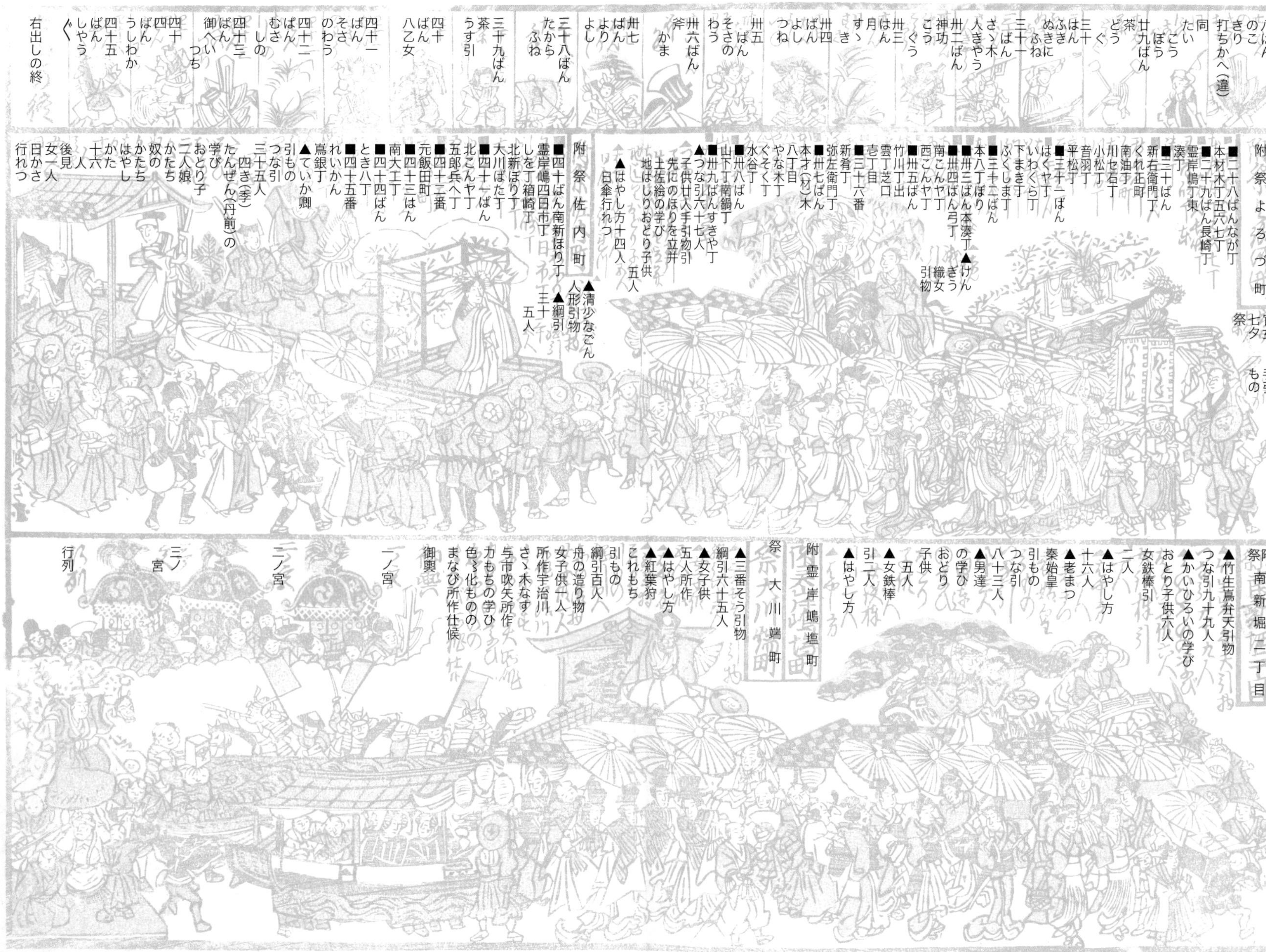
八ばん
のこぎり
打ちかへ（違）
同
たいこう
ぼう
廿九ばん
茶どうぐ
三十
はんきん
ふきに
ぬふきね
三十一ばん
さゝ木
人きやう
卅二ばん
神功
こうぐう
卅三
はん
月すゝき
卅四ばん
よしつね
卅五ばん
そさのわう
卅六ばん
斧かま
卅七ばん
よりよし
三十八ばん
たからふね
三十九ばん
茶うす引
四十ばん
八乙女
四十一ばん
そさんのわう
四十二ばん
むさしの
四十三ばん
御へいつち
四十四ばん
うしわか
四十五ばん
しやうぐ
右出しの終
附祭よろづ町
■二十八ばんなが丁
本材木丁五六七丁
■二十九ばん長崎丁
霊岸嶋丁東
湊丁
■三十ばん
新右衛門丁
くれ正町
南油丁
川セ石丁
小松丁
音羽丁
平松丁
■三十一ばん
はくヤ丁
いわくら丁
下まき丁
ふくしま丁
■三十二ばん
本八丁ぼり
■卅三ばん本湊丁
■卅四ばん弓丁
南こんヤ丁
西こんヤ丁
■卅五ばん
竹川丁出
雲丁芝口
壱丁目
■三十六番
新肴丁
弥左衛門丁
■卅七ばん
本才（材）木
八丁目
やな木丁
ぐそく丁
水谷丁
■卅八ばん
山下丁南鍋丁
■卅九ばんすきや丁
▲つな引六十七人
子供廿人手引物引
先にのぼりを立并
土佐絵の学び
地はしりおどり子供
五人
▲はやし方十四人
日傘行れつ
▲けんぎう
織女
引物
官女
七夕
祭
手引
もの
附祭佐内町
▲清少なごん
人形引物
▲綱引
三十
五人
■四十ばん南新ほり丁
霊岸嶋四日市丁
しを丁箱崎丁
北新ぼり丁
大川ばた丁
■四十一ばん
北こんヤ丁
五郎兵へ丁
■四十二番
元飯田町
■四十三はん
南大工丁
■四十四ばん
とき八丁
■四十五番
れいかん
嶌銀丁
▲ていか卿
引もの
つな引
三十五人
四き（季）
たんぜん（丹前）の
学び
おとり子
二人娘
かたち
奴の
かたち
はやし
かた
十六
人
後見
女一人
日かさ
行れつ
附祭南新堀二丁目
▲竹生嶌弁天引物
つな引九十九人
▲かいひろいの学び
おとり子供六人
女鉄棒引
二人
▲はやし方
十六人
▲老まつ
秦始皇
引もの
つな引
八十三人
▲男達
の学ひ
おどり
子供
五人
▲女鉄棒
引二人
▲はやし方
附霊岸嶋塩町
祭大川端町
▲三番そう引物
綱引六十五人
▲女子供
五人所作
▲はやし方
▲紅葉狩
これもち
引もの
綱引百人
舟の造り物
女子供一人
所作宇治川
さゝ木なす
与市吹矢所作
力もちの学ひ
色〻化ものの
まなび所作仕候
御輿
一ノ宮
二ノ宮
三ノ宮
行列

天保五年「山王御祭礼御免番附」

（国立歴史民俗博物館蔵、所蔵番号F二八一-一三三）

紙本木版墨摺横冊　一冊、表紙のみ色摺、全二十六丁
寸法：一一・五×一七・五

天保五年（一八三六）の山王祭は六月十五日（西暦七月十九日）に行われ、四十五番の山車番組から五十七本の山車が出され、御雇祭はなく、以下の十九ヶ所より附祭が出た。⑱の附祭が本書80・81頁であるが、この文句はないので巻末の唄・浄瑠璃文句は省略した。この解題では「町」「丁」表記は史料に即す。山車番組町が山車の後に附祭を出した。

①七番　本丁四丁分・岩付丁・金吹丁・本革屋丁　三番叟の学び踊屋台
②八番　本両替丁・駿河丁・品川丁・同裏川岸・北鞘丁　玉取の学び（讃岐志度の浦）練物・地走り踊
③九番　本小田原町・瀬戸物町・伊勢町　義経卿君の学び踊屋台
④十番　室町三丁分・本町三丁目裏川岸・安針町・本船町　五郎舞鶴の学び踊屋台
⑤十一番　本石町四丁分・十軒店　頼政菖蒲前の学び踊屋台
⑥十二番　西河岸町　和藤内凱陣の学び練物
⑦二十二番　冨沢町・長谷川町　僧正坊牛若丸の学び練物・地走り踊
⑧二十三番　銀坐四丁分　歳男豆蒔の学び踊屋台
⑨二十四番　通四丁分・呉服町・元大工町　三番叟遣ひ人形踊屋台
⑩二十五番　上槙町・檜物町　宝舩の引物
⑪二十六番　本材木町四丁分　業平小町の学び踊屋台
⑫二十七番　青物丁・万丁・元四日市丁・佐内町　出雲八重垣の造り物
⑬三十五番　竹川丁・出雲丁・芝口一丁目西側　傀儡師の学び踊屋台
⑭三十六番　弥左衛門丁・新肴丁　士農工商の学び練物・地走り踊
⑮三十七番　本材木丁八丁目・具足丁・柳丁・水谷丁　頼義奥女中桜狩の学練物・地走り踊
⑯三十八番　南鍋丁・山下丁　矢の根五郎の学び踊屋台
⑰三十九番　数寄屋町　高砂丹前の学び踊屋台
⑱四十番　南新堀一・二丁目・霊岸嶋塩丁・同四日市丁・箱崎丁一丁目同北新堀丁・大川端丁　豊作出来秋の学び練物・地走り踊
⑲四十四番　常盤丁　安宅の関の学び練物・地走り踊

従来、附祭の構成は『守貞謾稿』などによると、踊屋台（移動舞台、西日本では芸山など）、地走り踊、練物の三種とされてきたが、以下のように再考できる。1）の練物・地走り踊は物語仕立ての仮装で練り、あるいは朱傘を差し掛けられつつ道行（徒）囃子の地走り踊で構成され、2）の踊屋台が非常に多い。⑩の引物と⑫の造り物の移動方法は人による綱引であり、本稿では引物と表記する。江戸期を通じて、附祭は以下の三種が主であった。

1）練物・地走り踊＝着ぐるみの仮装（江戸時代は縫いぐるみ）や歌舞音曲で物語を表現する
2）踊屋台＝移動舞台の踊屋台は要所要所で止まって役者が乗って演ずるが、移動は四隅に舁き棒を通し肩で舁くか、四輪を付け曳いて移動。軽量の必要性から囃子は別の担ぎ日覆（底抜け屋台）で移動中も奏し、四人が四隅の棒を腰の高さで持つ。
3）引物＝ほとんど四輪車であり、奢侈の規制は繰り返されたが、出続けていた。

（表紙）

天保五甲午年六月十五日

御幣
太皷
御榊
社家馬上
神馬
小旗
一番　大傳馬町
吹貫鶏太皷
二番　南傳馬町
吹貫猿

山王御祭礼御免番附

重政画

巻末の「和多屋文庫」とは高谷重夫（1915-94）の蔵書名である。高谷は『雨乞習俗研究』（法政大学出版局、1983年）を主著とする民俗学者。高谷旧蔵の写本・版本の一部を国立歴史民俗博物館が購入しており、その多くに同文庫印が捺されている。

北尾重政（二代）　寛政５年（1793）～？

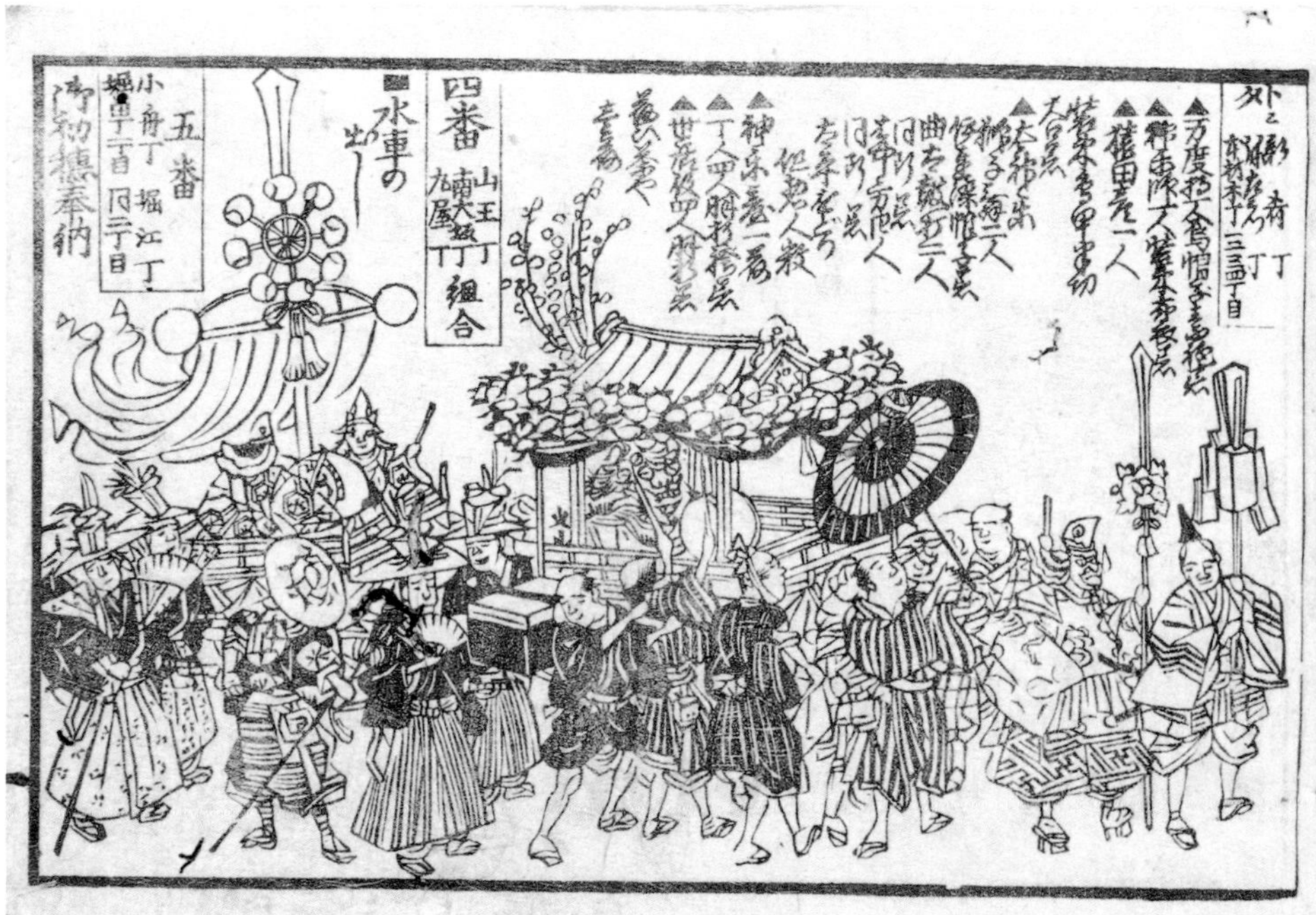

（一丁表）

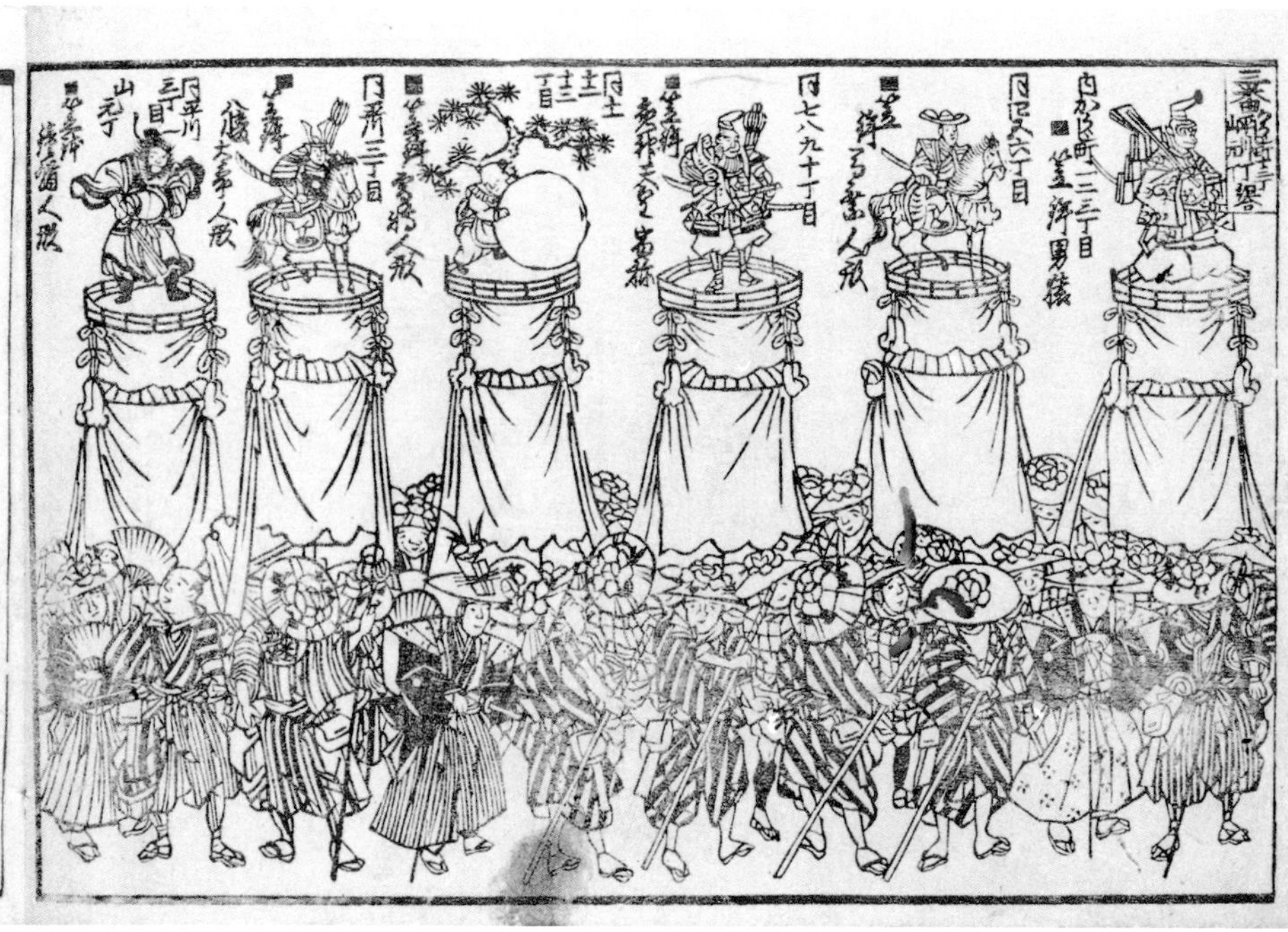

（表紙裏）

三番　かうじ町十三丁
平川丁
山元丁　組合

内かうじ町一二三丁目
■笠鉾男猿
同四五六丁目
■笠鉾馬乗人形
同七八九十丁目
■笠鉾応神天皇・(武内)宿祢
同十一十二十三丁目
■笠鉾雪転(唐子)人形
同平川一二丁目
■笠鉾八幡太郎人形
同平川三丁目
山元丁
■笠鉾鍾馗人形

外ニ　新肴丁
弥左衛門丁
本材木丁一二三四丁目

▲万度持一人烏帽子素襖着
▲神楽師一人装束布衣着
▲猿田彦一人
装束鳥甲半切
大口着
▲太神楽
獅子舞二人
伊達染帷子着
曲太鼓打二人
同断着
はやし方四人
同断着
太平をどり
但惣人数
▲神楽台一荷
▲丁人四人羽折袴着
▲世話役四人羽折着
荷ひ茶や
壱荷

四番　山王丁
南大坂丁
丸屋丁　組合

■水車の出し

五番
小舟丁
堀留丁一丁目　堀江丁
同二丁目

御初穂奉納

御雇太神楽

五番組町は山車や附祭を出さない

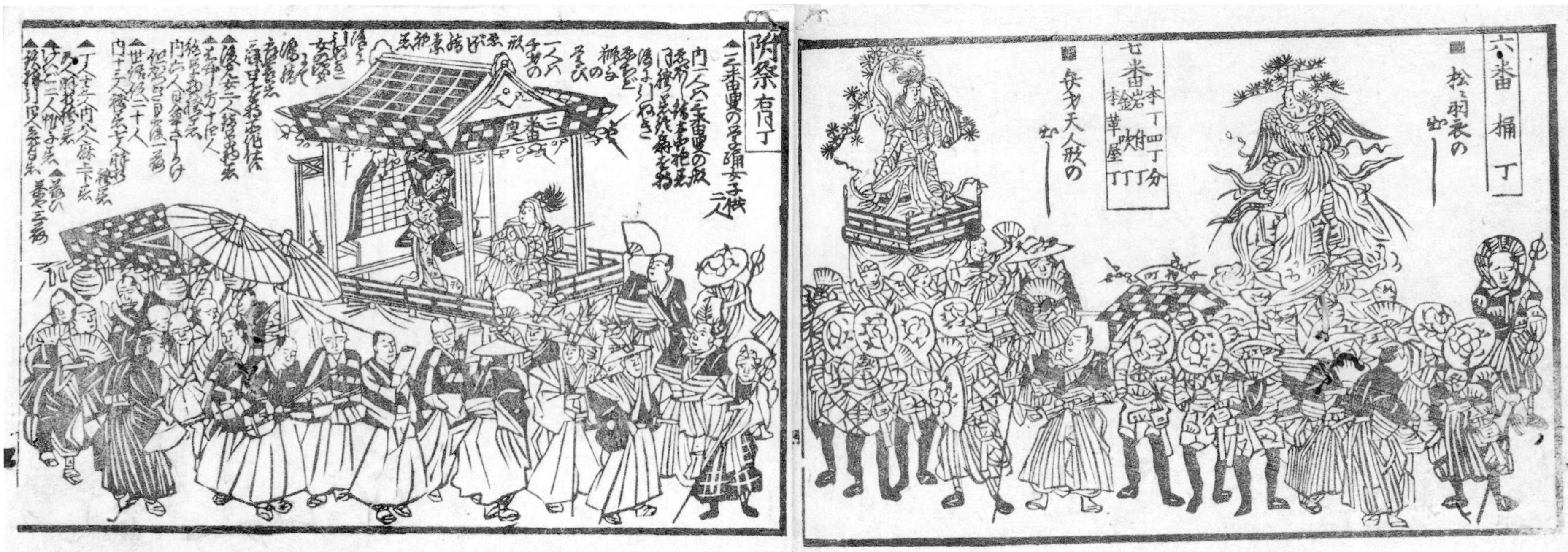

（二丁表）　（一丁裏）

六番　桶丁

■松ニ羽衣の出し

七番　本丁 岩付丁 金吹丁 本革屋丁　四丁分

■弁才天人形の出し

附祭　右同丁

▲三番叟の学踊女子供　二人
内一人ハ三番叟の形
ゑぼし袴素袍着
同袴着鈴扇を持
後に引ぬき
ゑちご
獅子の
学び
一人ハ
千才の
形
ゑ
ぼし
袴
素
袍
着
後に
引ぬき
女の姿
にて
染絹
衣裳着
三味せんを持所作仕候
▲後見女二人絹単物着
▲はやし方十四人
絹単物袴着
内六人日傘さしかけ
但かつき日覆一荷
▲世話役二十人
内十三人袴着七人羽折」袴着
▲丁人十三人内八人麻上下着
五人羽折袴着
▲けいご二人帷子着
▲荷ひ
茶や三荷
▲鉄棒引四人立付着

浄瑠璃「三番叟日吉の幣」（142頁）は「操三番」が嘉永六年（1853）に初演される以前の作（渥美　1938）

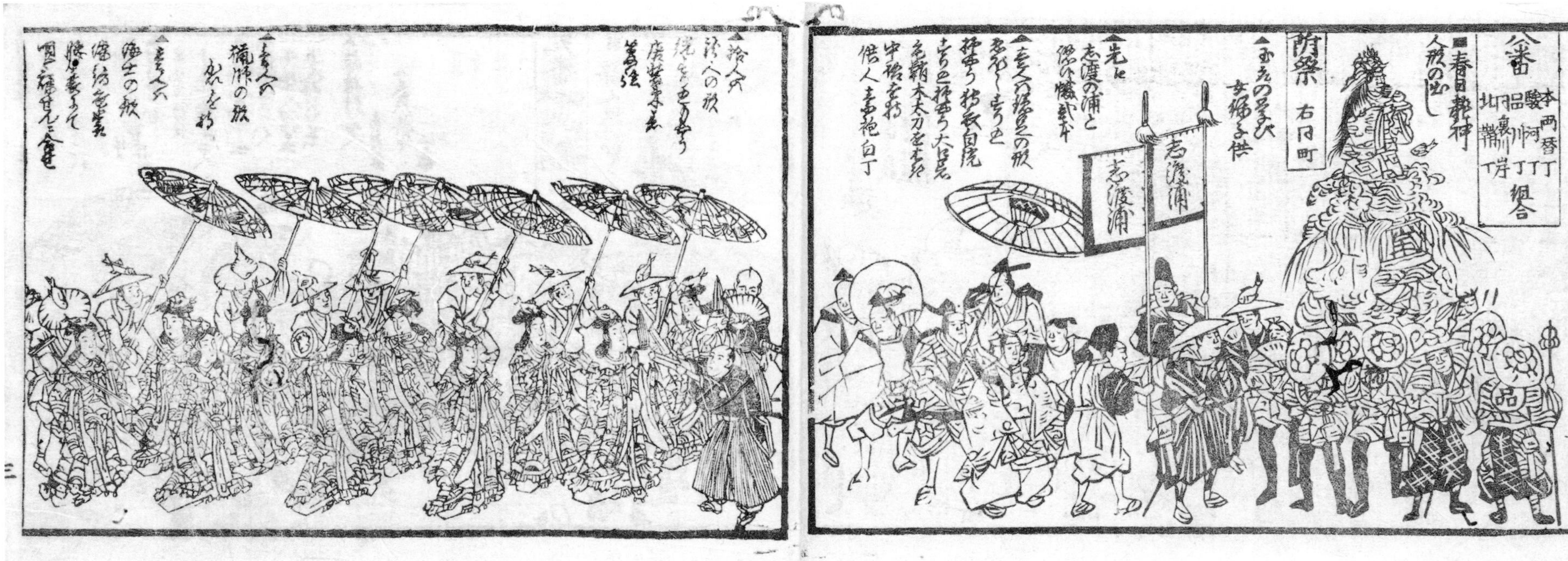

（三丁表）　（二丁裏）

八番
本両替丁
駿河丁
品川丁　組合
同裏川岸
北鞘丁

■春日龍神
人形の出し

附祭　右同町

▲玉取の学び
女練子供

▲先江
志度の浦と
認候幟弐本

▲壱人ハ鎌足の形
ゑほしすり込
模やう狩衣白統
すり込模やう大口着
毛鞘木太刀をはき
中啓を持
供人素袍白丁

▲拾人ハ
龍人の形
統すり込もやう
唐装束着
管絃

▲壱人ハ
猟師の形
かい（櫂）を持

▲壱人ハ
海士の形
染絹色裳
腰蓑にて
唄三味せんニ合せ

八番山車「春日龍神」に因む「玉取の学び」
地唄「珠取海士」が典拠か。同作品は謡曲「海人（士）」を題材にし、近松門左衛門の「大職冠」にも拠っている（渥美　1938）。竜宮に奪われた面向不背の名珠を取り返しに来た右大臣藤原不比等が海女と契って子をもうけ、その子を自分の世継ぎにする条件で海に潜らせる。海女は悪魚と戦って珠を取り返し、自分の乳の下を切って珠を隠して海上に浮かび上がる。

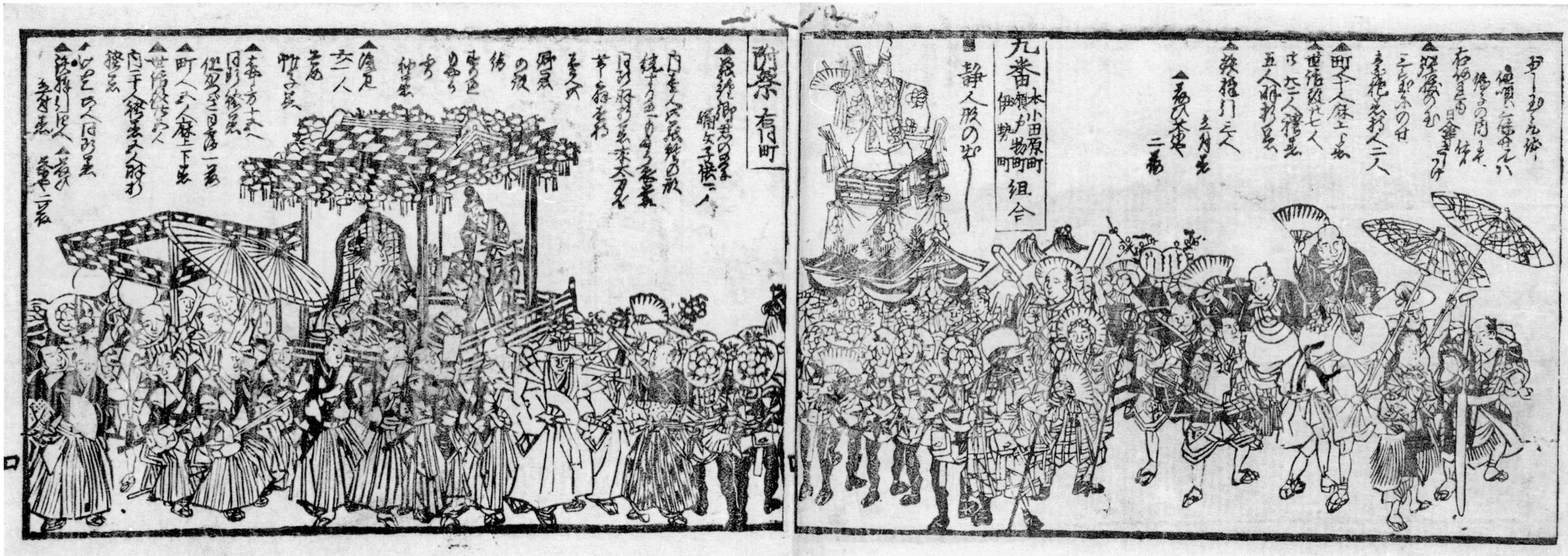

（四丁表）　（三丁裏）

少し玉取体
但唄三味せんハ
練子の内にて
仕候
右何れも
日傘さしかけ
▲張抜の玉
三宝にのせ
素袍着持人二人
▲町人十八人麻上下着
▲世話役廿七人
内廿二人袴着
五人羽折着
▲鉄棒引三人
立付着
▲荷ひ茶や
二荷

九番　本小田原町　瀬戸物町　伊勢町　組合

■静人形の出し

附祭　右同町

▲義経卿君の学
踊女子供二人
内壱人ハ義経の形
絖すり込もやう衣裳
同断羽折着木太刀を
帯扇を持
壱人ハ
卿君
の形
絹
すり込
もやう
ふり
袖着
▲後見
女一人
そめ
帷子着
▲はやし方十五人
同断袴着
但かつぎ日覆一荷
▲町人五人麻上下着
▲世話役廿五人
内二十人袴着五人羽折
袴着
▲けいこ六人同断着
▲鉄棒引四人
立付着
▲荷ひ
茶や二荷

九番山車「静人形」に因む附祭「義経卿君の学」では長唄「妹背中花の今様」（142頁）が唄われる。

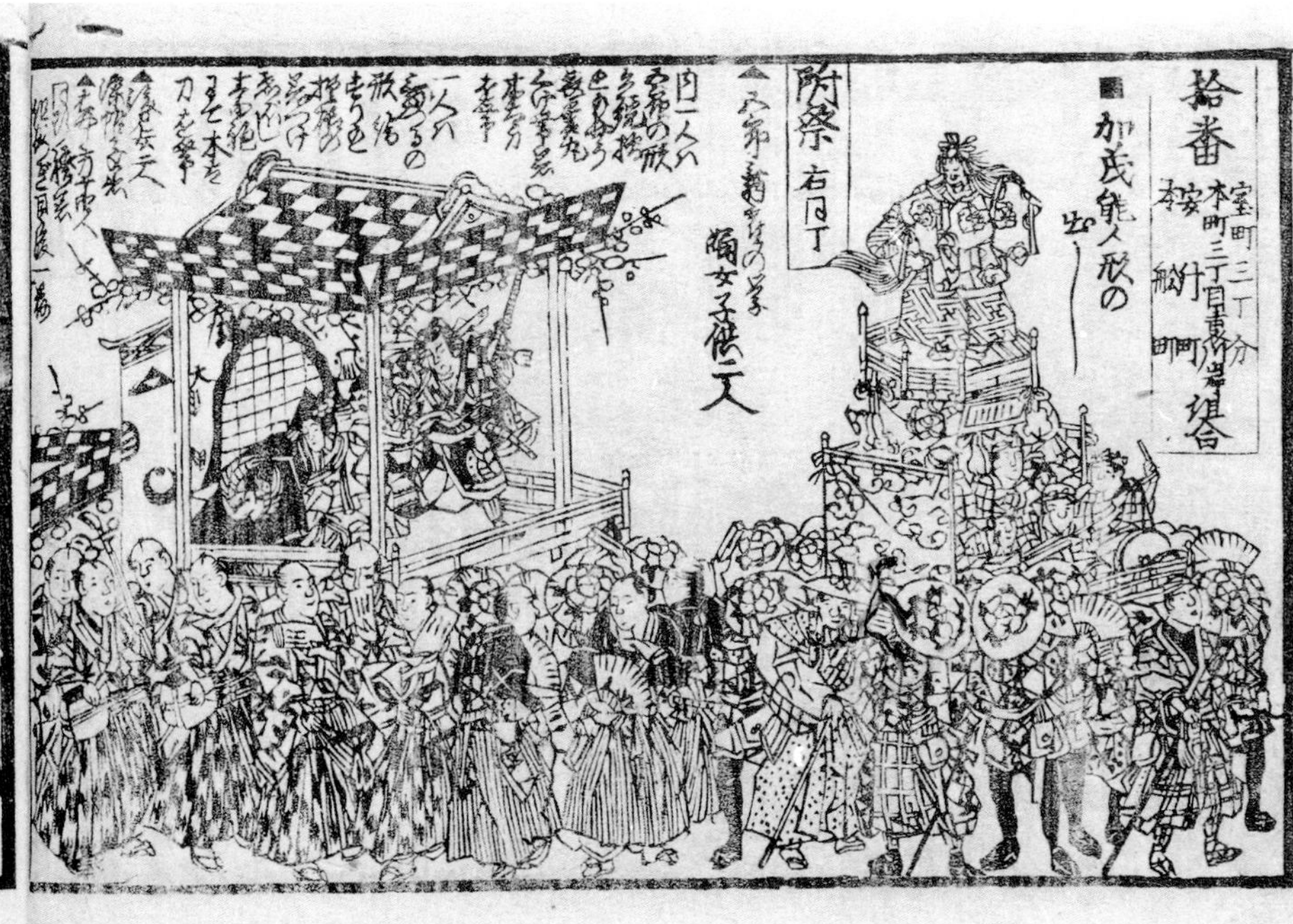

（四丁裏）

拾番　室町三丁分
本町三丁目裏川岸
安針町
本船町
組合

■加茂能人形の
出し

附祭　右同丁

▲五郎舞鶴の学
踊女子供二人
内一人ハ
五郎の形
色絖摺
込もやう
衣裳丸
くけ帯着
木太刀
を帯
一人ハ
舞つるの
形絹
すり込
模様の
着つけ
ゑぼし
素袍
にて木太
刀を帯
▲後見女二人
染帷子着
▲はやし方十四人
同断袴着
但かつぎ日覆一荷

▲町人八人麻上下着
▲けいこ十人内六人麻上下着
四人染帷子着
▲世話役十九人内五人絖上下着
四人羽折袴着十人袴着
▲鉄棒引四人内二人立付着二人
絹帷子着
▲荷ひ
茶や二荷

附祭「五郎舞鶴の学」では長唄「岩磐石千歳草摺」（142頁）が唄われ、歌舞伎舞踊系統の一つ「草摺引」を典拠としよう。親の仇敵工藤祐経ありと聞いた曾我五郎が駆け込むのを、朝比奈が捕らえ引き留めて意見忠告をする筋を舞踊化した作品を「草摺物」と称する。特に、現行の文化十一年（1814）初演の長唄「正札附根元草摺」は朝比奈を舞鶴の役に直し、女方の役で演じる場合が多いので、本附祭はこれに拠ろうか。

（五丁表）

拾壱番　本石町四丁分
十軒店

■一来法師人形の
出し

附祭　右同丁

▲頼政菖蒲前の学
踊女子供
二人
内壱人ハ頼政
の形ゑぼし
絹すり込
模様狩衣
袴着毛さや
木太刀を
はき弓矢を
持後引抜
染絹衣裳
女の形
茶つミ
籠を持
壱人ハ
あやめの
前の形
絖すり込
模様紅絹
長袴を着
絵扇たん
尺を持後引ぬき染絹衣裳
男の形にて茶つミ籠を持

附祭「頼政菖蒲前の学」では長唄「頼政菖蒲の前踊」（142頁）が唄われる。源頼政の鵺退治にまつわる出し物。頼政の側室菖蒲前が若い頃、鳥羽上皇の女官をしていた当時は近衛帝の御代、帝は毎夜、怪鳥「鵺」に祟られて苦しみ、勅命により頼政が見事鵺退治を果たした。鳥羽院から鵺退治の褒美に何が欲しいか尋ねられ、頼政は菖蒲前を所望した。院は戯れに12人の美人女官全員に厚化粧をさせて試すと、頼政はその中から菖蒲前を当て選んだ、という話が残っている。

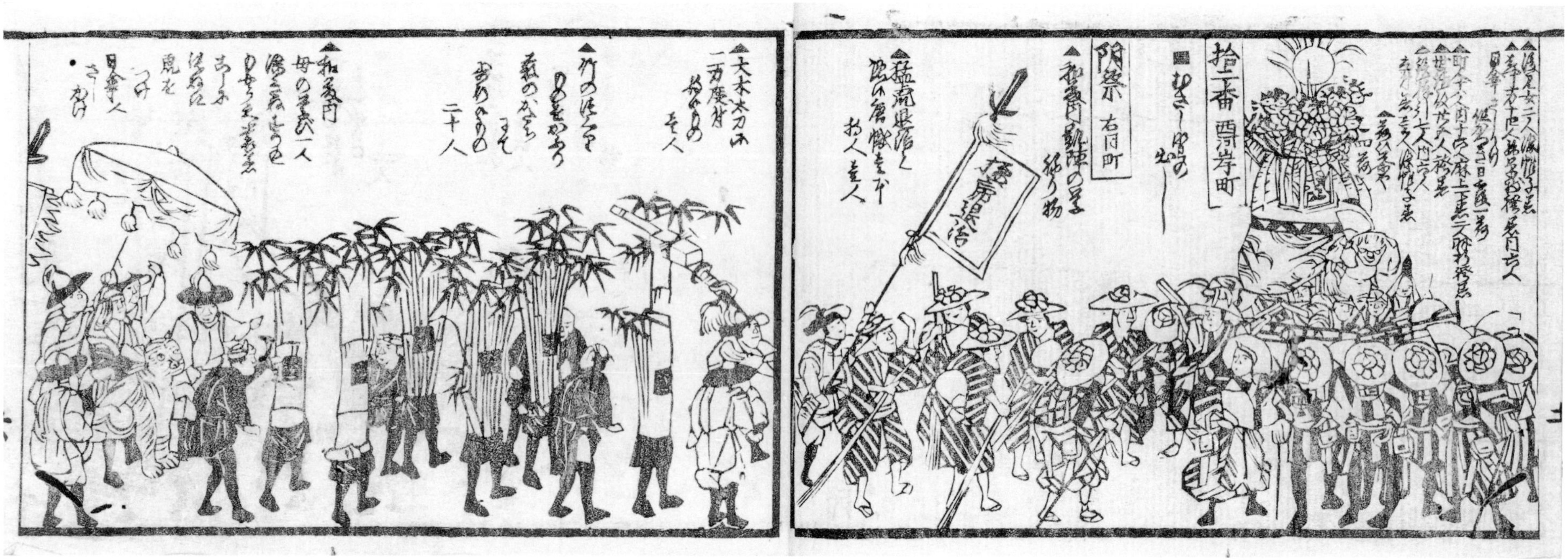

（六丁表）　（五丁裏）

▲後見女二人染帷子着
▲はやし方十四人絹単物袴着内六人
日傘さしかけ
但かつき日覆一荷
▲町人十八人内十六人麻上下着二人羽折袴着
▲世話役廿五人袴着
▲鉄棒引七人内六人
立付着壱人染帷子着
▲荷ひ茶や
四荷

拾二番　西河岸町

■むさし野の
出し

附祭　右同町

▲和藤内凱陣の学
ねり物

▲猛虎退治と
認候唐幟壱本
持人壱人

▲大木太刀に
一万度付
持候もの
壱人

▲竹のつくり
ものをかぶり
藪のかたち
にて
歩行候もの
二十人

▲和藤内
母の学び一人
染きぬすり込
もやう衣裳着
こしに
張ぬき
虎を
つけ
人
日傘
さし
かけ

「和藤内凱陣の学」練物は近松門左衛門の『国性爺合戦』「千里ヶ竹」、あるいは明治初期の長唄「虎狩」の先行舞踊を練物化したものであろう（渥美　1938）。「千里ヶ竹」猛虎退治の場における和藤内の活躍ぶりが歌舞伎に採り入れられ、衣裳や隈取りを合わせて荒事的演目となったことは有名である。

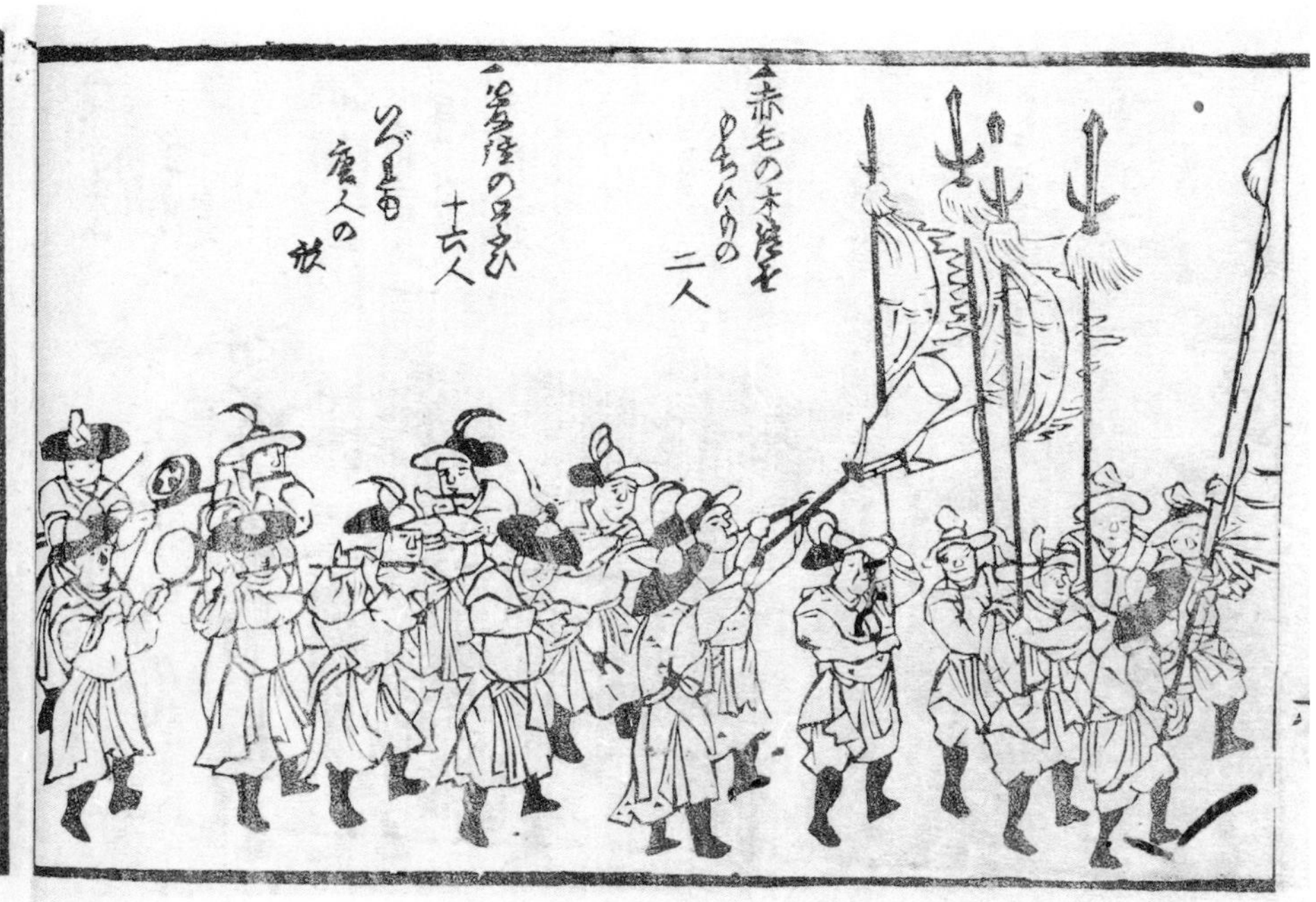

（六丁裏）

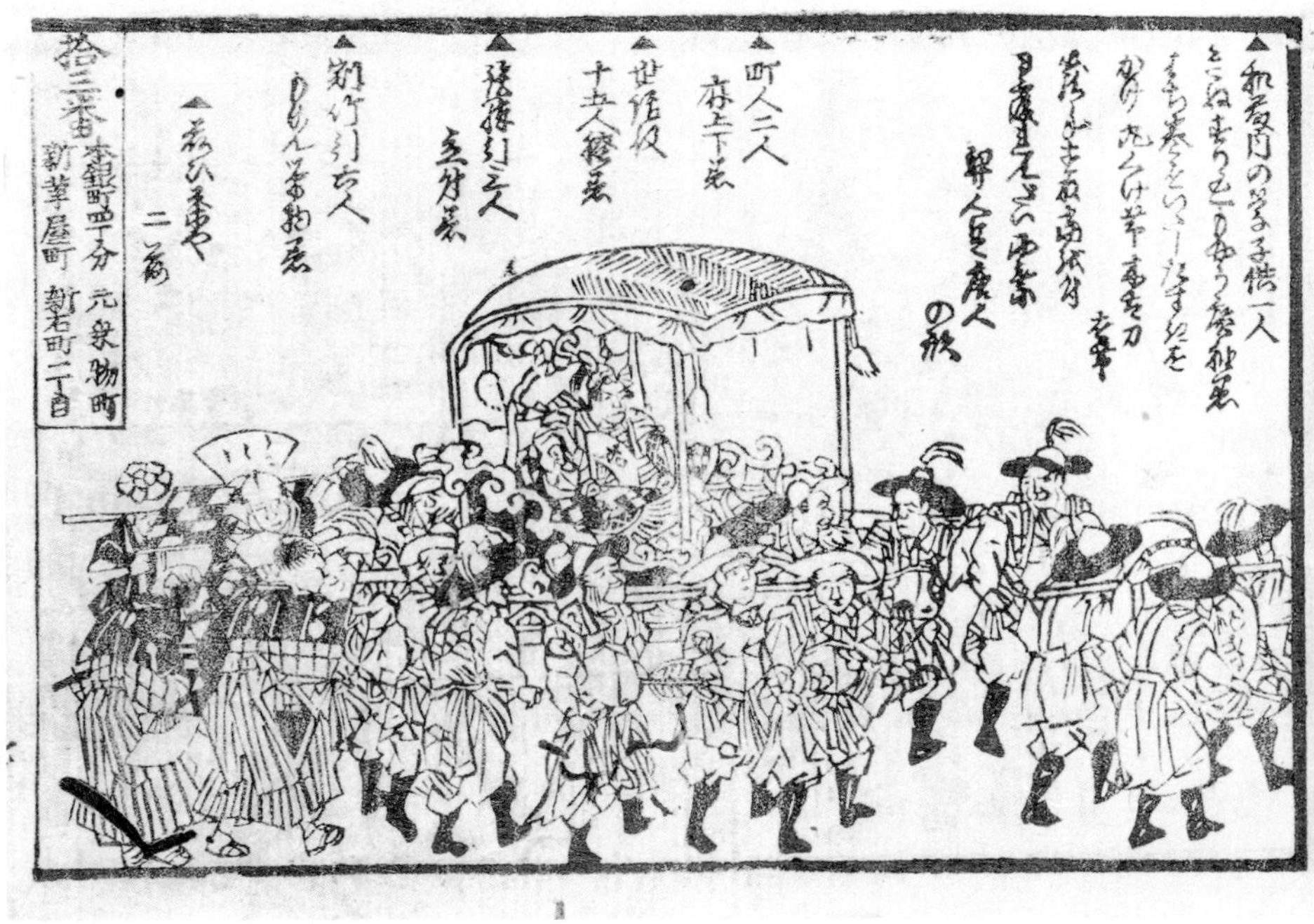

（七丁表）

▲赤毛の木鑓を
もち候もの
二人

▲管絃の学ひ
十六人
いづれも
唐人の
形

▲和藤内の学子供一人
きぬすり込もやう廣袖着
はち巻をいたしたすきを
かけ丸くけ帯木太刀
を帯
籠手すね当を付
日覆れんだいに乗
舁人足唐人
の形

▲町人二人
麻上下着

▲世話役
十五人袴着

▲鉄棒引三人
立付着

▲割竹引六人
もめん単物着

▲荷ひ茶や
二荷

拾三番　本銀町四丁分　元乗物町
新革屋町　新石町一丁目

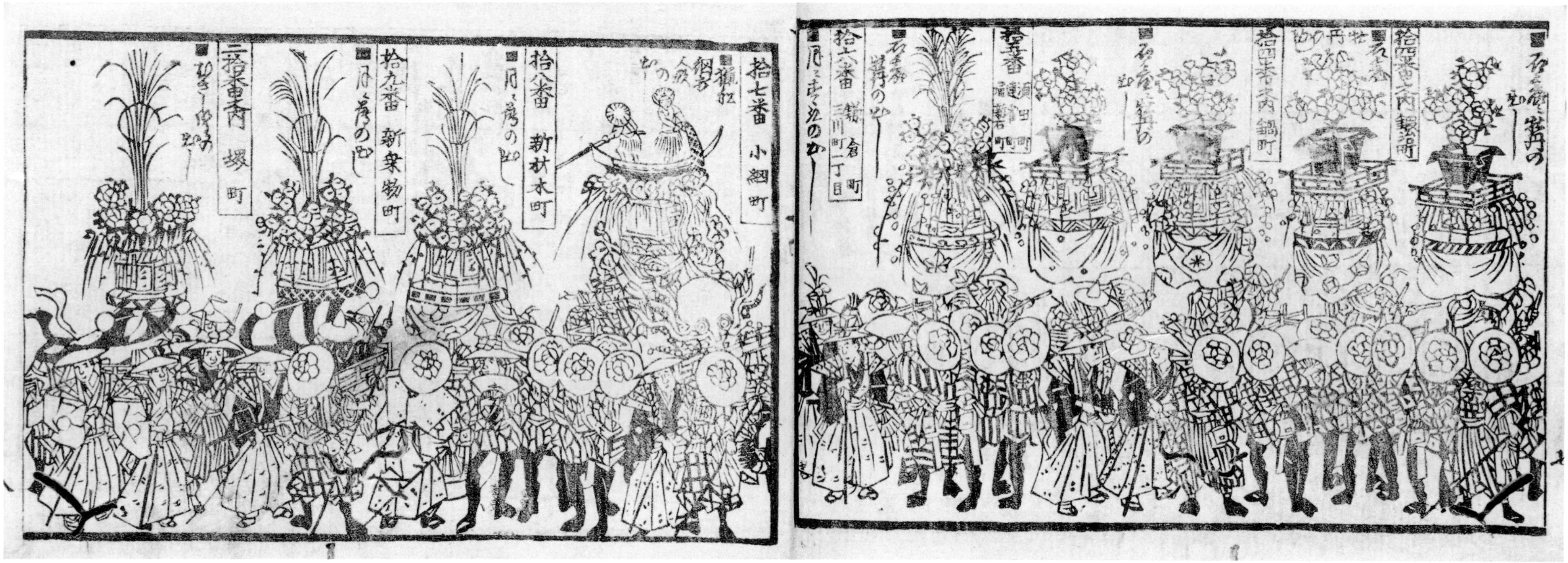

（七丁裏）

（八丁表）

■石台ニ牡丹の
出し

拾四番之内　鍛治町

■石台
牡丹の出し

拾四番之内　鍋町

■石台ニ牡丹の
出し

拾五番　須田町
連雀町
通新石町

■石台
牡丹の出し

拾六番　鎌倉町
三川町一丁目

■月ニすゝきの出し

拾七番　小網町

■猟船
網打
人形
の
出し

拾八番　新材木町

■月ニ薄の出し

拾九番　新乗物町

■月ニ薄の出し

二拾番之内　堺町

■むさし野の
出し

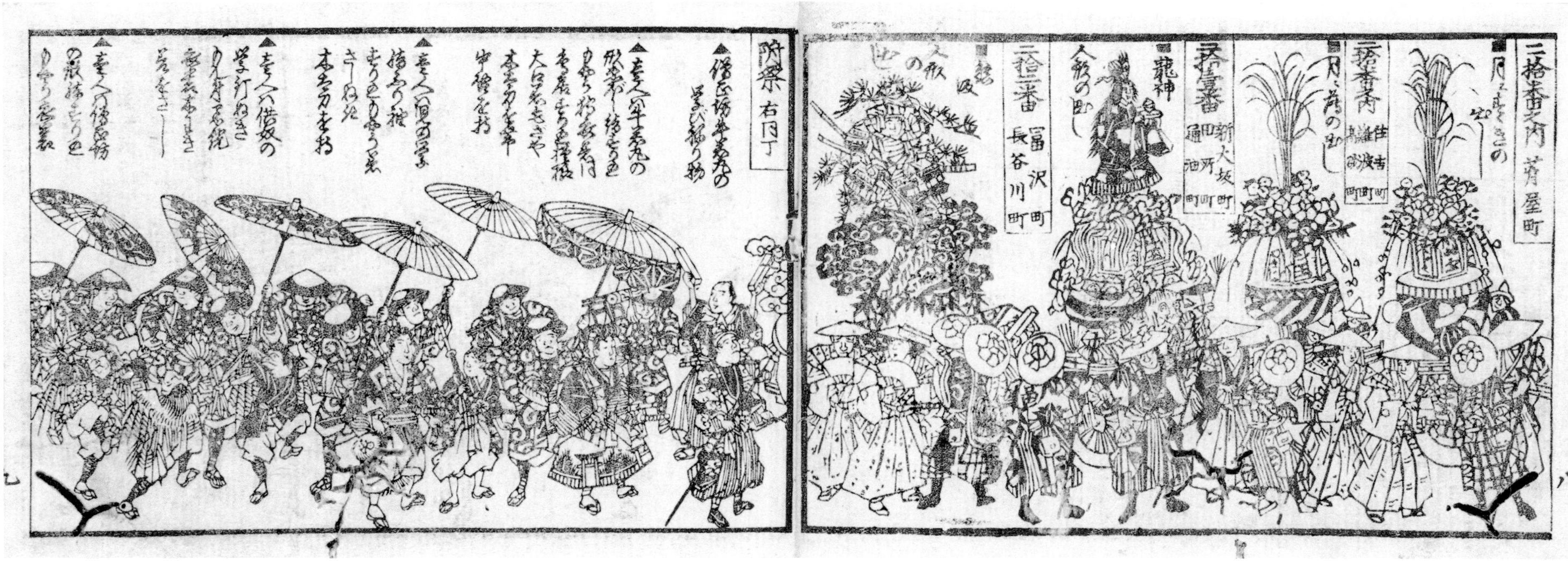

（九丁表）　（八丁裏）

二拾番之内　葺屋町

■月ニすゝきの
出し

二拾番之内　住吉町　難波町　高砂町

■月ニ薄の出し

二拾壹番　新大坂町　田所町　通油町

■龍神
人形の出し

二拾二番　冨沢町　長谷川町

■熊坂
人形
の
出し

附祭　右同丁

▲僧正坊牛若丸の
学びねり物

▲壱人ハ牛若丸の
形ゑぼし絹すり込
もやう狩衣着同
鳥居すり込模様
大口着毛ざや
木太刀を帯

▲壱人ハ児の学
絹ふり袖
すり込もやう着
さしぬき
木太刀を持

▲壱人ハ供奴の
学釘ぬき
もん付黒絖
衣裳木わき
差をさし

▲壱人ハ僧正坊
の形絹すり込
もやう衣裳

「僧正坊牛若丸の学び」練物は義経伝説に登場する盗賊熊坂（長範）人形の二十二番山車と関連する。幼くして鞍馬寺に預けられた自分の素性を知った牛若は平家打倒を心に秘め、僧正ヶ谷で武芸に励んだ。山の大天狗が哀れんで子弟の約を結び、兵法を授けて、小天狗らと立ち合わせて腕を磨かせた伝説は軍記物・能・幸若舞などに採り入れられ、近世歌舞を経由して祭礼練物が誕生したものと思われる。

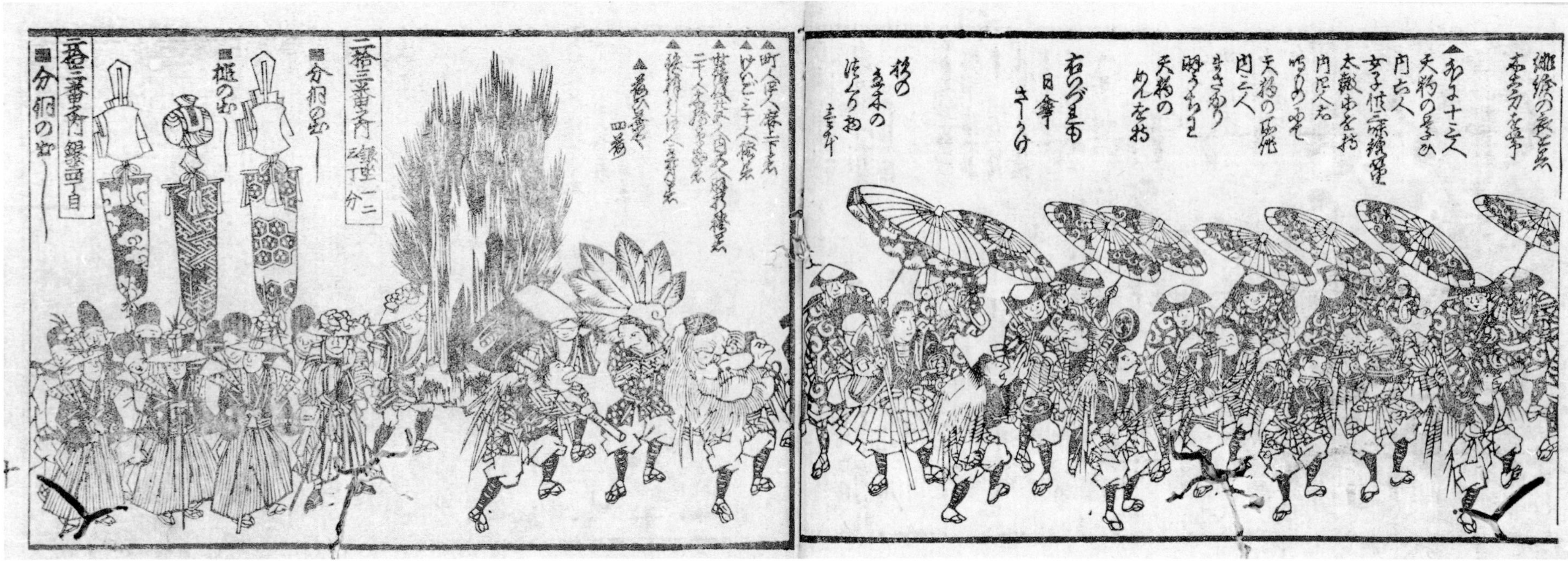

（九丁裏）

（十丁表）

緋縒の衣を着
木太刀を帯
▲外に十三人
天狗の学ひ
内六人
女子供三味線笛
太皷等を持
内四人右
鳴ものにて
天狗の所作
内三人
まさかり
羽うちわ
天狗の
めんを持
右いづれも
日傘
さしかけ

枚の
立木の
つくり物
壱本

▲町人四人麻上下着
▲けいご三十人袴着
▲世話役廿五人内五人羽折袴着
二十人木綿単物着
▲鉄棒引四人立付着
▲荷ひ茶や
四荷

二拾三番之内　銀坐一二三丁分

■分銅の出し

■槌の出し

二拾三番之内　銀坐四丁目

■分銅の出し

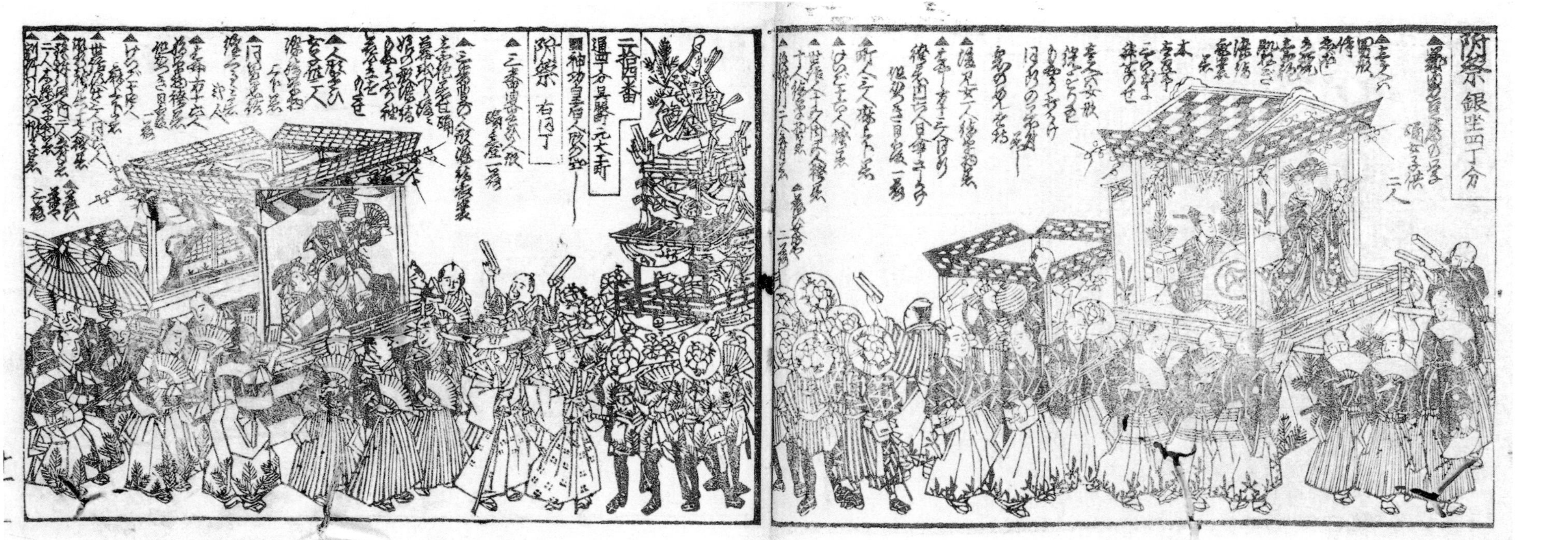

（十一丁表）　（十丁裏）

附祭　銀坐四丁分
▲歳男豆蒔の学
踊女子供
二人
▲壱人ハ
男形
侍
ゑぼし
色絖
素袍
肌ぬぎ
染絹
衣裳
着
木
太刀帯
三宝に
升をのせ
壱人ハ女形
絖すり込
もやう打かけ
同断の着付
着し
鬼のめんを持
▲後見女一人絹単物着
▲はやし方十三人同断
袴着内六人日傘さしかけ
但かつき日覆一荷
▲町人三人麻上下着
▲けいご十六人袴着
▲世話人十五人内五人袴着
十人絹単物着
▲鉄棒引二人立付着
▲荷ひ茶や
二荷

二拾四番
通四丁分　呉服町　元大工町
■神功皇后人形の出し

附祭　右同丁
▲三番叟遣ひ人形
踊台一荷
▲三番叟の人形染絹衣裳
素袍着せ踊
幕を下る後ニ
娘の形染絹
もやうふり袖
花笠を
もたせ
▲人形遣ひ
女子供二人
染絹単物
上下着
▲同男黒絹
縫くるミ着
弐人
▲はやし方十六人
絹単物袴着
但かつき日覆
一荷
▲けいご十四人
麻上下着
▲世話役廿三人同六人
羽折袴着十七人
▲鉄棒引四人内二人袴着
二人木綿単物着
▲割竹引六人帷子着
▲荷ひ
茶屋
三荷

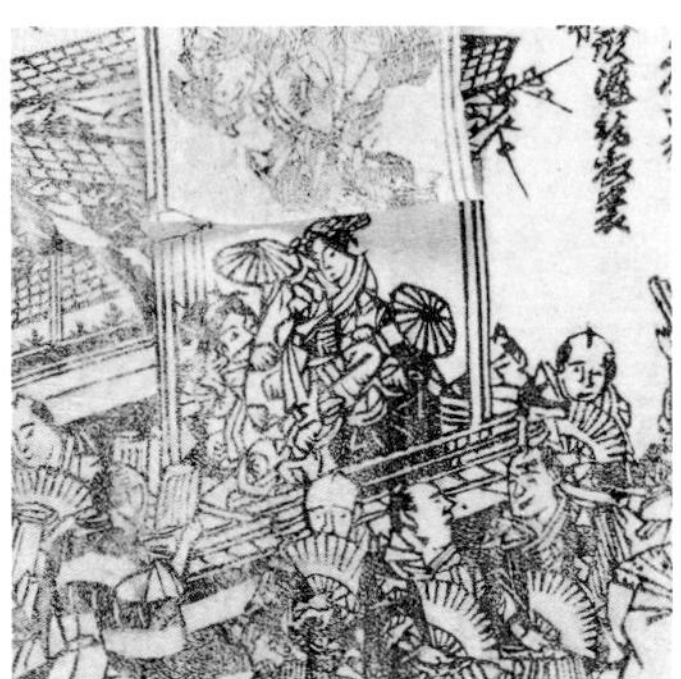

引抜後の娘の形

附祭「三番叟遣ひ人形踊台」では長唄「舌出シ三番叟」（142頁）が唄われる。同曲は「再春菘種蒔（またくるはるすずなのたねまき）」、文化九年（1812）九月江戸中村座初演、めでたい御祝儀曲のため祭礼にはうってつけである（渥美　1938）。

附祭「歳男豆蒔きの学」では長唄「歳男豆蒔きの学」（142頁）が唄われる。『誹風柳多留』（九七篇二）に「踊子は臼女杵屋は地弾なり」。

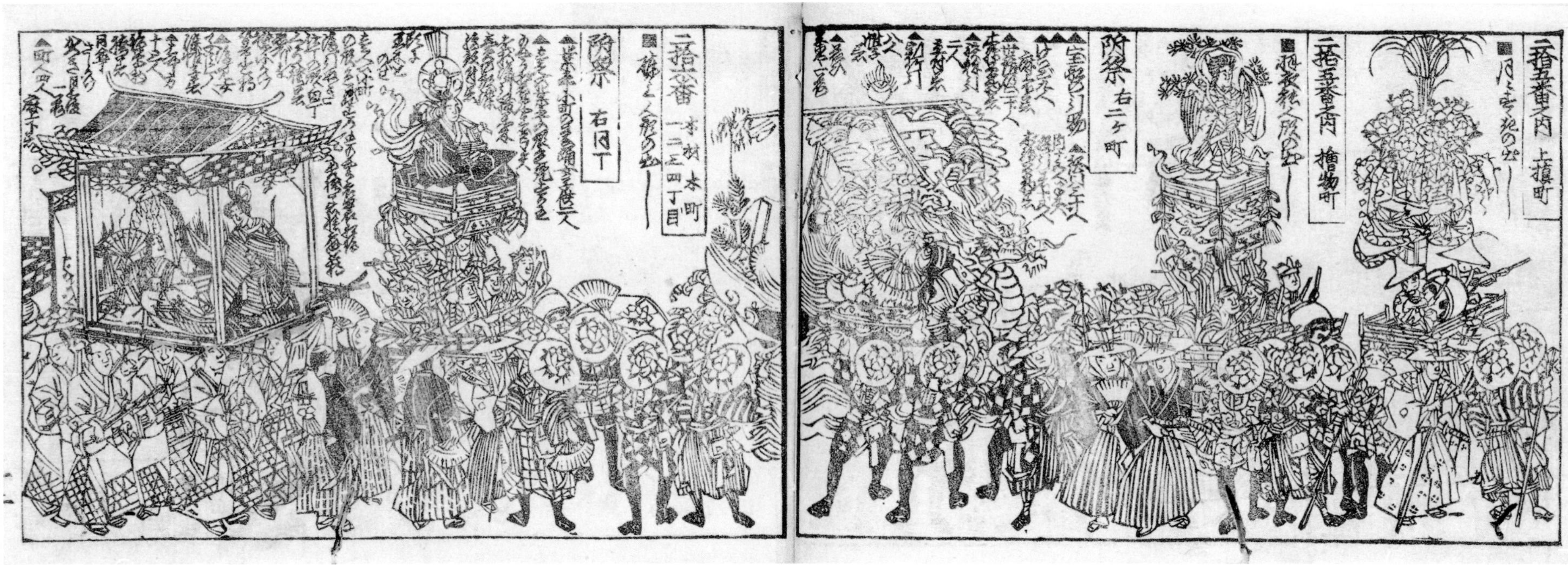

（十一丁裏）　（十二丁表）

二拾五番之内　上槙町

■月ニすゝきの出し

二拾五番之内　檜物町

■羽衣能人形の出し

附祭　右二ヶ町

▲宝舩の引物
▲
▲けいご九人
麻上下着
▲世話役二十人
木綿単物着
▲鉄棒引
二人
立付着
▲割竹引
八人
帷子
着
▲荷ひ
茶や一荷

▲綱引三十人
内十五人半天
股引着十五人
木綿単物着

二拾六番　本材木町
一二三四丁目

■棟上人形の出し

附祭　右同丁

▲業平小町の学踊女子供二人
▲壱人ハ業平の形色絖すり込
もやう装束着弓矢
を持後引抜黒木
売の形染
絹紋付着
頭に
黒木を
のせ
壱人ハ小町
の形色絖すり込もやう衣裳紅絹
後引ぬき
長袴着檜扇を持
仕丁の形白丁
くゝり（括）袴着
ゑぼしを
襟にかけ
算を持
▲後見女
子共二人
染帷子着
▲はやし方
十三人
絹単物
袴着
日傘
さしかけ
かつき日覆
一荷
▲町人四人麻上下着

引抜後の黒木売と仕丁の形

附祭「宝舩の引物」は竜頭の宝船で打ち出の小槌や珊瑚、宝珠などが積まれる。

附祭「業平小町の学」では長唄「業平小町の学」（142頁）が唄われる。長唄「業平小町」の小町は十二単衣、業平は束帯の優美な姿の踊りである。頗る妖艶な節付けで、「扇づくし」は業平の踊り、軽いなかにも優美さがあり、上品で色気に満ちた曲のため、素唄としてもよく唄われる（渥美　1938）。

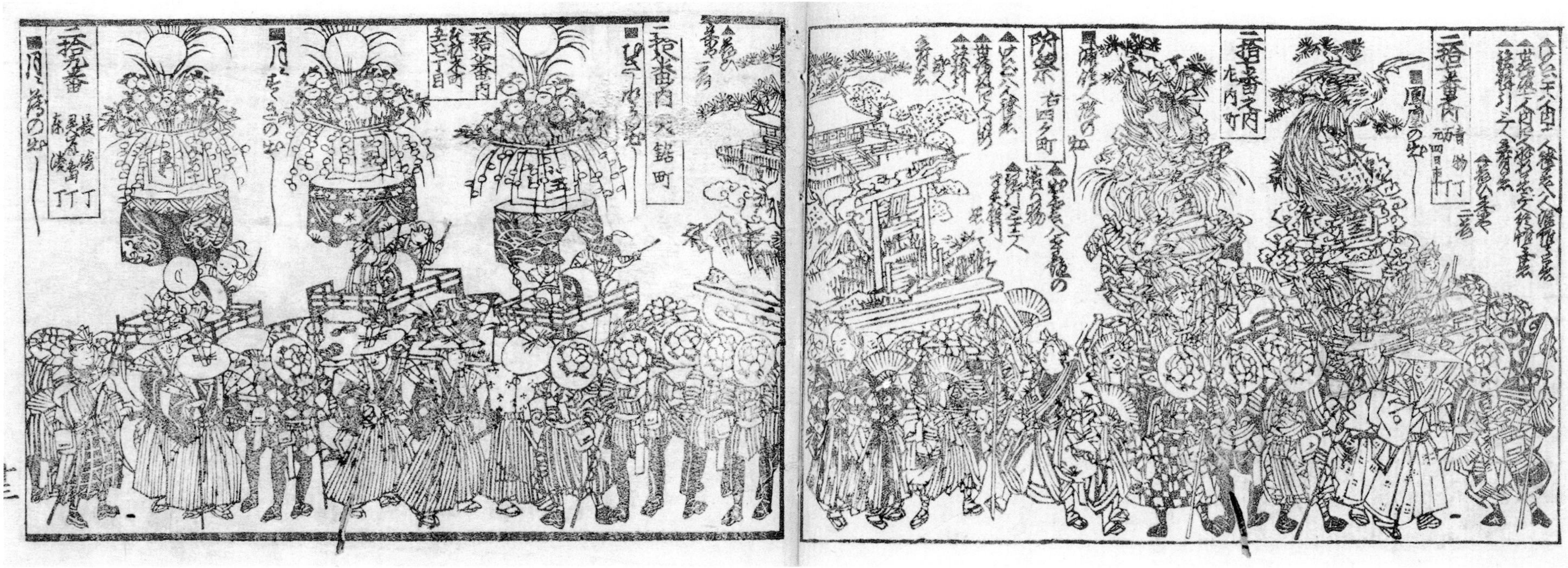

（十三丁表）　（十二丁裏）

▲けいご十八人内十人袴着八人染帷子着
▲世話役七人内四人羽折着三人縞帷子着
▲鉄棒引三人立付着
▲荷ひ茶や　二荷

二拾七番之内　青物丁　万丁　元四日市丁

■鳳凰の出し

二拾七番之内　左内町

■浦嶋人形の出し

附祭　右四ヶ町

▲けいご八人袴着
▲世話役四人同断
▲鉄棒引　弐人　立付着
▲出雲八重垣の造り物
▲綱引三十二人　半天股引着
▲荷ひ　茶や一荷

二拾八番内　大鋸町

■むさし野の出し

二拾八番内　本材木町　五六七丁目

■月ニすゝきの出し

二拾九番　長崎丁　霊岸島丁　東湊丁

■月ニ薄の出し

附祭は「出雲八重垣の造り物」の引物である。古事記歌謡にも知られる出雲の神社の幾重にも作った垣根。現島根県松江市佐草町の縁結びの神、八重垣神社は出雲八重垣とも称せられる。

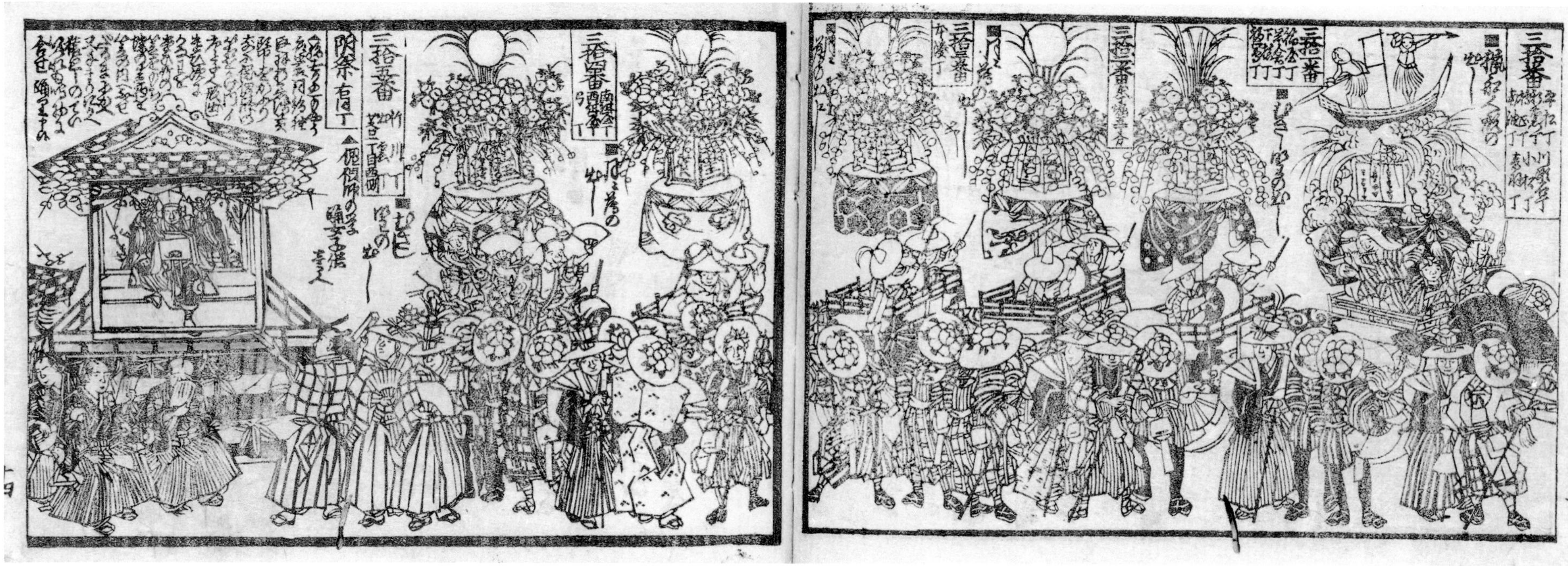

（十三丁裏）

（十四丁表）

三拾番　平松丁　川瀬石丁
新右衛門丁　小松丁
榑正丁　音羽丁
南油丁

■猟舩人形の出し

三拾一番
箔屋丁
岩倉丁
下槙丁
福嶋丁

■むさし野の出し

三拾二番　本八丁堀五丁分

三拾三番　本湊丁

■月ニ薄の出し

■月ニ薄の出し

三拾四番　南紺屋丁
西紺屋丁
弓丁

■月ニ薄の出し

三拾五番　竹川丁
出雲丁
芝口一丁目西側

■むさし野の出し

附祭　右同丁

▲傀儡師の学
踊女子供壱人

▲絹すり込もやう
衣裳同絹袖
なし羽折着浅黄
頭巾をかふり
前に傀儡師の
箱をかけ内ゟ
唐子人形出し
遣ひ次に
かなわを（金輪）
遣ひ竹の
笠をもち
蝶の造物を
笠の内へふせ
だるまにかへ
又手まりにかへ
猿廻しのてい
いつれも鳴物に
合せ踊り申候

猿廻し

達磨

手まり

附祭「傀儡師の学」では浄瑠璃「西宮睦月の遊」（142頁）が語られる。長唄・清元・河東の「傀儡師」の最古が河東の「浮世傀儡師」であり、元来、薩摩外記の語り出した「外記節」の一曲であった。河東が独立の際預かり、浄瑠璃として譲られた古雅の曲である（渥美　1938）。傀儡師の業が四枚めくりの上貼紙で表され、竹笠内を猿廻し、達磨、手まりに替えている。
『誹風柳多留』（五篇六）に「人形と同じ島（縞）着るくわいらいし」。

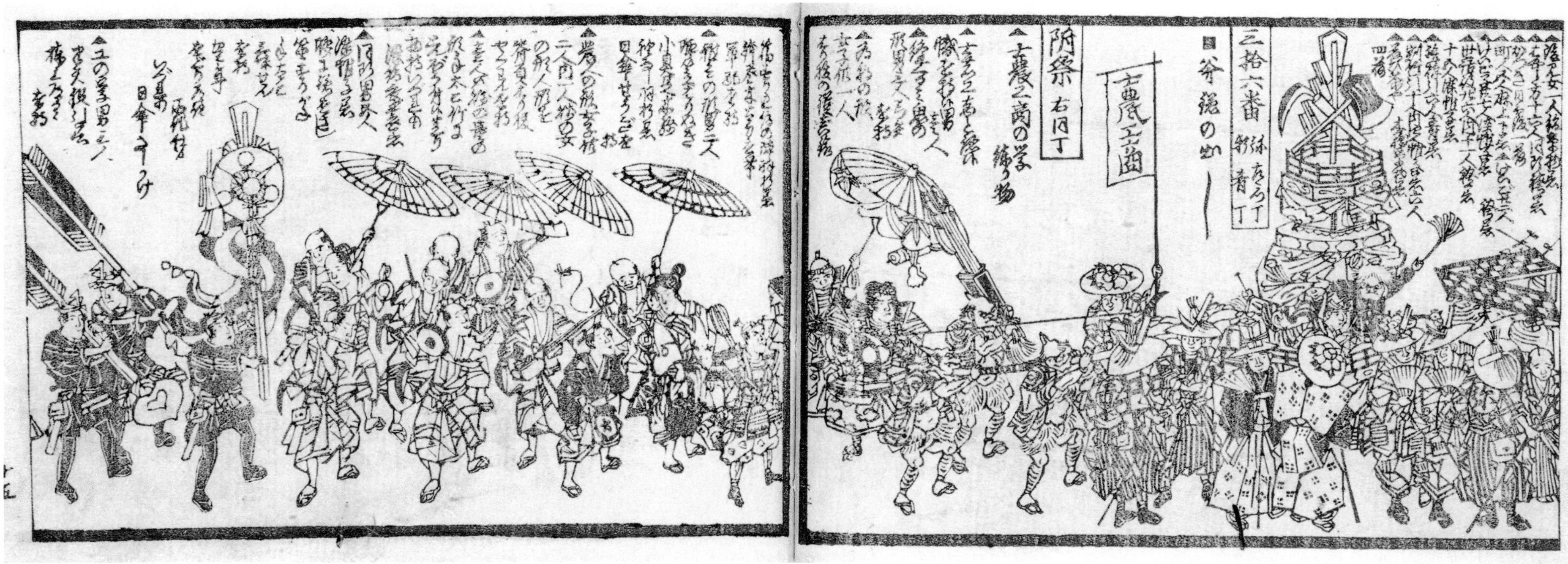

（十五丁表）　（十四丁裏）

▲後見女一人絹単物着
▲はやし方十六人同断袴着
▲かつき日覆一荷
▲町人五人麻上下着▲けいご廿二人
袴着
▲けいご子共七人染帷子着
▲世話役廿六人内十一人袴着
十五人染帷子着
▲鉄棒引六人立付着
▲割竹引十人内四人帷子着六人
▲荷ひ茶や　木綿単物着
四荷

三拾六番　弥左衛門丁
新肴丁

■斧鎌の出し

附祭　右同丁

▲士農工商の学
練り物
▲士農工商と認候
幟を持候男
壱人
▲縫くるミ鬼の
形男三人弓矢
を持
▲為朝の形
女子供一人
はり抜の鎧真鍮
笛すり込縞の陣羽折着
鉢巻木太刀を帯
軍配を持
▲雑兵の形男二人
陣笠はりぬき
小具足木綿
袖なし羽折着
日傘せうぎ（床机）を
持
▲農人の形女子供
二人内一人賎の女
の形人形を
背負はり抜
やくわん（薬缶）を持
▲壱人ハ賎の童の
形手太こ竹に
とんぼう付候芝り（縛）
物持いづれも
染絹衣裳着
▲同断男五人
染帷子着
腰に鎌をさし
笛すりがね
手太こ
三味せん
を持
豊年
をどり道化
所作仕候
いづれも
日傘さしかけ
▲工の学男三人
半天股引着
棟上道具
を持

附祭「士農工商の学」練物の「士」は鬼を従える源為朝、「工」は大工で棟上道具、手斧、さし鉄（指矩）、墨壷を持ち、「商」が海女なのは道化所作のためであろうか。

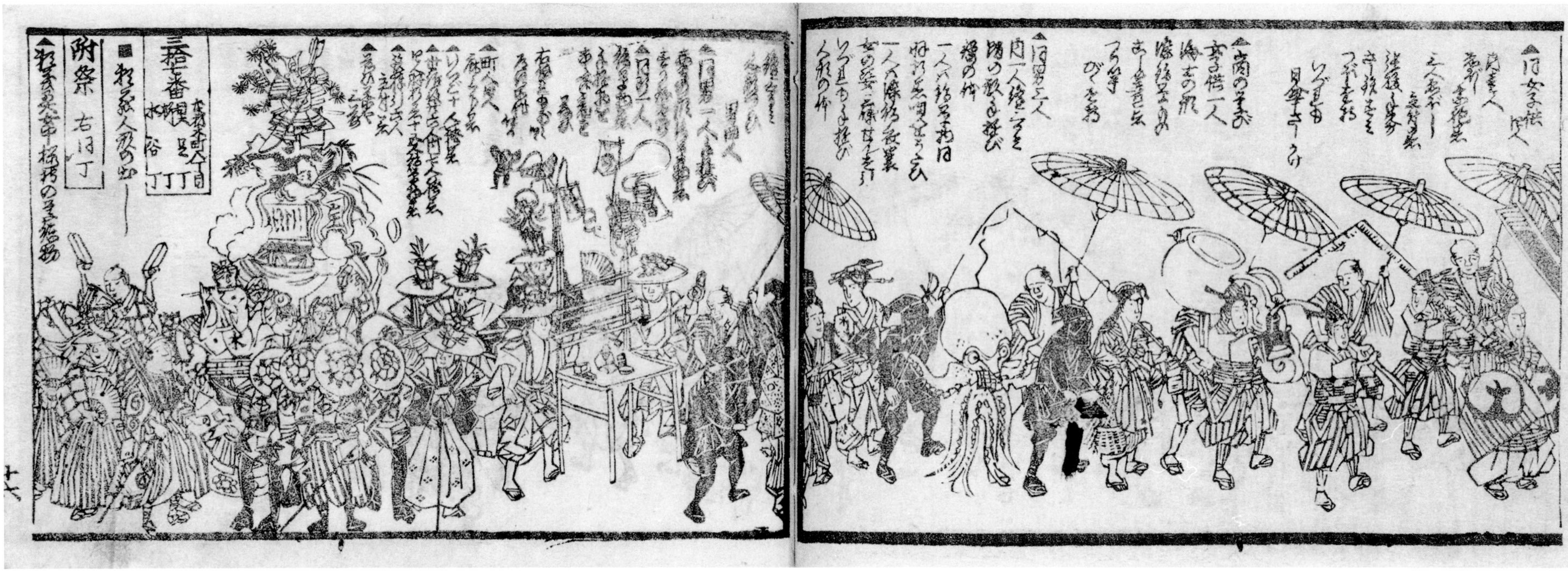

（十六丁表）　（十五丁裏）

▲同女子供
　四人
内壱人
ゑぼし
　素袍着
三人ゑぼし
　立付着
張抜手斧
さし鉄すミ
つぼを持
いづれも
日傘さしかけ
▲商の学び
女子供一人
海士の形
染絹単もの
こし蓑着
つり竿
　びくを持
▲同男三人
内一人縫くるミ
蛸の形手遊び
□の体
一人ハ絹単物同
羽折着唄をうたひ
一人ハ染絹衣裳
女の姿三味線せんを引
いづれも手遊び
人形の体
縫くるミ
人形遣ひ
　男四人
▲同男一人手遊び
売の形絹単物着
すり鉦を打
▲同断一人
絹単物着
手遊物を
中ニ□(入カ)候箱を
　荷ひ
右何れも少ゝ
道化所作仕候
▲町人四人
麻上下着
▲けいご十人袴着
▲世話役廿六人内七人袴着
四人羽折着十五人絹単物着
▲鉄棒引六人
　立付着
▲荷ひ茶や
　三荷

三拾七番　本材木町八丁目
　具足丁
　柳丁
　水谷丁

■頼義人形の出し

附祭　右同丁

▲頼義奥女中桜狩の学練物

附祭「頼義奥女中桜狩の学」練物は頼義人形山車に因むもの

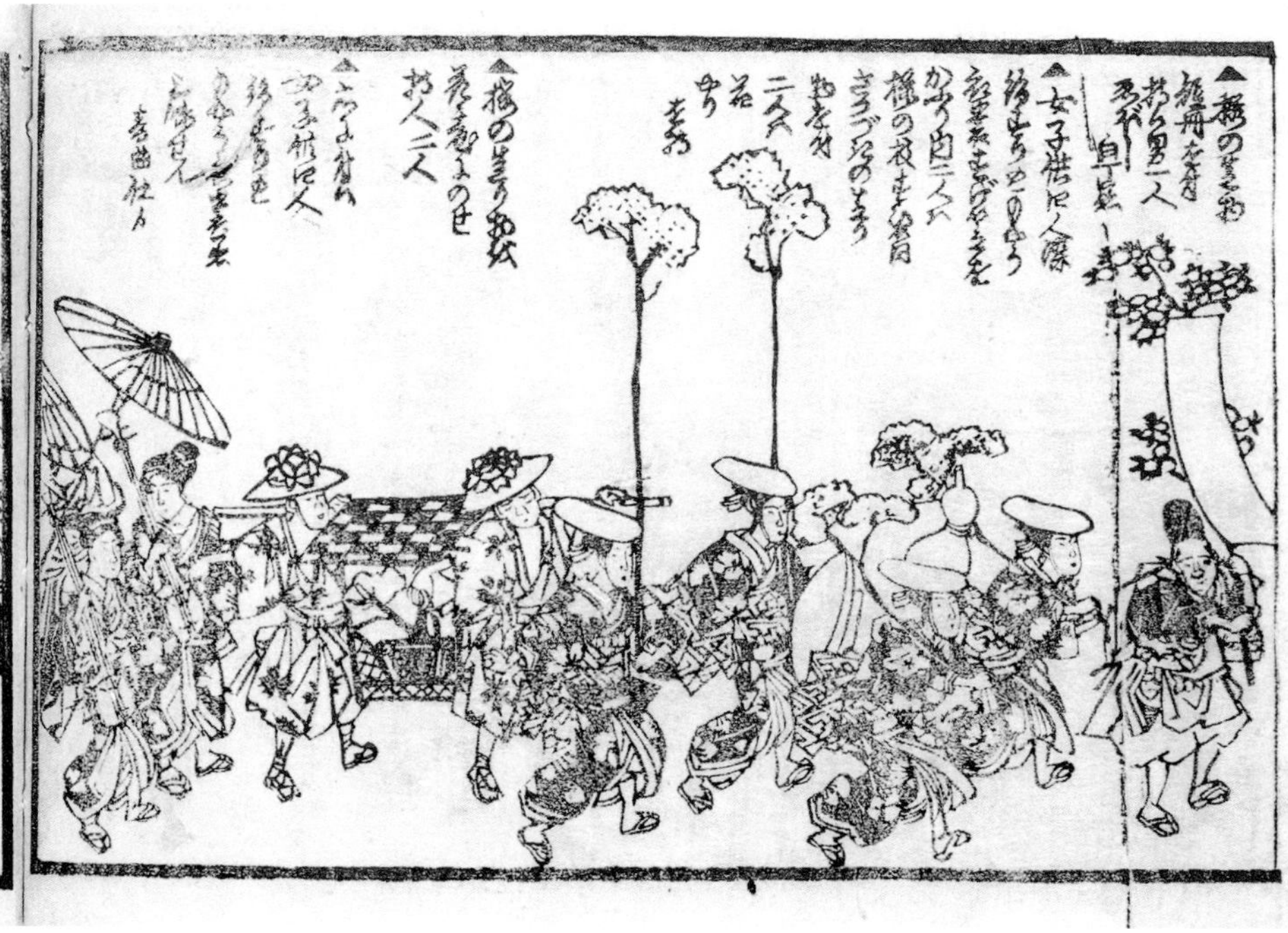

（十六丁裏）

（十七丁表）

▲桜の造物
短冊を付
持候男一人
ゑぼし
　白丁着
▲女子供四人染
絹すり込もやう
衣裳すげ笠を
かふり内二人ハ
桜の枝すひ筒
さかづきの造り
物を付
二人ハ
花
（鎗）やり
　を持
▲桜の造り物を
花台にのせ
持人二人
▲右に付候
女子供四人
絹すり込
もやう衣裳着
三味せん
音曲仕候
▲縫くるミ
神馬の形幣を
立候造り物を
かふり候男二人
▲同猿の形
えぼし白丁着
二人道化所作仕候
▲管絃の学び
女子供五人紅絹
衣裳狩衣鳥甲着
楽器を持
　日傘さしかけ
▲大拍子太皷
持人えぼし
白丁着四人
▲けいご十一人
内五人麻上下着
六人羽折袴着
▲世話役廿四人
内二十人羽折着
四人袴着
▲鉄棒引四人
内二人縞帷子着
二人立付着
▲割竹引二人
　立付着
▲荷ひ茶や
　弐荷

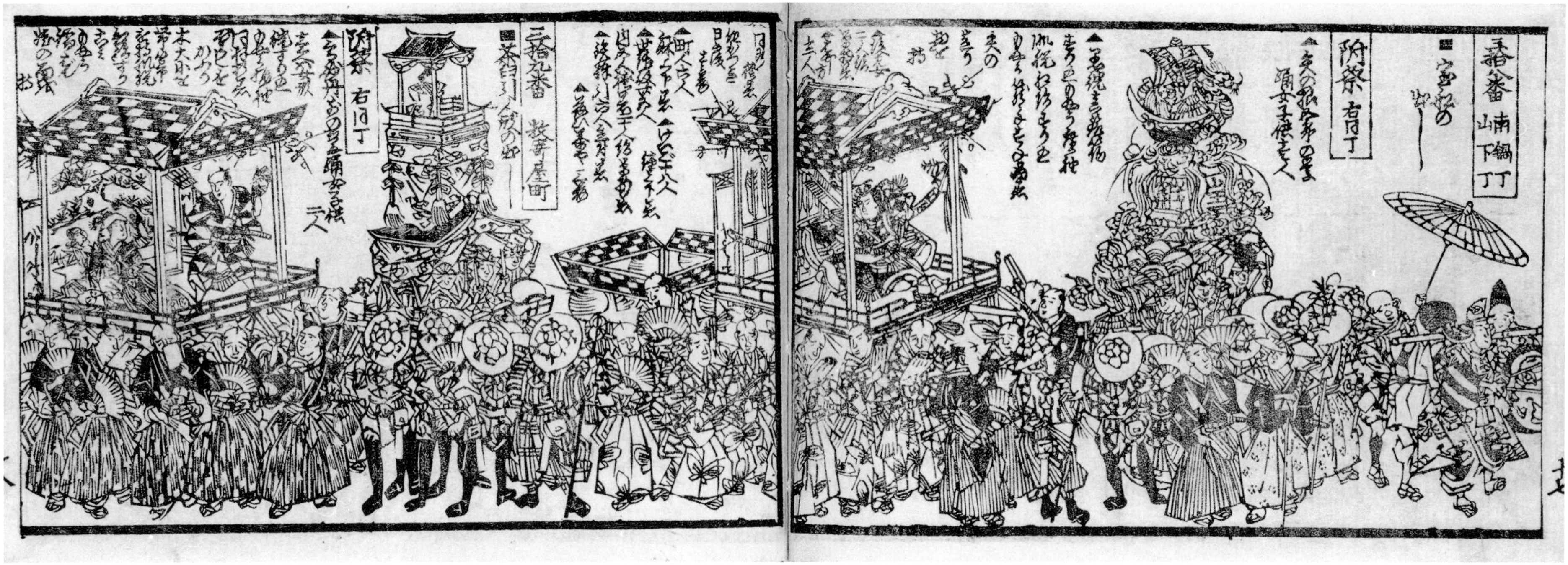

（十八丁表）　（十七丁裏）

三拾八番　南鍋丁 山下丁
■宝船の
出し
附祭　右同丁
▲矢の根五郎の学
踊女子供壱人
▲黒絖真鍮箔
すり込もやう廣袖
緋絖紅絹すり込
もやう籠手すね当着
矢の
造り
物を
持
▲後見女
二人絹
単物着
▲はやし方
十二人

同断
袴着
但かつぎ
日覆
壱荷
▲町人六人
麻上下着
▲世話役廿五人
内五人袴着二十人
鉄棒引六人立付着
▲荷ひ茶や三荷
▲けいご十八人
縞上下着
絹単物着

三拾九番　数寄屋町
■茶臼引人形の出し
附祭　右同丁
▲高砂丹前の学踊女子供
二人
壱人ハ女形
絖すり込
もやう振袖
同羽折着
ぼうしを
かふり
木大小を
帯箒を持肌脱
紅絹すり
こミ
もやう
襦ばん
姥の面
持を

附祭「矢の根五郎の学」では長唄「矢の根五郎の学」（142頁）が唄われる。歌舞伎狂言の「矢の根」が典拠と思われ、内容は故郷曾我に帰っていた五郎時致が亭の内で武人のたしなみとして矢の根を磨くうち寝てしまい、夢中で兄十郎の危難を知り、馬に乗って駆けつけるというもの。褞袍の下に胸当・小手脛当を着込み、顔に隈取りをした大仰な荒事師の姿である。天保三年（1832）に七世団十郎によって歌舞伎十八番の一つに選ばれた。

附祭「高砂丹前の学」では長唄「高砂丹前の学」（142頁）が唄われる。天明五年（1785）江戸桐座初演の長唄「高砂丹前」が典拠であろう。侍女此花と奴の筆助が姥と尉の面を被って高砂の振事である。唄は懐かしい情調があり、舞踊は山がたくさんの見所である（渥美　1938）。

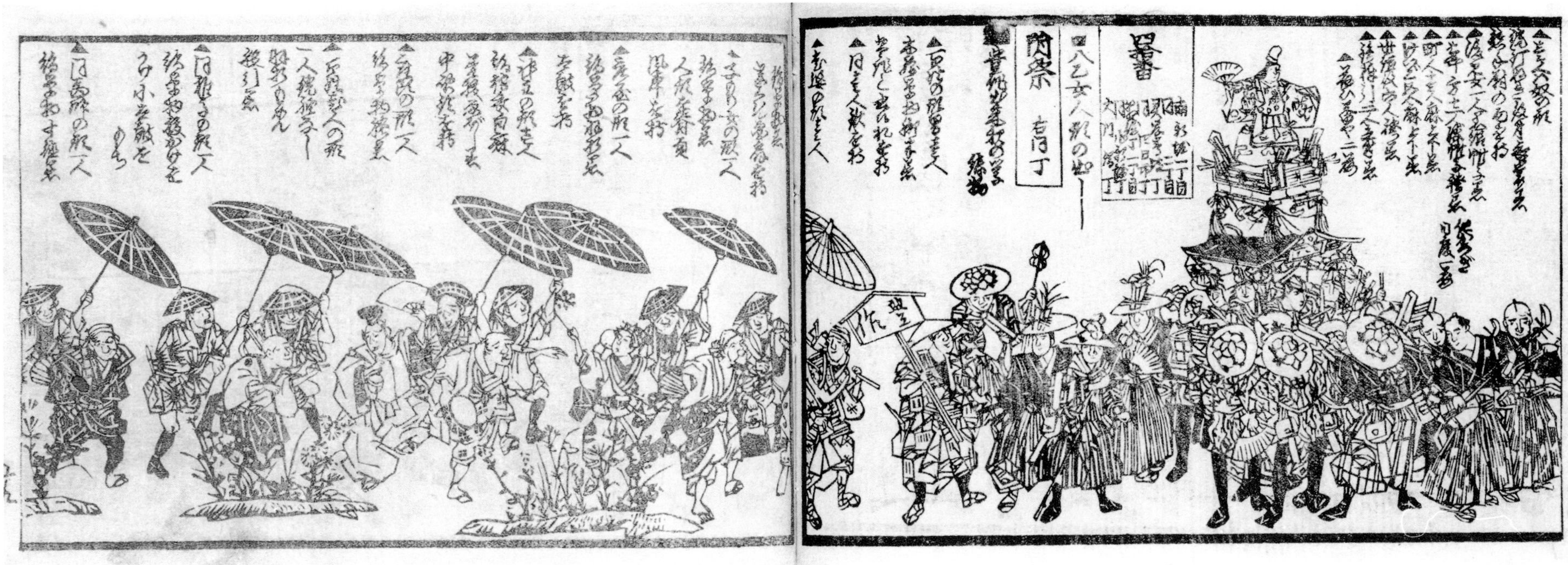

（十九丁表）　（十八丁裏）

▲壱人ハ奴の形
紬釘ぬき紋付衣裳着
熊手尉の面を持
▲後見女一人黒絽帷子着
▲はやし方十二人染帷子袴着　但かつぎ日覆一荷
▲町人壱人麻上下着
▲けいご拾人麻上下着
▲世話役六人袴着
▲鉄棒引二人立付着
▲荷ひ茶や二荷

四拾番
南新堀一丁目
同　二丁目
霊岸嶋塩丁
同　四日市丁
箱崎丁一丁目
同北新堀丁
大川端丁

■八乙女人形の出し

附祭　右同丁

■豊作出来秋の学　練物
▲百姓の形男壱人
木綿単物脚半着
豊作と書候札を持
▲同壱人鍬を持
▲老婆の形壱人
絹単物着
薬くハん団扇を持
▲子もり女の形一人
絹単物着
人形を背負
風車を持
▲庄屋の形一人
絹単物羽折着
太鼓を持
▲神主の形壱人
絹狩衣白麻
差抜ゑぼし着
中啓鈴を持
▲座頭の形一人
絹単物袴着
▲百姓老人の形
一人紬袖なし
羽折もめん
股引着
▲同稚子の形一人
絹単物腹かけを
かけ小太鼓を
もち
▲同医師の形一人
絹単物十徳着

（二十丁表）　　（十九丁裏）

わき差をさし
▲瞽女の形一人
絹単物着三味
　せんを持
▲田舎娘の形女子供
壱人染絹単物着
三味せんを持
右人数にて豊作
踊の道化所作いたし
内三人太こ三味線等にて
はやし申候日傘さしかけ
▲土手に秋草の造り物を
ならべ同断の腰かけ壱ッ
▲町人七人麻上下着
けいご廿壱人内十四人袴着
七人染帷子着
▲世話役十二人内十人袴着
二人木綿単物着
▲鉄棒引六人立付着
▲荷ひ茶や四荷

四拾一番　五郎兵衛丁
　　　　　北紺屋丁

■むさし野の出し

四拾二番　元飯田町

■むさし野の出し

四拾三番　南大工丁

■むさし野の出し

四拾四番　常盤丁

■僧正坊
牛若人形の出し

附祭　右同丁

▲安宅の関の学
ねり物

附祭「安宅の関の学」練物は僧正坊牛若人形の山車に因むもので、
蝶・大扇を背負う男と張抜の松を被る男の道化所作が見所である。

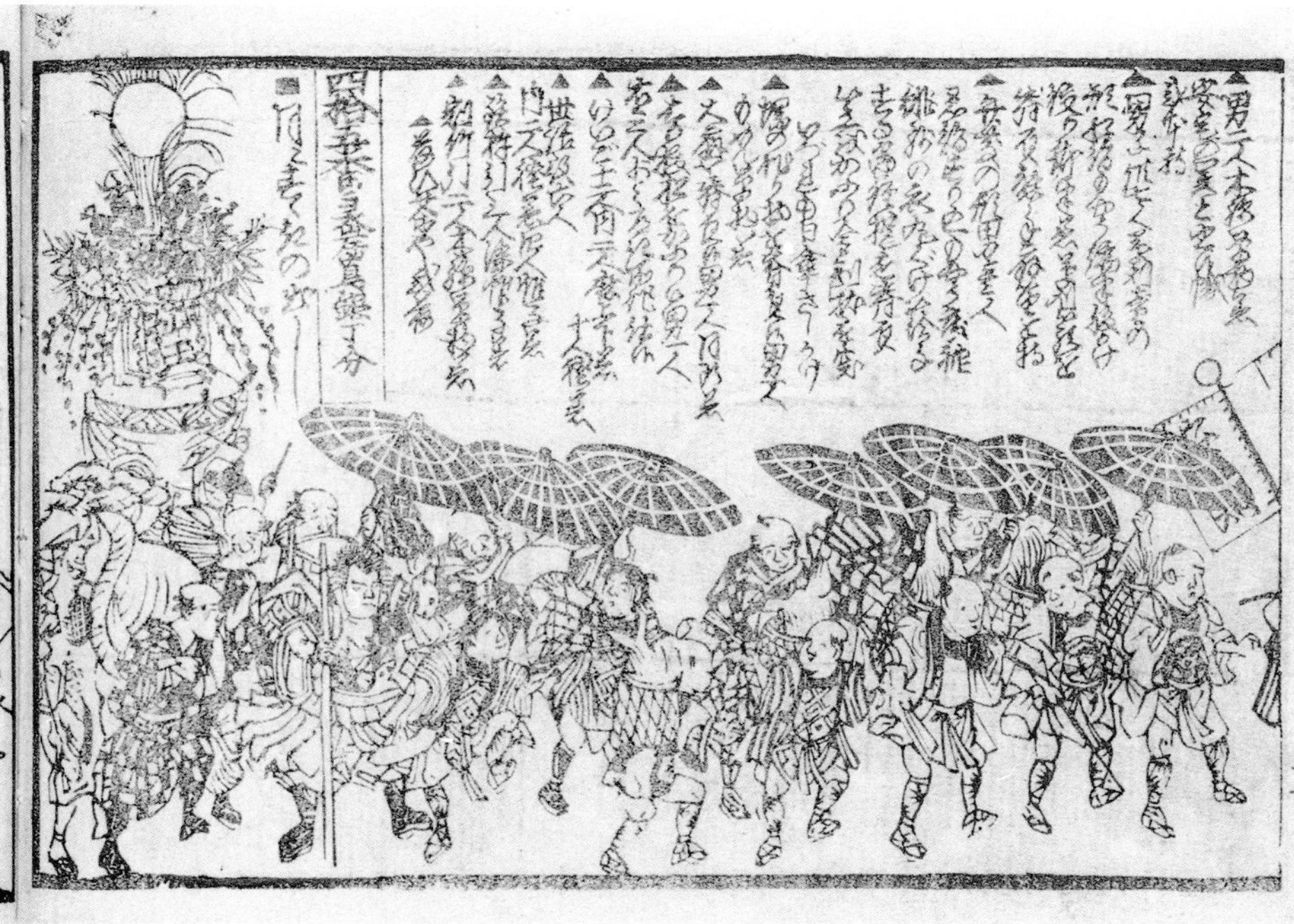

（二十丁裏）

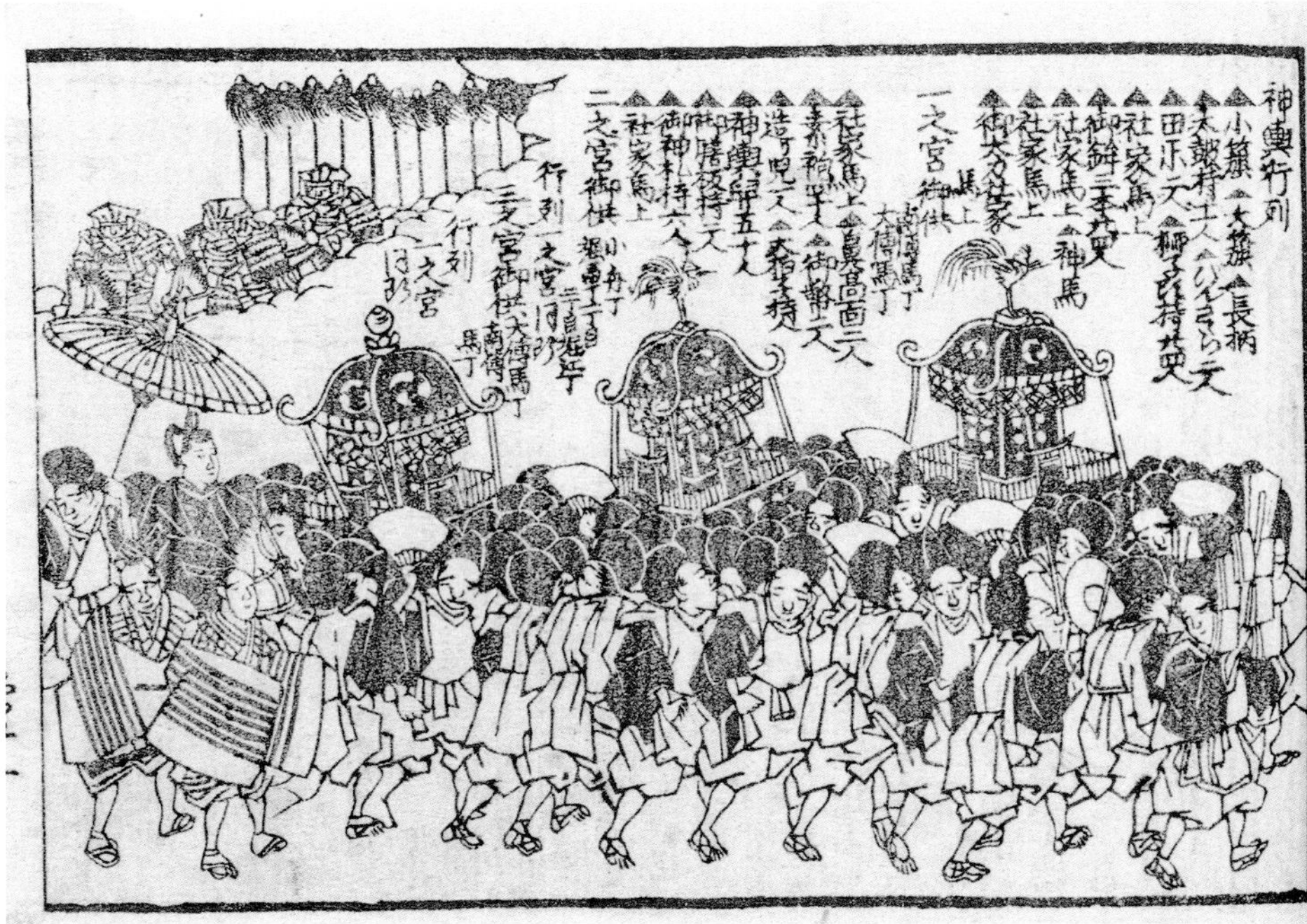

（二十一丁表）

▲男二人木綿単物着
安宅の関と書候幟
弐本持
▲男子供七人草刈童の
形紅絹もやう襦半腹かけ
絞り脚半着草刈籠を
背負熊手扇笛を持
▲弁慶の形男壱人
黒絹すり込もやう廣袖
緋紗の衣丸くげ籠手
すね当経櫃を背負
笠をかぶり金剛杖を突
いづれも日傘さしかけ
▲螺の作り物を背負候男一人
もめん単物着
▲大鹿を背負候男一人同断着
▲はり抜松をかぶり候男一人
右三人少〻道化所作仕候
▲けいご十二人内二人麻上下着
十人袴着
▲世話役六人
内二人袴着四人帷子着
▲鉄棒引三人染帷子着
▲割竹引二人木綿単物着
▲荷ひ茶や弐荷

四拾五番　霊岸嶋銀丁分

■月ニすゝきの出し

神輿行列
▲小籏▲大籏▲長柄
▲太鼓持十一人▲びんさゝら二人
▲田楽二人▲獅子頭持廿四人
▲社家馬上
▲御鉾三本廿四人
▲社家馬上▲神馬
▲社家馬上
▲御太刀社家
馬上
一之宮御供
南傳馬丁
大傳馬丁
▲社家馬上▲鼻高面二人
▲素襖四十人▲御幣二人
▲造り児一人▲大拍子持人
▲神輿舁五十人
▲御膳板持二人
▲御神札持六人
▲社家馬上
二之宮御供　小舟丁
堀留丁一丁目
二丁目堀江丁
行列一之宮同断
三之宮御供　大傳馬丁
南傳
馬丁
行列
一之宮
同断

『江戸名所図会』によると、一宮（大宮）の祭神は比叡山大明神である国常立尊、二宮は気比神、三宮は伊弉冉（いざなみ）尊にして白山妙理権現とされる。

大伝馬町・南伝馬町は神輿舁きの人手も国役として担当する

『誹風柳多留』（一二三篇別一四）に「張子でも重い日吉の獅子頭」。
上の第五番組町は山車・附祭を出さない代わりに二之宮神輿を担当する。
左上に法師武者三人

（二十一丁裏）
七番
之内　三番叟日吉の幣　浄るり　本町四丁分
外三ヶ町
（浄瑠璃文句略）
（二十二丁表）
踊浄るりはやし方名前

踊子	浄るり	三味線		太こ
男形　ぎん　十六才 女形　はな　十五才 やす　五十三才 後見　きん　十九才	冨本豊前太夫 同　伊呂波太夫 同　八百太夫 同　名尾太夫	冨本豊恵蔵 同　兵助 名見崎栄治	ふへ　平田以三郎 ゝ　住田定吉 小つゝミ　福原百吉 大つゝミ　小西権次郎	坂田重太郎 ゝ　田中辰三郎 大太こ　坂田為次郎

九番
之内　妹背中花の今様　長うた　本小田原町一丁目
外三ヶ町
（唄文句略）
（二十二丁裏）
踊長唄はやし形名前

踊子	長唄	三味線		太こ
男形　かな　十五才 女形　ゑい　十四才	吉村幸次郎 岡安喜平次 松永勇次 岡安喜兵へ	杵屋佐吉 同　佐市 同　佐之助 同　文次郎	ふへ　清住長五郎 ゝ　住田新四郎 小つゝミ　田中佐十郎 大つゝミ　西川源十郎	望月太八 同　兼三郎 大太こ　田中平次郎

拾番
之内　岩磐石千歳草摺　長うた　室町二丁目
外　五ヶ町
（唄文句略）
（二十三丁表）
踊長唄はやし形名前

踊子	長唄	三味線	笛	太こ
男形　たけ　十六才 女形　もん　十五才	冨士田千蔵 同　吉四郎 同　新三郎	杵屋和吉 同　和七 同　和佐蔵	住田藤五郎 同　宇三郎 小つゝミ　六郷新三郎 大つゝミ　同　新平	太田市十郎 同　源次郎 大太こ　田中安十郎 すり鉦　皆川金蔵

拾一番
之内　頼政菖蒲の前踊長唄文句　本石町四丁分
十　軒　店
（唄文句略）
（二十三丁裏）
踊長唄はやし形名前

踊子	長唄	三味線	笛	太こ
男形　小徳　十六才 女形　きく　十六才 後見　三津世　十九才 み□　十七才	岡安喜代八 冨士田勇蔵 岡安喜太郎	杵屋勝三郎 同　六四郎 同　小三郎	住田又太夫 ゝ　同　新吉 小つゝミ　大西　徳蔵 大つゝミ　太田伊右衛門	望月兼次郎 田中伊三郎 大太こ　坂田藤吉 太田安十郎

二拾三番
之　内　歳男豆蒔の学　長うた　銀坐三丁分
同　四丁目
（唄文句略）
（二十四丁表）
踊長唄はやし形名前

踊子	長唄	三味線	笛	太こ
男形　こと　十六才 女形　ふじ　十五才 後見　やす　十八才	岡安喜見三郎 同　国三郎 同　喜之助	杵屋政太郎 同　市五郎 同　伊之助	住田清七 同　林八 小つゝミ　坂田重次郎 同　次郎吉	坂田太郎吉 同　栄蔵 大太こ　同　重平

二拾四番
之　内　舌出シ三番叟　長うた　通四丁分
外　二ヶ町
（唄文句略）
人形遣ひ并はやし方名前
（二十四丁裏）

	長唄	三味線		太こ
人形つかひ　吉田いと　二十五才 後見　西川やす　十八才 吉田冠三 黒子　吉田国五郎 同　新五郎	岡安喜三郎 同　喜之助 同　喜太郎 同　喜四郎	杵屋長次郎 同　六太郎 同　長四郎 同　正三郎	ふへ　住田新吉 ゝ　同　重吉 ゝ　同　新三郎 小つゝミ　田中佐十郎 大つゝミ　同　長吉	坂田重太夫 ゝ　同　重左衛門 大太こ　重村□五郎

二拾六番
之　内　業平小町の学　長うた　本材木町
一二三四丁目
（唄文句略）
（二十五丁表）
踊長唄はやし方名前

踊子	長唄	三味線	笛	太こ
なり平　ふん 後小原女　十三才 小まち　よし 後仕丁　十三才 後見　かね　十七才	吉住小四郎 同　正三郎 同　新五郎 同　小八	杵屋六左衛門 同　栄蔵 同　宗五郎 同　三吉	住田新之助 小つゝミ　田中傳左衛門 大つゝミ　同　半次郎	望月太次衛門 ゝ　同　元十郎

三拾五番
之　内　西宮睦月の遊　浄るり　竹川町
外　二ヶ町
（浄瑠璃文句略）
（二十五丁裏）
踊浄るりはやし方名前

踊子	浄るり	三味線	笛	太こ
久良吉　十六才 後見　扇芝　二十三才	清元佐野美太夫 同　喜代太夫 同　□尾太夫	清元　政次郎 同　利八	住田勝吉 ゝ　同　忠五郎 小つゝミ　田中伝吉 大つゝミ　西川伊之助	西川政蔵 ゝ　同　藤吉

三拾八番
之　内　矢の根五郎の学　長うた　南鍋町
山下町
（唄文句略）
（二十六丁表）
踊長唄はやし方名前

踊子	浄るり	三味線	笛	太こ
歌米次　十五才 後見　歌仙 ひて	大薩摩文太夫 三味せん　杵屋弥十郎 長唄　岡安喜三八 同　喜久蔵	杵屋新吉 同　金次郎	住田豊八 同　松五郎 小つゝミ　西川源次郎 大つゝミ　坂田金三郎	田中弥太郎 ゝ　坂田重五郎

三拾九番
之　内　高砂丹前の学　長うた　数寄屋町
（唄文句略）
（二十六丁裏）
（唄文句略）
踊長唄はやし方名前

踊子	長唄	三味線	笛	大つゝミ
男形　ふじ　十五才 女形　よし　十四才 後見　らく　十八才	冨士田吉太郎 同　新太郎 同　吉蔵	杵屋巳太郎 同　巳之助 同　半次	清住長五郎 住田藤次郎 小つゝミ　望月太左衛門	福原百之助 望月太次郎 太こ　同　元十郎

口演
一出し四十五ばん此出しに銘ゝけいご上下着世話役羽織袴着并荷ひ茶屋等何れの出しニも付候得共何れも同様なる事にて逸ゝ記候而は余りニ事繁く相成候間是をバしるし不申候
天保五甲午年六月十五日
江戸馬喰町二丁目
森屋治兵衛梓
御免板元
（裏表紙）

（蔵書印）

嘉永七歳閏七月廿三日「山王御祭礼附祭番附」

（国立歴史民俗博物館蔵、所蔵番号F二八一-一〇七）

紙本木版墨摺　一枚　三六・五×四八・八

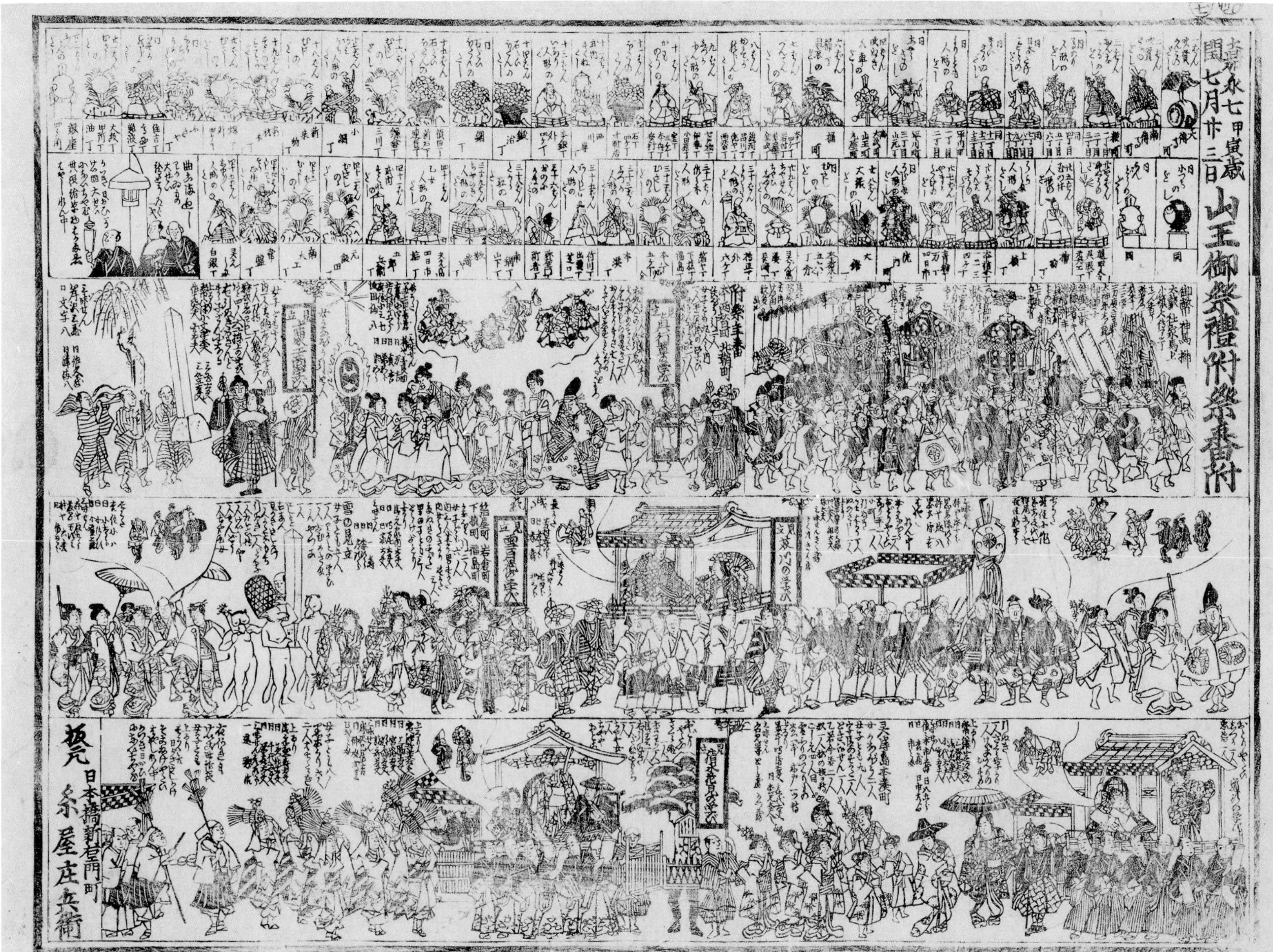

144～145頁
146～147頁
148～149頁
150～151頁

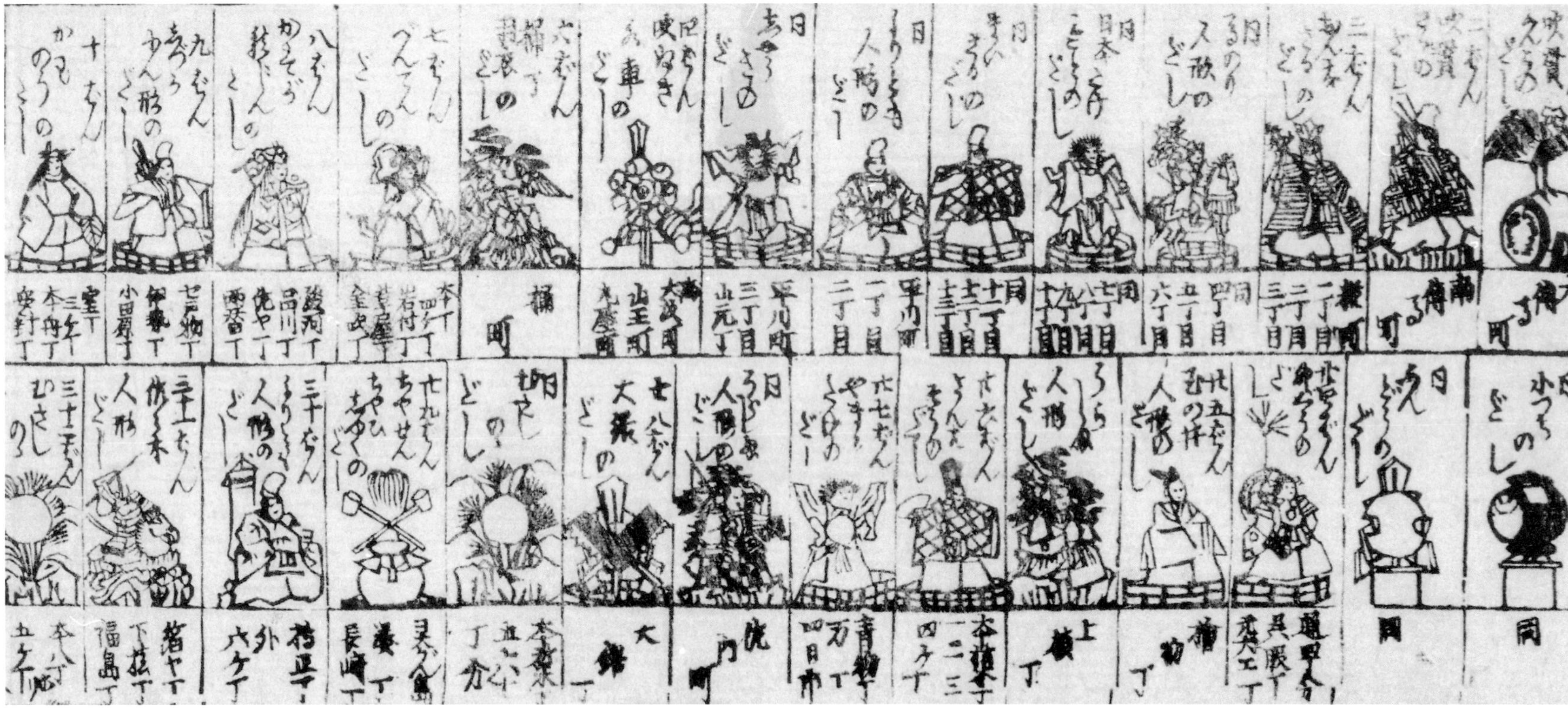

一ばん 吹貫 かんこの だし	大傳馬町	同(廿三ばん) 小つち の だし	同(銀座四ヶ所)
二ばん 吹貫 さるの だし	南傳馬町	同 ふん どうの だし	同
三ばん おんな さるの だし	糀町 一丁目 二丁目 三丁目	廿四ばん 神ぐうの だし	通四丁分 呉服丁 元大工丁
同 馬のり 人形の だし	同 四丁目 五丁目 六丁目	廿五ばん 玉の井 人形の だし	檜物丁
同 日本たけ ミことの だし	同 七丁目 八丁目 九丁目 十丁目	うら しま 人形 だし	上槙丁
同 まい さるの だし	同 十一丁目 十二丁目 十三丁目	廿六番 さんは そうの だし	本材木丁 一二三 四ヶ丁
同 よりとも 人形の だし	平川町 一丁目 二丁目	廿七ばん やまと たけの だし	青物丁 万丁 四日市
同 しやう きの だし	平川町 三丁目 山元丁	同 うらしま 人形の だし	佐内町
四ばん 吹ぬき 水車の だし	南 大坂町 山王町 丸屋町	廿八ばん 大鋸の だし	大鋸丁
六ばん 桶丁 羽衣の だし	桶 町	同 むさし のゝ だし	本材木丁 五六七 丁分
七ばん べんてん の だし	本丁 四ヶ丁 岩付丁 革屋丁 金吹丁	廿九ばん ちやせん ちやひ しやくの だし	霊がん島 湊丁 長崎丁
八ばん かすが 龍じんの たし	駿河丁 品川丁 (北)佐ヤ丁 両替丁	三十ばん よりとも 人形の だし	樽正丁 外 六ヶ丁
九ばん しづか にん形の だし	セ戸物丁 伊勢丁 小田原丁	三十一ばん 佐ゝ木 人形 だし	箔ヤ丁 下槙丁 福島丁
十ばん かも のうの たし	室丁 三ヶ丁 本舟丁 安針丁	三十二ばん むさし のゝ だし	本八丁堀 五ヶ丁分

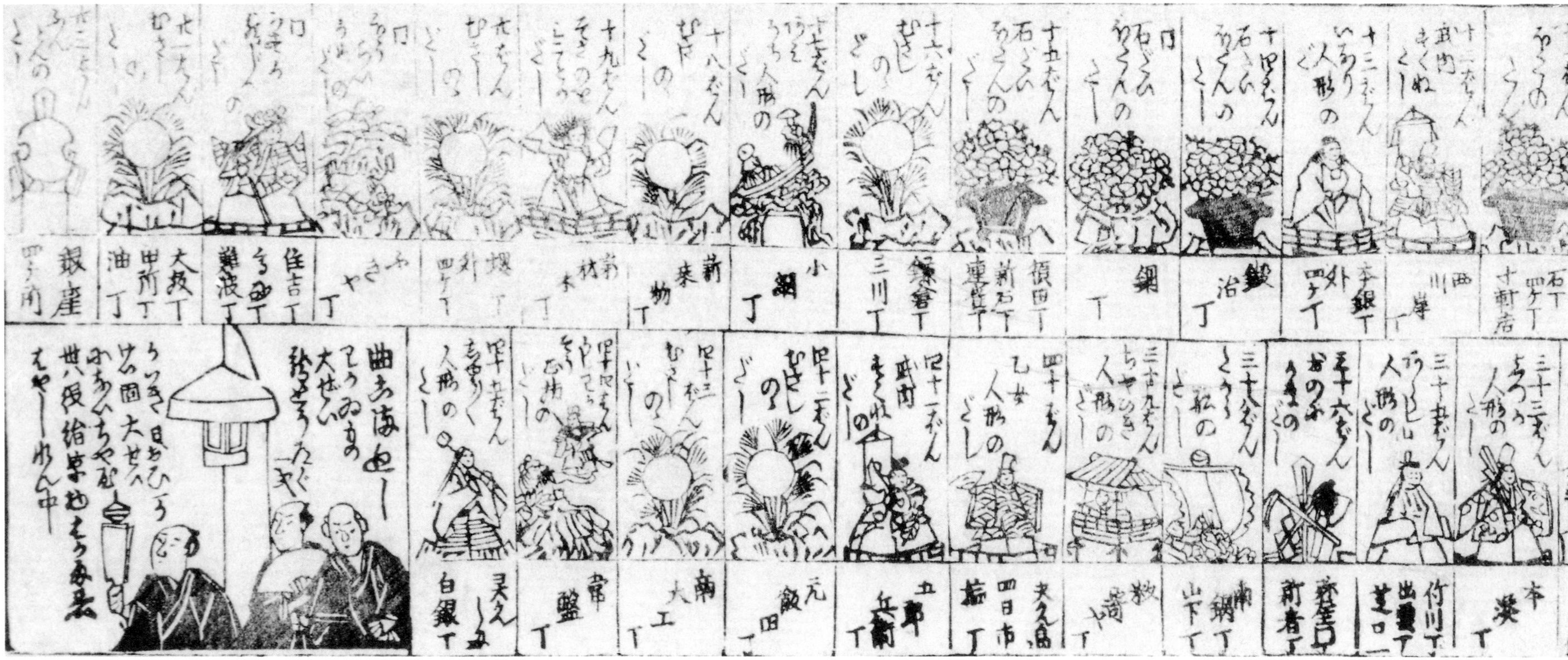

十一ばん ぼた(ん欠)の たし	石丁 四ヶ丁 十軒店
十二ばん 武内 すくね たし	西川岸丁
十三ばん いなり 人形の だ(し脱)	本銀丁 外 四ヶ丁
十四ばん 石たい ほたんの たし	鍛治丁
同 石だい ほたんの たし	鍋丁
十五ばん 石だい ほたんの だし	須田丁 新石丁 連雀丁
十六ばん むさし のゝ だし	鎌倉丁 三川丁
十七ばん あミ うち人形の だし	小網丁
十八ばん むさし のゝ だし	新乗物丁
十九ばん そさのを ミことの だし	新材木丁
廿ばん むさし のゝ だし	堺丁 外 四ヶ丁
同 ほう らい かめの だし	ふきヤ丁
同 かすか 龍じんの だし	住吉丁 高砂丁 難波丁
廿一はん むさし のゝ たし	大坂丁 田所丁 油丁
廿三はん ふん(う) どんの だし	銀座 四ヶ所

三十三ばん しづか 人形の だし	本湊町
三十五ばん あらし山 人形の だし	竹川丁 出雲丁 芝口一
三十六ばん おのに かまの だし	弥左衛門丁 新肴丁
三十八ばん たから 船の だし	南 鋸丁 山下丁
三十九ばん ちやひき 人形の だし	数寄ヤ丁
四十ばん 乙女 人形の だし	霊かん島 四日市 塩丁
四十一ばん 武内 すくねの だし	五郎 兵衛 丁
四十二ばん むさし のゝ だし	元飯田丁
四十三 ばん むさし のゝ だし	南大工丁
四十四ばん うしわか そう 正坊の だし	常盤丁
四十五ばん しやうく 人形の たし	霊かん しま 白銀丁
曲こま廻し わかゐもの 大ぜい 龍とう(灯)道ぐ 一式	
かつき日おひ一か けい固大せひ にないちや屋 世ハ役絹単物はかま着 はやしれん中	

御幣　神馬　榊
太鼓　社家馬上
小籏　大傳馬丁
しん肴丁
弥左衛門丁
材木丁
一二三四ヶ丁
一万度さる舞
太神楽し丶舞
御獅子
神輿三躰
法師武者十キ(騎)
別当神主
長柄其外
すあし参内傘
上下徒
白木綿着

一ノ宮御供
大傳馬丁
南てんま丁
二ノ宮御供
小舟町堀留
ホリ江町

三ノ宮御供
大傳馬丁
南傳馬丁

其外
諸家
方御
けい固
数多
　出ル

附祭年番
本両替町　北鞘町
鉄ぼう引二人
女子とも九人之内
七人平(雛)これ茂の学び
女さんほう(三方)持一人
女ゑてうし(柄)(銚子)持一人
(見立)真行草の学び

こし元一人女楽人五人
右九人こ（残）のらす引ぬき
はんにやのすかた一人
くミ（組）子かしら男すかた一人
おん度とりまき七人
よ（四天）てんを着すもミちの
えだをもつ

長唄　　　　三味線
冨士田音蔵　杵や三良助
吉住小四郎　同　万吉
芳村伊千三郎　同　貞吉
吉住小三七　同　栄五郎
坂田仙八　同　宗五郎

女かなぼう引四人

見立士農工商学び

女子ども十人
内一人青砥左衛門の学ひ
一人刀持　一人農姿一人
狩衣着わかし（若衆）一人
あと四人大工棟上の学ひ
右引（網）ぬきあきんど
ま（算）ゝ子ざんになる
上るり
常ハ津小文字大夫　三国大夫
佐喜大夫　国大夫　三笠大夫

三味せん
岸沢三蔵　同佐久蔵
同　文字八　同つま八

東京都立中央図書館蔵（特別文庫室、東京誌料）の同番附は木版墨摺三枚一組で、150頁左を霊岸島本湊町による「見立　小和田の関の学び」としている（山路　一九七九：二五九～一六〇）。

175～203頁・205頁によると「見立　士農工商学び」は品川町・同裏河岸による「行」である。「見立　芥川の学び」は「草」である（206頁）。

長うた
吉住小作
岡安喜代七
松尾五郎七
吉住新次郎

三味せん
杵や弥十郎
岡安源次郎
杵や弥八
岡安源吉
はやし
　れん中
女かなほう二人
おどりやたひ
なり平一人
小町一人
引ぬき
うちはうり一人
ぬのさらし一人
上るり
富本豊前大掾
阿ハ太夫　組太夫
緑大夫
　三味せんきく蔵
きく治　きん蔵

見立芥川の学び

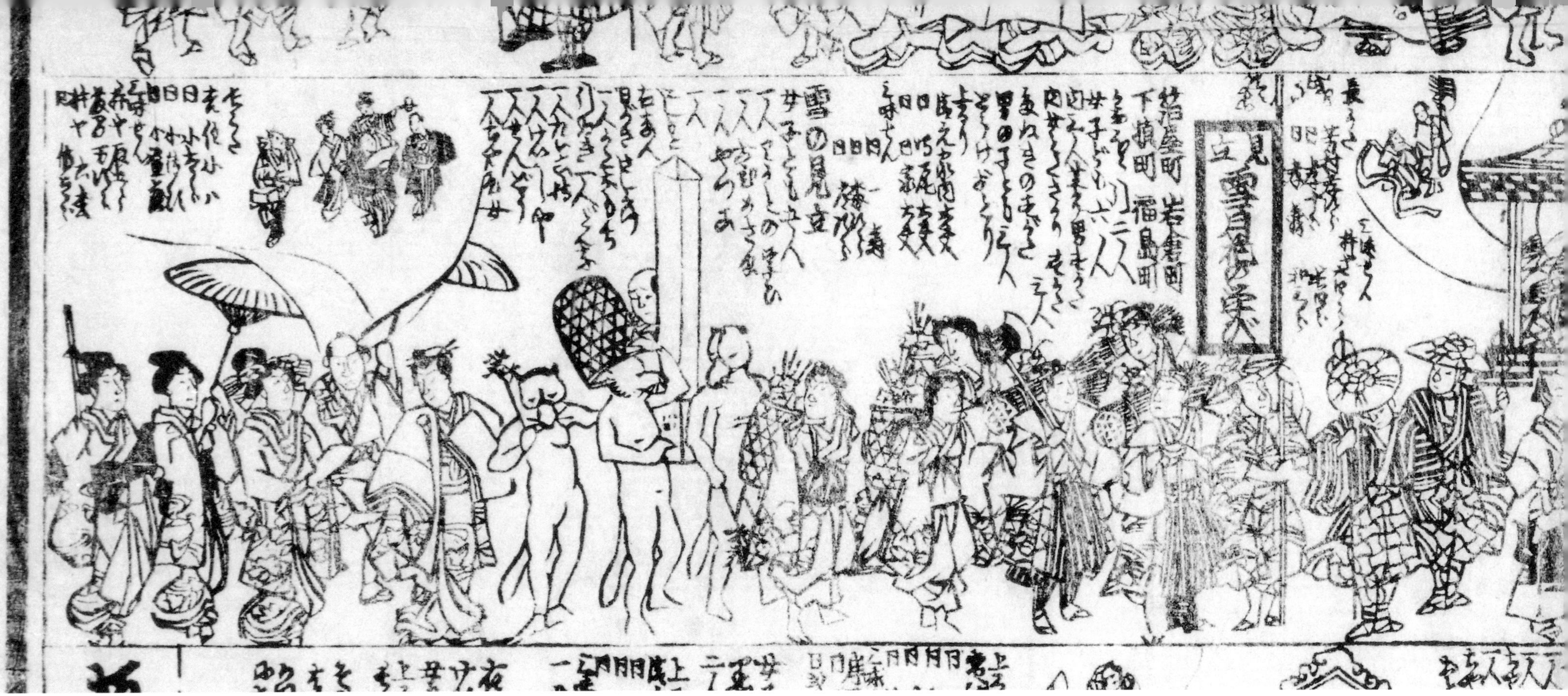

長うた　　　　三味せん
芳村孝次郎　　杵や六四郎
同　孝五郎　　　亀四郎
同　孝壽　　　和三郎

見立雪月花の学び
箔屋町　岩倉町
下槙町　福島町
かなほう引二人
女子ども六人
内三人芝かり男すかた
内女とくさかりすかた
たぬきのすがた　三人
男の子とも三人
とうけおとり
上るり
清元家内大夫
同　鳴尾大夫
同　巳(喜カ)家大夫
三味せん
同　一壽
同　梅次郎
同　常次郎
雪の見立
女子とも五人
一人わかとの学ひ
一人おひめさま
一人やつこ
一人
こしもと
右ご人
日がささしかけ
一人かたなもち
引ぬき一人だんな
一人たいこ持
一人けいしや
一人せんどう
一人ちや屋女

長うた
吉住小八
同　小太郎
同　小傳次
同　小登蔵
三味せん
杵や辰五(・・カ)郎
藤間万次郎
杵ヤ六松
同　佐太郎

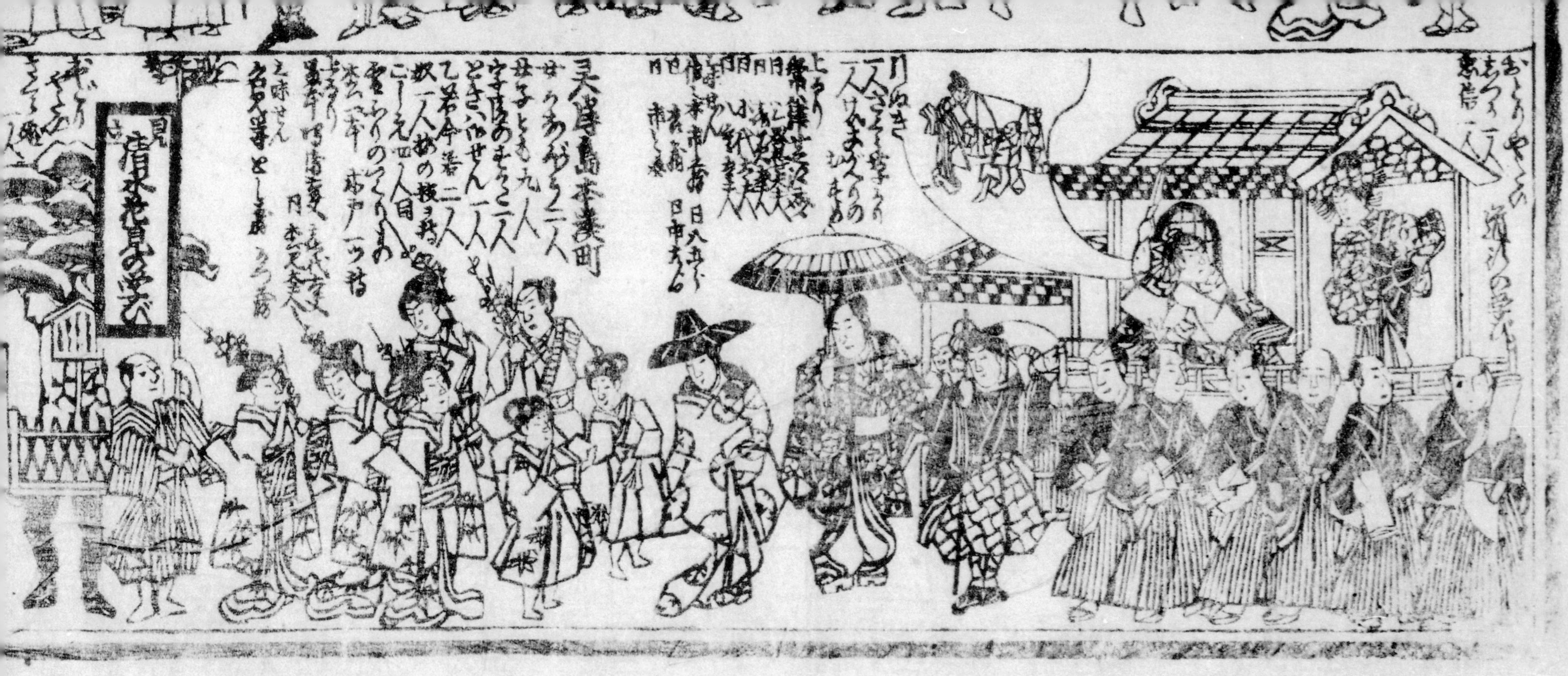

おどりやたひ
しつか一人　道行の学び
忠信一人

引ぬき
一人さくら草うり
一人けいこがへりの
　むすめ
上るり
常ハ津芝江斎
同　三登世太夫
同　喜美太夫
同　小代太夫
同　八重太夫
三味せん
佐ゝ木市蔵　同　八五郎
同　吉蔵　同　市左衛門
同　市之介

霊岸島本湊町
女かなぼう二人
女子とも九人
宗清のすかた一人
ときハ御せん一人
乙若今若二人
奴一人桜の枝ヲ持
こし元四人同
雪ふりのつくりもの
松一本　木戸一ッ持
上るり
富本鳴渡太夫　喜代太夫
　同　松見太夫
三味せん
名見崎とし蔵　かつ蔵
見立清水花見の学び

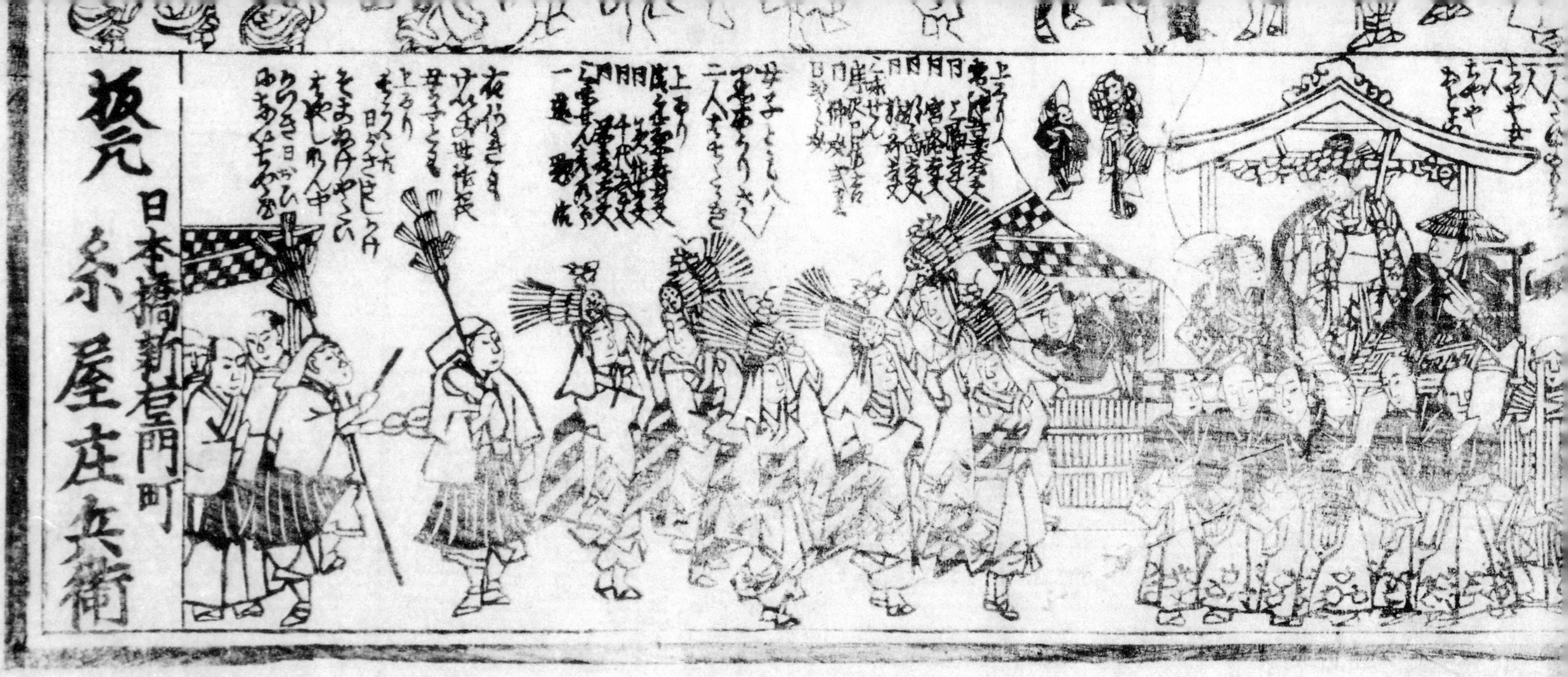

おどり
　やたい
さくら姫
　一人
松わか一人

清玄一人
右引ぬき
一人たいこもち
一人
ちやや女
一人
ちやや
おとこ

上るり
常ハ津吾妻太夫
同　三輪太夫
同　宮路太夫
同　都嶋太夫
同　都哥太夫
三味せん
岸沢巳佐吉
同　仲介　式松
同　式之介

女子とも八人
黒木うり六人
二人はちたゝき
上るり
清元菊壽太夫
同　美佐太夫
同　千代太夫
同　栄喜太夫
三味せん　彦次郎
一造　　惣治

右何れも
けいご世話役
女子とも
上るり
長うた共
　日がささしかけ
そこぬけやたい
はやしれん中
かつき日おひ
にないちや屋

板元　日本橋新右衛門町
　　糸屋庄兵衛

「江府山王祭渡物」

（金沢市立玉川図書館近世史料館蔵）

紙本墨書一冊

本史料の表紙に「江府山王祭渡物」とあるように、江戸山王権現の六月十五日の山王祭礼の渡物、つまり祭礼行列に関する写本である。山王権現とは、現千代田区永田町の日枝神社の明治維新前の名称である。江戸の祭礼のなかで最も史料が豊富に残っているのは山王祭関係であるが、それも同社が徳川将軍家の産土神である故、史料が残るのは当然であろう。山王祭の絵画資料としては、「江戸天下祭図屏風」（京都市個人蔵）六曲一双（実際は全面に山王祭礼のみが描かれる、辻　一九九八）が明暦の大火（一六五七）よりさほど経っていない頃の祭礼を描いたものとして著名であり、江戸祭礼を描いた画証の基準作となっている。また、本書26～73頁で紹介した「江戸山王祭礼之図」（個人蔵）三巻著色本も近世中期の祭礼を描いた記録画として注目すべき絵画資料である。

これらに対して、近世の前・中期における江戸祭礼の文献史料は思いのほか少なく、山王祭・神田祭に関する祭礼番附も安永九年（一七八〇）山王祭一枚摺番附（国立音楽大学附属図書館蔵竹内道敬文庫）より以前の史料は確認されていない。後世の編纂記録史料ではなく、近世前・中期同時代史料として、『江戸町触集成』には以下のような史料が載る（近世史料研究会　一九九四）。慶安二年（一六四九）六月十四日の同三四号、天和三年（一六八三）五月の同二〇九〇・二〇九一号、同年六月十四日の同二一一〇号、貞享四年（一六八七）五月の同二五七八号などがある。なかでも行列に関する記述としては、二〇九一号によると、参加者の刀指しの禁止、参加者の衣類は絹・紬・麻布・木綿に限定し、これは笠鉾・吹貫・小籏・作り物・人形の装束でも同様であり、衣類や道具に金銀箔押しも禁止とされている。延宝四年（一六七七）の『江戸雀』初巻には山王祭における引山・花屋体・笠鉾・母衣負人などの記載があり（日本随筆大成編輯部　一九二八：四五八）、本島知辰『月堂見聞集』巻十三、享保六年（一七二一）には「江戸山王神事練物駄尻等夥敷」と記されている（本島　一九八二）。さらに、『徳川実記』には天和三年（一六八三）以降、上覧毎に練物などの記載がある（牧田　一九九二）。

本史料は同館加越能文庫の収蔵にかかる横帳写本一冊であり、館蔵番号は㊕一六―八六―四九。縦一三・七、横一九・六、十九丁より成るが、第一・十八・十九丁は白紙である。同文庫は明治初年から加賀藩御家禄方および前田家編輯方が、前田家とその治政の歴史を編纂するために収集したものであり、昭和二十三年（一九四八）前田育徳会尊経閣文庫から金沢市に寄贈された旧加賀藩関係の史料群から編成される。本史料は同文庫の「今枝氏旧蔵書籍」にあり、同氏は加賀藩の臣人持組の筆頭で、その食禄は第三世の近義以後、常に一万四千石（内、三千五百石与力知）を伝える家柄であった。その邸宅は明治廃藩まで金沢高岡町にあり、家蔵書籍類は明治維新期の同家当主直応か、明治三十三年（一九〇〇）男爵を授けられたその子直規より前田家に寄贈されたものであろう（日置　一九七三）。巻末に昭和四十四年十一月二十日の金沢市立図書館印が捺されている。

本史料は、巻末の「今般清書畢享保丙午冬」より享保十一年（一七二六）冬、「楽木」の落款により、今枝氏第四世の直方によって記されたものであることがわかる。『加能郷土辞彙』（日置　一九七三）によると、直方は

> 初め八右衛門・内記といひ、後に民部と称した。備前岡山侯の老臣日置猪右衛門忠治の三男。承応二年（一六五三）を以て生まれ、寛文八年（一六六八）五月今枝民部近義の養子として前田綱紀に謁し、延宝三年（一六七五）三月近義の退老によりて一万千石（内与力知三千五百石）を受け、その歿後七年三月本禄一万四千石（内与力知三千五百石）に復し、享保五年（一七二〇）家老に任ぜられ、世子の傅を兼ねた。直方の実子右近は早逝した為、亦日置弥八郎の四男主水恒明を養子としたが、後故あって廃嫡し、更に前田修理の二子内気直道に家を襲がしめ、享保十三年（一七二八）十一月十六日歿した。
>
> 享年七十六。直方一名は喬、字は懋遷、楽木の号があり、著す所左記の如くに多い。（西暦は引用者が補った）

とあり、同書は『甲子聞書』、『江戸沙汰集書』、『江府京駿雑志』など六十四の著作を挙げている。本史料は、巻末によると今枝直方が死去の二年前、七十四歳の時、祐筆に命じて写させたものである。巻末に「数年前或人之画置処」とあるように、享保十一年の数年以前の山王祭について記したものであろうが、それは何年の山王祭であろうか。巻末によると、「御奉行御歩頭大森半七殿能勢市十郎殿」の二名が神輿警固を命ぜられている。能勢市十郎は元禄四年（一六九一）、二十一歳で御書院の番士に列し、同十一年能勢家家督を継いだ。同十二年御小姓組に転じ、宝永六年（一七〇九）日光奉行にすすみ、同年従五位下出雲守に叙任す（『新訂　寛政重修諸家譜』五、続群書類従完成会、一九六四）。山王祭の場合、はじめは町奉行の目付と

歩行頭が警固を勤め、五代将軍綱吉の時からは徒頭二名がその組下の徒士を率い、警固を命ぜられている(日枝神社　一九七九)。それが、八代将軍吉宗の享保八年(一七二三)以来、徒頭一名に減少している。本史料はその間の、徒頭二名時代の警固である。貞享四年(一六八七)の祭礼まで徒頭二名の名が判明しており(日枝神社　一九七九)、大森・能勢の姓は見当たらない。さらに、綱吉による二名時代から本書書写の享保十一年以前の山王祭において、徒頭の姓名が不明なのは宝永四年(一七〇七)のみである(日枝神社　一九七九)ので、本史料は同年の祭礼の可能性が高いと思われる。能勢市十郎は三十七歳の警固であった。

宝永四年は本書書写年代である享保十一年より十九年も前であり、巻末の「数年前」という表現が相応しいものであるか疑問であるが、徒頭二名が判明していない年より判断すると本稿では宝永四年の山王祭と考えておく。

宝永四年という年代は、「江戸山王祭礼之図」(本書26～73頁)三巻本の成立・景観と同年代であり、本史料はこの図巻を理解するための補助史料としても貴重となる。左表には、本史料と「江戸山王祭礼之図」の出し物を掲載する。

さて、山王祭の後世編纂史料として、化政期(一八〇四～二九)の撰『改選江戸志』に載る元禄八年(一六八五)の「山王祭礼練物番付帳」(日枝神社　一九七九)には、一番・二番の供奉の人数と所役が左上のように記されている。

一番　大傳馬町
一神輿かき　五十人
一御榊持　十人
一鉾持　十二人
一御幣持　二人
一御膳板持　二人
一御神木持　四人
一御獅子持　三人
一青侍　三十人
一太鼓持　六人
一大拍子持　三人
一びんざらさ(さら)　一人
一作リ児子　一人
一田楽　一人
一鳥甲　一人
一御菜島へ御供持参　二十人
一小籏二十本　二十人
一吹貫(諫鶏)一本　二十六人
一警固　二十五人
一けいこ　三十人
　ゆかた染ニ黒羽二重袖なし羽織
　金のこもち筋
一町人上下着　四十人
一供ノ者　百二十人
　凡三百六十八人

二番
　南傳馬町　六十人

これに対して、本書には一番五九八人、二番三九〇人とあり、元禄八年(一六八五)と宝永四年の二十二年という年月の間に一番は二三〇人、二番は三三〇人も増加している。

本書の山車番組三十八番及び四十四～四十五番までは欠損しており、三十七番、四十一番、四十三番は町の記載がない。原本通りか、直方祐筆の書き損じか不明である。また、本史料は48頁の山王祭山車番組表と異なる点も多く、本頁中央下段に相違箇所を列挙する。いずれにしても山王祭には通常四十五番の山車が出ていたことは早くから知られている。例えば、最古の番附とされる元禄三年(一六九〇)撰の『江戸惣鹿子名所大全』巻三に収められている「山王神事作物次第」には四十六の出し物が記されている(本書28頁)。本史料と「山王神事作物次第」では吹貫を除くと、十二の出し物が共通している。

本書の、一番の大伝馬町と同塩町、二番の南伝馬町は自町の山車のほか、神輿渡御行列の役を行っていることがわかる。

48頁の山王山車番組町の全体がいつ成立したのかは不明であるが、本史料と番組町の異同は以下の通りである。

- 十番の浮世小路は室町三丁目東側、江戸橋からの入堀伊勢町堀の堀留に突き当たる横町(平凡社地方資料センター　二〇〇二)、番組町には記載なし
- 十二番の呉服町は、番組町では二十四番
- 十三番の西河岸町は、番組町では十二番
- 十四番の新石町一丁目以下四ヶ町は、番組町では十三番
- 十五番の神田鍛治町は、番組町では十四番
- 十六番の神田鍋町は、番組町では十五番
- 十七番の通新石町以下三ヶ町は、番組町では十五番
- 十八番の鎌倉町・三河町は、番組町では十六番
- 十九番の新材木町・新乗物町は、前者は番組町では十八番、後者は十九番
- 二十四番の通四町目は四町分の誤り、同番の油町は番組町では呉服町
- 二十五番の南大工町は二十四番に記されており、誤り
- 二十六番の本材木町一～二丁目は、番組町では一～四丁目
- 二十七番の平松町は、番組町では三十番
- 二十八番の本材木町五丁分は五丁目の誤り
- 三十番の箔屋町・下槙町は、番組町では三十一番
- 三十一番の本八丁堀五丁分は番組町では三十二番、同番の本湊町は番組町では三十三番
- 三十二番の竹川町・出雲町は、番組町では三十五番
- 三十三番の西紺屋町・南紺屋町は番組町では三十四番、同番の片町は神田相生町の北側町屋か
- 三十四番の新肴町・弥左衛門町は番組町では三十六番、同番の新左衛門町は甚左衛門町(番組町ではない)か
- 三十五番の水谷町以下四ヶ町は、番組町では三十七番
- 三十六番の山下町・南鍋町は、番組町では三十八番
- 三十九番の南新堀町一丁目・二丁目は、番組町では四十番の内
- 四十番の霊岸嶋一丁目は、おそらく番組町四十番の塩町か四日市町に相当し、同銀町四町目は四町分の誤りで番組町では四十五番
- 四十二番の北新堀箱崎町は、番組町では四十番の内

すなわち、一番の三基のうち神輿舁きより小旗持ちまで、二番の神輿舁きよりねり幟までは大伝馬町と南伝馬町の国役として神社側の神輿渡御を行っているのである。「御祭湯」については、前頁元禄八年「山王祭礼練物番付帳」に「御菜島へ御供持参　二十人」とある。元禄・宝永期頃までは、茅場町の御旅所(白魚御菜島)への御供を持った一行が加わっていた。

二番南伝馬町の大吹貫山車一本の出し飾りは猿であり、五番の四ヶ町は山車は出さず、金銭(初穂)を出すことが伝統であり、『東都歳事記』の天保期(一八三〇～四三)になっても「五番　小舟町・堀留町壱丁目二丁目・堀江町、右四丁出しを出さず、御初穂とて銀子を納むるの例なり」と記されている。

十番の「出し薄ニ半月」と十八番や二十二番の「武蔵野の出し」は同様であろう。

十番の浮世小路とは、近世の室町三丁目(中央区日本橋室町二丁目付近)の東側、江戸橋からの入堀伊勢町の堀留に突き当たる横町を称する。同唐子人形は所望のあった所でからくりを演じたのであろう。

三十番の屋台内の蜘蛛舞は綱渡りなどの軽業であり、これが江戸祭礼で演じられているのは注目すべきである。

三十六番の山下町・南鍋町の「くわてき人形」とは、「化(貨)狄」であろう。『日本国語大辞典』(第二版、小学館)によると「化狄尊者」は「慶長五年(一六〇〇)漂着したオランダ船リーフデ号の船尾飾りだったものを、中国で船の創造者といわれる化狄になぞらえて呼」び、栃木県佐野市龍江院に伝来する木像はオランダの人文学者エラスムス、化狄尊者と称している。

(題箋)
(表紙)

府江　山王祭渡物
特16-86
49
第179号 今枝氏旧蔵書箱 (ラベル)

(一丁表)
白紙
(一丁裏)
白紙
(二丁表)
壱番
　大傳馬町　三町
　　塩町
一御こし　五拾人
一御神木持　十人
一御ほこもち　廿弐人
一御へい持　四人
一御さか(榊)木持　四人
一御しゝ(獅子)夫　三十人
一たいこ　六人
一大ひやうし(拍子)　三人
一あを(青)侍　三十人
一ひんさゝら(編簓)　壱人
(二丁裏)
一てんかく(田楽)　壱人
一作リ児子　壱人
一鳥かぶと(甲)　壱人
一御祭湯(菜島)御供　廿人
一小はた持　廿五人
一大吹貫壱本　五拾人
但とんす(緞子)十二端(反)かんこ(諫鼓)の作り物
唐人出立
一けいこ(警固)　三十人
ゆかた染ニ黒羽二重袖なし羽織
金のこもち(子持)筋
一上下着町人持身八十人
一小者　弐百四拾人
(三丁表)
但はさ見ミ箱　壱荷
(一)さうり(草履)取　壱人
(一)しやうき(床机)持　壱人
以上
　人数五百九拾八人
二番
　南傳馬町
一御こし　五十人
一御さか木持　十人
一御ほこ持　十人
一御せん(膳)板持　弐人
(三丁裏)
一御へい持　弐人
一御くらかけ(鞍掛)持　八人
一大ひやうし　三人
一大たいこ　四人
一てんかく　壱人
一ひんさゝら　壱人
一御志ゝ　十弐人
一すわう(素襖)　四十人

一めんかふり　壱人
一ねりのほり（練幟）　廿本
是ハ御宮て油（あげ）ル
一大吹貫壱本
但とんす　牛二疋にて引
（四丁表）
一けいこ　十人
一町人持身御供　六十人
一小者　百八十人
人数三百九十人
三番
糀町十二町分
一笠ほこ　十弐本
町〳〵さま〳〵作り物からくり
四番
山王町　南大坂町　丸屋町
一出しほこ水車　壱本
（四丁裏）
一やたいにて神楽湯立仕候
但うしニて引
一けいこ　三十人
一ねり物　三十人
五番
堀江町　横町
堀留町　下（小）舩町
一二ノ御宮御供　百四十九人
一銀子二枚　下（小）舩町
一同　壱枚　同横町
一鳥目四貫文　堀江町
（五丁表）
六番
桶町
一出し吹貫羽二重
一塩くみ　廿人
一しほかま（塩釜）　壱つ
七番
本町　四丁分
本かわや（革屋）町
岩付町
金吹町
一出し七尺四方藤棚白羽二重も
み吹貫但がく（額）ハ色もし（文字）ニてはる
（五丁裏）
一やたい二間半ニ七尺五寸
皷うち　ゑひす
三番三（叟）　大黒

長ゑちやうし（柄銚子）　ふくろくしゅ（福禄寿）
若衆人刑（形）上下ニて扇持色〻
下知不残からくり
但かうらん（高欄）ニ松竹
藤たな花下草いろ〳〵
一はやし役者　十三人
牛三疋ニて引
（一）とねり（舎人）　三人
（一）上下けいこ八人
（一）けいこ　廿人
（六丁表）
あさ（麻）羽織袖なしゆかた染かたひら（帷子）
（一）平けいこ　三十五人
八番
本両替町　駿河町
さや（鞘）町　品町（品川町カ）
一まんさい（万歳）　牛ニて引
九尺に壱間やたいニのせさま〳〵
の芸役者十人外ニ出し壱本
九番
小田原町　二丁目
伊勢町　瀬戸物町
（六丁裏）
一出し吹貫水車かんはん（看板）銀ニて
たひて
一屋たい貳間半ニ八（衍字）八人かうらん（高欄）ニ
きほし（擬宝珠）付但しやう〳〵（猩々）人刑（形）二つ
からくり屋たいの上ニ岩に
梅花金銀の露下草色〻
牛三疋ニて引
一はやし役者　十人
たいこ　ふゑ　つゝみ
かねすり
一けいこ　十六人
さらしかたひら（晒し帷子）羽二重袖なし
はおり銀ニて子もち筋
（七丁表）
一平けいこ　三十五人
十番
本舩町　室町三丁分
あんちん（安針）町　浮世しやうし（小路）
一出し薄ニ半月
一布袋作り物牛車ニて引
一唐子　三人
但あいし申所からくり
一けいこ　廿人

一役者　十人
十一番
（七丁裏）
本石町　四丁分
一一来法師
但三間の橋の上ニ岸滞（よどみ）ニて水
車柳をうへからくり人形ともニ
一役者　十人
一たいこ　三十人
十二番
呉服町
一ほうらい（蓬莱）山　牛車ニて引
一けいこ　三十人
但黒ちりめんはおり大小さゝせ
上下着六人
（八丁表）
十三番
西河岸町
一高砂作り物
一けいこ　三十人
十四番
新石町　壱丁目
本乗物町
新かわや（革屋）町
本銀町
一かまきり　大サ四尺五寸
但羽もゑき（萌黄）のしや（紗）ニてはり
（八丁裏）
ふち（縁）銀ニて何もからくり
一花車惣金のさいしき（彩色）花籠
ゑふご（畚）
一柳高サ壱丈壱尺
葉金銀ニてたひくるま返し
上まく金入下くり黒羽二重
一はやし役者
牛弐疋ニて引とねり四人唐人
出立
一けいこ　廿人
十五番
神田かち（鍛冶）町
一吹貫　弐本
はふたへ（羽二重）
（九丁表）
一けいこ　十人
十六番
同なへ（鍋）町

一吹貫　二本
一けいこ　十人
十七番
通新石町　二丁
須田町　二丁
れん花町（連雀町カ）
一けいこ　二十六人
一吹貫　四本
一人足　四十人
（九丁裏）
十八番
かまくら（鎌倉）町
三河町
一出し武蔵野ニ吹貫
一小母袋（衣）　十人
但白はふたへ
一せうき（床机）持　十人
けいこ　廿弐人
十九番
新材木町
新乗物町
一出し吹貫　弐本
但さる（猿）のくきやう（公卿）のり（乗）からくり有
（十丁表）
一けいこ　三十五人
廿番
さかい（堺）町　住吉町
ふきや（葺屋）町
一つくり物舟の上ニやかた藤の花
爪（瓜）の作り物さるのからくり
さまく
一せんとう（船頭）人形　二つ
但ろを押からくり
一けいこ　十弐人
但袖はおり
一つなひき　三十人
（十丁裏）
廿壱番
通油町　田所町
新大坂町
一笠ほこ　三本
但上にくしやく（孔雀）ほうわう（鳳凰）花籠作り物
一けいこ　十弐人
廿弐番
長谷川町
冨沢町

一母袋かけ人形　壱つ
但大サ六尺五寸屋たい(台)ニのせからくり
一武蔵野のたし　壱本
(十一丁表)
一よろひ武者　六人
一せうき持　同
一けいこ　十人
廿三番
銀座　三町分
同　四丁分
一吹貫　壱本
一車壱輌　三十人
但銀箔箱銀ニてたひて
一大分銅　弐つ
但銀ニてたひ牛車ニて引
一けいこ　三十人
(十一丁裏)
廿四番
通四丁目　南大工町
油町
一吹なかし薄ニ半月
一花篭
但はなかこの内ニ作り物色〻
いかにも見事ニかさり子ともニ
荷せて
一けいこ　二十人
廿五番
上槙町　檜物町
南大工町
廿六番
本材木町　壱丁目
二丁目
一のほり　二十人
一ねり物
一吹なかし　壱本
(十二丁表)
一出し武蔵野
一とんす　十七本
一けいこ　廿人
廿七番
平松町　青物町　佐内町
四ヶ市町　萬町
(十二丁裏)
一とんすのほり　弐十本
廿八番
大鋸町　本材木町五丁分

同六丁七丁目
一金剛山人鯉ニのせ
但高サ壱丈鯉大サ壱丈三尺
屋たいにのせ牛ニて引
一けいこ　三十人
一上下着　二十人
一大ゑひす
但大サ壱丈四尺之鯛ニのせ牛ニて引
一けいこ　十五人
(十三丁表)
廿九番
長崎町　本湊町
一出し茶うす(臼)茶せん(筅)
一けいこ　二十人
一茶つほ　三つ
一吹貫　貳本
一上下着　十貳人
三十番
河瀬石町　箔屋町
檜(榑)柾町　下槙町
一大吹貫　三本
一屋台の内にくもまひ(蜘蛛舞)
(十三丁裏)
一役者　十人
一けいこ　廿人
三十一番
本八丁堀五丁分
本湊町
一大吹貫　五本
一同　壱本
一けいこ　十七人
三十二番
竹河(川)町
いつも(出雲町)町
一出し
(十四丁表)
一たかしやう(鷹匠)　六人
一ゑほし　四人
一鳥持　四人
一けいこ　十人
一上下着　二人
三十三番
西こんや(紺屋)　片町
南こんや
一吹貫　壱本
とんす牛車ニて引

一矢　牛車ニて引
一弓　壱張同断
（十四丁裏）
　いまおり（今織）袋ニ入
一けいこ　　　　十弐人
三十四番
　新肴町　弥左衛門町
　新左衛門町
一出し山　牛車ニて引
一小原木売　　　馬六疋
一柴にない（荷）　　六人
一黒木売　　　　六人
一から（辛）皮売　　　三人
一杖つき　　　　十五人
一上下着　　　　十人
（十五丁表）
一小者　　　　　十人
三十五番
　水谷町　柳町　具足町
　本材木町
一出し　　　　　壱本
一りんすのほり　十壱本
一石引　　　　　廿人
一木やり（遣）　　　弐人
一けいこ　　　　廿人
三十六番
　山下町　南なへ（鍋）町
（十五丁裏）
一出し吹貫
　但作り物しゆろ（棕櫚）の葉
一作り物車の上ニ山をかさり
　くわてき（化狄）人形将束（装）金織柳枝
　にのるからくり
一とねり　　　　弐人
一けいこ　　　　廿四人
三十七番
一大吹貫　　　　壱本
　ちりめん
一けいこ　　　　十人
三十九番
（十六丁表）
　南新堀壱丁目二丁目
一吹貫　　　　　弐本
一けいこ　　　　三十五人
四十番
　れいかん（霊岸）嶋壱丁目

銀町四丁目
一吹なかし　　　壱本
一のほり　　　　九本
一けいこ　　　　十九人
四十一番
一吹ぬき　　　　二本
（十六丁裏）
一けいこ　　　　十人
四十二番
　北新堀箱崎町
一吹貫　　　　　二本
四十三番
一吹貫　　　　　壱本
　出し銀はれん（馬簾）
一白さやのほり　十本
　銀はれん吹ちり（散り）くれない
一けいこ　　　　十人
一上下着　　　　五人
（十七丁表）
　以上
来ル十五日御祭礼之節御奉行
御歩頭大森半七殿能勢市十郎殿
両人御供候通筋之者共先ゝ
にて御指図次第罷通可申候相背
申者曲事ニ被仰付旨ニ御座候以上
　後六月十日
（十七丁裏）
数年前或人之画置処写之
今般清書畢享保丙午（十一年）冬
　（落款）
楽木
（白文方印）楽木
令書写之以祐筆者
（十八丁表・裏）
白紙
（裏表紙）

（初出『社寺史料研究』第十号、社寺史料研究会、二〇〇八年）

文化四年「神田祭礼」（文化四年丁卯九月神田祭礼番附）

（宮内庁書陵部蔵）

紙本墨書一冊

文化四年（一八〇七）九月十五日の神田祭礼番附と別種の菊合童角力取組番附を書写した墨書縦帳写本である。本書で中心として検討しているのは、山車番組第十九番の後の、三月の鶏合と九月の菊合角力を一つの御雇祭に仕組んだ出し物である。左の表がその構成である。人数を左右に分け互いに菊花を出し、和歌を付けて優劣を争う行事、遊戯である菊合を子供角力に見立てたもの。九月の神田祭に相応しいものである。本史料は「附祭世話番」の記載はあるが「御雇祭」の記載はなく、十九番山車の後に「外ニ」として御雇祭が記される。

文化四年神田祭御雇祭子供菊合角力

出し物	参加人数
鶏の引物　車にて引く	1台
鶏の引物綱引子供	20人
角力知らせ(催し)太鼓　担ぎ子供	5人
行司子供	5人
呼び出し子供	2人
子供角力30人　手代わり10人も含む	40人
四本柱土俵附き角力台　車にて引く	1台
手木舞(手古舞)	12人
角力故実言い	3人
囃子方	13人
角力楽屋・囃子方共　担ぎ日覆	3荷
町人(麻裃着)	12人
警固(羽織袴着)	12人
囃子方(袴着)	30人
荷い茶屋	2荷
	計154人

この年の附祭は三組であり、第十二番の後に「附祭世話番」として三河町一丁目、新石町一丁目、新革屋町、元乗物町、塗師町、永冨町三丁分、皆川町二・三丁目による附祭、第二十六番の後に「附祭世話番」として神田旅籠町二丁目による附祭（史料上は「荷茶屋」のみなので写し漏らしと思われる）、第三十二番の後には「附祭世話番」として通新石町、神田鍋町、神田白壁町、神田多町一丁目、久右衛門町二丁目、橋本町一丁目による附祭の計三種の附祭が書き上げられている。神田旅籠町二丁目のみの附祭は規模が小さいのであろう。いずれにしても、附祭三組は神田旅籠町二丁目を含めて山車番組町（神田明神産子）であるのに対して、三河町二・三丁目は山車を出さないのである。寛政三年（一七九一）には練物や万度が禁じられ、附祭が縮小されたが、この時期には盛大になっていた（豊田一九九九）。

本書113頁の国立国会図書館蔵番附と本史料には異同が多く、どちらが正確か、番附は祭前板行で、本史料は祭後に記された正確なものか、難しい問題であるが、本史料には脱漏もあり番附の方が信憑性はあろう。両者の異同を、上を本史料／下を番附の順で箇条書きにしておこう。

・番附では三番旅籠町一丁目の後に「附祭り大かくら」
・五番鍋町、紅梅箙／桜に兜
・本史料では六番通新石町山車の後に本材木町一二三四丁目・弥左衛門・新肴町による御雇太神楽が入る
・七番須田町一丁目、武蔵野／翁人形
・番附では十番三河町一丁目による僧正坊の山車に踊屋台が入る
・本史料では十番と十一番の間に神輿渡御
・十一番湯島町、金時人形／武蔵野
・本史料では十二番岩井町山車の後に三河町一丁目・新石町一丁目・新革屋町・元乗物町・塗師町・永冨町三丁分・皆川町二丁目・三丁目による附祭「柱建の学」
・十六番冨松町、蜃気楼／石台に花
・本史料の十七番佐久間町は誤記で久右衛門町、蓬萊／岩に牡丹
・十九番多町二丁目、嶋台に松／珊瑚樹
・本史料では十九番の後に御雇祭菊合子供角力
・二十二番蝋燭町・関口町、笠鉾に竹梅亀／蓬萊
・二十四番新銀町、千羽鶴の造り物／鳥居に分銅
・本史料では二十六番の後に神田旅籠町二丁目「附祭世話番」／番附に記載なし

・二十九番横大工町、岩組に松竹梅／建前
・三十一番三河町四丁目、岩組ニ牡丹／武内宿祢人形
・本史料では三十二番山車の後に通新石町・神田鍋町・神田白壁町・神田多町一丁目・久右衛門町二丁目・橋本町一丁目による附祭
・三十四番塗師町、武蔵野／猩々人形
・三十六番松田町、岩組に松熊笹／武蔵野

（表紙）

神田祭礼

（表紙裏）
白紙
（一丁表）
文化四年丁卯九月
神田祭礼　番附
一棒突
一太皷
一御幣
一御榊
一社家馬上
一神馬
一社家馬上
一長柄
一小籏　拾本
壱番　大傅馬町
（一丁裏）
一出シ吹貫　鶏太皷　壱本
一警固　六人
浅黄絹袖無羽織着
一町人　五人
麻上下着
弐番　南傳馬町
一出シ吹貫　上ニ猿　壱本
一警固　四人
木綿黒茶袷立筋之羽織着
一町人　拾弐人
麻上下着
（二丁表）
三番　神田旅籠町壱町目
一出シ吹貫　翁人形　壱本
一警固　六人
麻上下着
一世話役　弐人
羽織袴着

一荷ひ茶屋　壱荷
四番　神田旅籠町弐丁目
一出シ吹貫　和布苅人形　壱本
一警固　六人
麻上下着
（二丁裏）
一同　壱人
羽織袴着
一荷ひ茶屋　壱荷
五番　神田鍋町
一出シ　紅梅籏　壱本
一町人　四人
麻上下着
一世話役　拾弐人
袴着
一警固　四人
割竹を持
（三丁表）
一荷ひ茶屋　壱荷
六番　通新石町
一出シ　花籠ニ牡丹　壱本
一町人　弐人
麻上下着
一世話役　六人
羽織袴着
一荷ひ茶屋　壱荷
外ニ
本材木町壱丁目
同　弐丁目
（三丁裏）
同　三丁目
同　四丁目
弥左衛門町
新肴町
一万度持　壱人
烏帽子素袍着
一神楽師　壱人
装束布衣着
一猿田彦　壱人
装束亀甲半切大口着

一太神楽
（四丁表）
獅子舞　弐人
黒絹小袖着
曲太皷打　弐人
同断
囃子方　四人
同断
一神楽台　弐人
太平踊
但惣人数
一町人　弐人
麻上下着
一世話役　四人
（四丁裏）
羽織袴着
一同　四人
羽織着
一荷ひ茶屋　壱荷
七番　須田町壱丁目
一出シ　武蔵野　壱本
一警固　三人
麻上下着
一町人　壱人
羽織袴着
一荷ひ茶屋　壱荷
（五丁表）
八番　須田町弐丁目
一出シ　武蔵野　壱本
一町人　壱人
麻上下着
一警固　八人
同断
一荷ひ茶屋　壱荷
九番　連雀町
一出シ　武蔵野　壱本
一町人　三人
麻上下着
（五丁裏）
一世話役　弐人

羽織袴着
一荷ひ茶屋　壱荷
拾番　三河町壱丁目
一出シ　僧正坊牛若人形　壱本
一警固　拾弐人
麻上下着
一世話役　四人
羽織袴着
一荷ひ茶屋　壱荷
(六丁表)
神輿一之宮行列
一長柄
一社家馬上
一太皷
一獅子
一田楽
一社家馬上
一御鉾
一社家馬上
一神馬
一社家馬上
一御太刀
(六丁裏)
一社家馬上
一御太刀
一社家馬上
一長柄
一鼻高面
一御幣
一素袍
一大拍子
一神輿
一社家馬上
一御膳板
一脚立
(七丁表)
二之宮行列
一御幣
一素袍
一大拍子
一神輿
一社家馬上
一御膳板
一脚立
一白張
一素袍
一神主

(七丁裏)
一社家馬上
一長柄
一突棒
右終而
豊嶋町分
拾壱番　湯嶋町分
金沢町
内
豊嶋町分
一出シ　武蔵野　壱本
一町人　七人
(八丁表)
麻上下着
一警固　五人
羽織袴着
一荷ひ茶屋　壱荷
湯嶋町分
一出シ　金時の人形　壱本
一警固　五人
麻上下着
一荷ひ茶屋　壱荷
金沢町
(八丁裏)
一出シ　頼義人形　壱本
一警固　拾人
麻上下着
一同　八人
羽織袴着
一荷ひ茶屋　壱荷
拾弐番　岩井町
一出シ　岩組ニ牡丹　壱本
一町人　七人
麻上下着
一世話役　五人
(九丁表)
羽織袴着
一荷ひ茶屋　壱荷
附祭世話番
三河町壱丁目
新石町一丁目
新革屋町
元乗物町
塗師町
永冨町三丁分
皆川町弐丁目
同　三丁目

(九丁裏)
一柱建の学ひ練子　壱人
紅絹縫模様小袖烏帽子素袍着
一後見子供　壱人
紫絹小袖萌黄上下着
一囃子方　拾五人
藤色絹小袖着
一花小出シ　士農工商の造り物　壱本
但車ニ而引
一綱引子供　三拾人
紫絹小袖着
一荷ひ商人学ひ練子　拾五人
紫絹小袖手甲脚半を着
(十丁表)
一草苅練子　弐拾人
絹しほり小袖着草苅かごを背負
一花駕籠子供警固　弐人
絹模様小袖着
一町人　拾壱人
麻上下着
一世話役　五拾五人
絹紬取交小袖袴着
但かつぎ日覆　三荷
一荷ひ茶屋　弐荷
拾三番　橋本町壱丁目
(十丁裏)
一出シ　岩組ニ猩〻人形　壱本
一警固　五人
麻上下着
一同　弐人
羽織袴着
一荷ひ茶屋　壱荷
拾四番　橋本町弐丁目
一出シ　石台ニ梅桜　壱本
一警固　四人
麻上下着
(十一丁表)
拾五番　佐久間町壱丁目
弐丁目
内
佐久間町壱丁目
一出シ　素戔烏(嗚)之尊　壱本
一警固　八人
麻上下着
一世話役　弐人
羽織袴着
一荷ひ茶屋　壱荷

佐久間町弐丁目
一出シ　松ニ日の出　壱本
(十一丁裏)
一警固　弐人
麻上下着
一世話役　五人
羽織袴着
一荷ひ茶屋　壱荷
拾六番　佐久間町三丁目
四丁目
冨松町
内
佐久間町三丁目
四丁目
(十二丁表)
一出シ　浦嶋太郎人形　壱本
一警固　拾人
麻上下着
一世話役　六人
羽織袴着
一荷ひ茶屋　壱荷
冨松町
一出シ　蜃気楼　壱本
一警固　六人
麻上下着
一世話役　壱荷
羽織袴着
(十二丁裏)
一荷ひ茶屋　壱荷
拾七番　神田久右衛門町　壱丁目
弐丁目
一出シ　蓬莱　壱本
一警固　四人
麻上下着
一荷ひ茶屋　壱荷
拾八番　神田多町壱丁目
一出シ　石台ニ稲穂蝶　壱本
下草色〻
一警固　四人
麻上下着
(十三丁表)
一荷ひ茶屋　壱荷
拾九番　神田多町弐丁目
一出シ　嶋台ニ松　壱本
一警固　四人
麻上下着
一世話役　弐人
羽織袴着

一荷ひ茶屋　壱荷
外ニ
三河町弐丁目
同　三丁目
(十三丁裏)
一鶏の引物　壱台
但車ニ而引
一綱引子供　弐拾人
太織染嶋小袖着
一相撲しらせ太鼓かつぎ子供　五人
木綿御納戸茶袷立附着
一行司子供　五人
太織染嶋小袖上下着
一呼出シ子供　弐人
太織染嶌小袖着
一子供相撲　三拾人
同断　手代リ拾人
(十四丁表)
一四本柱土俵附相撲台
但車ニ而引
一手木前　拾弐人
白木綿半てん着
一相撲古実言　三人
内弐人は上下壱人は袴着
一囃子方　拾三人
太織染嶋小袖内弐人は袴着
一相撲楽屋囃子方ともかつき日覆　三荷
一町人　拾弐人
麻上下着
一警固　拾弐人
(十四丁裏)
羽織袴着
一警固　三拾人
袴着
一荷ひ茶屋　弐荷
弐拾番　永冨町
一出シ　龍神人形　壱本
一警固　拾人
羽織袴着
一荷ひ茶屋　壱荷
弐拾壱番　神田竪大工町
(十五丁表)
一出シ　石橋人形　壱本
一警固　五人
麻上下着
一世話役　弐人
羽織袴着
一荷ひ茶屋　壱荷

弐拾弐番　蝋燭町
関口町
一出シ笠鉾に竹梅亀　壱本
一警固　四人
麻上下着
一同　壱人
(十五丁裏)
羽織袴着
一荷ひ茶屋　壱荷
弐拾三番　神田明神西町
一出シ　武蔵野　壱本
一警固　弐人
麻上下着
一同　弐人
羽織袴着
一荷ひ茶屋　壱荷
弐拾四番　新銀町
(十六丁表)
一出シ　千羽鶏(鶴カ)の造り物　壱本
一町人　七人
麻上下着
一警固　八人
羽織袴割竹を持
一荷ひ茶屋　壱荷
弐拾五番　新石町壱丁目
一出シ　幣ニ鈴　壱本
一町人　壱人
麻上下着
一同　五人
(十六丁裏)
羽織袴着
一荷ひ茶屋　壱荷
弐拾六番　新革屋町
一出シ　花籠ニ牡丹　壱本
一町人　弐人
麻上下着
一同　六人
羽織袴着
一荷ひ茶屋　壱荷
附祭世話番
神田旅籠町弐丁目
(十七丁表)
羽織袴着
一荷ひ茶屋　壱荷
弐拾七番　神田鍛冶町壱丁目
弐丁目
一出シ　小鍛治人形　壱本
一町人　六人

麻上下着
一世話役　壱人
羽織袴着
一荷ひ茶屋　壱荷
弐拾八番　元乗物町
（十七丁裏）
一出シ笠鉾　佐ゝ木四郎人形　壱本
一町人　四人
麻上下着
一世話役　三人
羽織袴着
一荷ひ茶屋　壱荷
弐拾九番　横大工町
一出シ　岩組ニ松竹毎（梅）　壱本
一警固　四人
麻上下着
一荷ひ茶屋　壱荷
（十八丁表）
三拾番　雉子町
一出シ　岩組ニ雉子　壱本
一警固　六人
麻上下着
一世話役　四人
羽織袴着
一荷ひ茶屋　壱荷
三拾壱番　三河町四丁目
一出シ　岩組ニ牡丹　壱本
一警固　六人
麻上下着
（十八丁裏）
一同　四人
羽織着
一世話役　四人
羽織袴着
一荷ひ茶屋　壱荷
三拾弐番　神田明神下御台所町
一出シ吹貫　武蔵野　壱本
一警固　拾人
麻上下着
一荷ひ茶屋　壱荷
（十九丁表）
附祭世話番
通新石町
神田鍋町
神田白壁町
神田多町壱丁目
久右衛門町弐丁目
橋本町壱丁目

一拍子舞の学ひ練子　三人
内
壱人は絹模様小袖着
弐人は絹小袖素袍着
（十九丁裏）
一囃子方　拾弐人
絹小袖紅襦袢着
但かつき日覆　弐荷
一土蜘退治花小出シ　壱本
但車にて引
一綱引子供　三拾人
絹小袖紅襦伴（袢）着
一四天王の学ひ練子　四人
絹小袖烏帽子素袍着
一頼光保昌の学ひ練子　弐人
壱人は絹小袖同打かけ着壱人は
絹小袖素袍着両人共花駕籠ニ乗
（二十丁表）
一子供警固　弐拾人
絹小袖烏帽子素袍着
一土蜘造り物　壱本
但車ニ而引
一綱引子供　拾人
絹小袖着
一町人　八人
麻上下着
一世話役　六人
袴着
一荷ひ茶屋　弐荷
（二十丁裏）
三拾三番　皆川町弐丁目
三丁目
一出シ笠鉾　月ニ薄　壱本
一町人　六人
麻上下着
一世話役　六人
羽織袴着
一荷ひ茶屋　壱荷
三拾四番　神田塗師町
一出シ　武蔵野　壱本
一警固　四人
羽織袴着
（二十一丁表）
一荷ひ茶屋　壱荷
三拾五番　神田白壁町
一出シ笠鉾　恵比須人形　壱本
一町人　五人
麻上下着

一世話役　三人
羽織袴着
一荷ひ茶屋　壱荷
三拾六番　松田町
一出シ　岩組ニ松熊笹　壱本
（二十一丁裏）
一町人　四人
麻上下着
一荷ひ茶屋　壱荷
以上
（二十二丁表）
神田明神祭礼
菊合童角力取組番附
草摺　九才　八角　九才
八重垣　八才　乱獅子　十一才
白牡丹　七才　籬　八才
千代ノ岩　八才　琴弾　八才
玉簾　十才　加賀白　十才
三尾ヶ崎　八才　籬　八才
古今山　十才　明保野　十一才
花見山　八才　渦巻　十一才
松ノ尾　十二才　小さくら　十才
（二十二丁裏）
満月　九才　くハ形　十四才
峯ノ雪　十一才　鷲擱　十三才
虎ノ尾　十五才　綾錦　十二才
金兜　十二才　千代川　十二才
白妙　十一才　春日野　十三才
秋ノ浦　十三才　笠鉾　十一才
山嵐　十三才　志賀ノ浦　十二才
玉ノ戸　十二才　雛靏　十二才
熊鷹　十三才　笠鉾　十一才
龍門　十四才　揚巻　十二才
二王堂　十三才　緋威　十二才
（裏表紙）
スケ
國太山　四才　土俵入之節
罷出申候
目方九貫五拾目
（裏表紙）
雑二
十□（廿カ）六

文化丁卯九月「御雇子供相撲一件書留」

（東京都立中央図書館特別文庫室蔵）

紙本墨書一冊

本書は同館所蔵番号「東京資料三三二―六」の縦帳写本（縦二三・八、横一六・九）である。内容は文化四年（一八〇七）の神田祭御雇祭菊合子供相撲に関する書き留めである。巻末によると、昭和四年（一九二九）八月七日、武田信賢が当時の日比谷図書館に寄贈したものである。特定研究「日本文学関連電子資料の構成・利用の研究」研究報告会資料（大貫俊彦氏「蔵書印データベースを用いた文化・文学研究の試み―大震災後の東京帝大図書館を支えた蔵書家たち」平成二十三年七月二十七日、http://base1.nijl.ac.jp/collectors_seal/data/onuki_2011.pdf）によると、武田信賢（号酔霞堂、笹の家）は東京帝国大学史料編纂所員で、著書に『方丈記 新註』の注釈がある。同資料によると、本書巻末の寄贈印は東京帝国大学図書館に寄贈した『子孫宝草』（ヤ5‐86）の寄贈印と同じである。初代喜多川歌麿の墓がかつて不明になりそうな時期があり、武田信賢の捜訪によってその跡が確認され、橋口五葉と星野日子四郎との首唱を以て有志を募り、大正六年（一九一七）十月墓碑が再建された（井上 一九三一）。

巻末の武田信賢のコメントには、本書は「齋藤幸成月岑翁の肉筆にて得難き珍書」とされ、同自筆日記原本三十六冊が収蔵される史料編纂所勤務故の認定であり、筆者も筆跡からこれに賛同する。齋藤月岑は文化元年（一八〇四）、町名主齋藤幸孝の子として生まれる。齋藤家は居住町である神田雉子町のほか、三河町三丁目、同四丁目、同三丁目裏町、同四丁目裏町、四軒町の名主を勤め、本書によると文化四年の御雇菊合子供相撲には三河町三丁目名主市左衛門（幸孝）が出役している。月岑は自家に伝わる書、父よりの情報などにより、自らも故実を調べ、当時盛んになりつつあった御雇祭の白眉である文化四年の御雇菊合子供相撲に関する一件を記したのである。

（表紙後補）

332
6

（題簽）

御雇子供相撲一件

（表紙裏）

（楕円印）

（表紙）

文化丁卯九月

御雇子供相撲一件書留

（綴じ込み始）

童相撲の始まりハ人皇五十六代

清和天皇貞観三年六月

廿八日前殿に御してわらハ（抹消）すまひを（抹消）叡覧あり是を始として其後さかんに行ハれし事国史旧記に明なり

又六十六代醍醐天皇延長六年閏七月六日中の六條院にて童相撲興行あり廿番はて（果）後舞を奏す左方ハ蘇合香右方ハ新鳥蘇次に故蝶（胡）の楽を奏し船の吉実散楽を供しける事古今著聞集に見へはへる今日

上覧に入奉るも其朝廷の余風にして寿御代ハ長月の菊によそへし菊合子供相撲はじまり（抹消）之始り（抹消）　上覧に入奉り候

（綴じ込み終）

（朱文方印）

（一丁表）
朱方印（「武田氏蔵書印」）
一八月九日　覚
三河町弐丁目
月行事
名主　千五郎
同三丁目
月行事
名主　市左衛門（斎藤月岑父　幸孝）
冨山町
同　市蔵
同　町
同　十兵衛
新革屋町
同　定次郎

（一丁裏）
左申渡儀有之間今七ッ時無相違也
一同可召出候
八月九日
喜多村役所
三河町弐丁目
三丁目
月行事
名主

（二丁表）
右は当九月十五日神田明神祭礼ニ付御
雇ニ而子供角力一組申付候間一式組
立差出可申事
但左仕様之儀ハ巨細ニ相認メ帳面にいたし
来ル廿日迄ニ可差出候
前書之通被仰渡奉畏候為御證御帳ニ印形
仕置候已上
文化四卯年八月九日
三河町弐丁目
月行事　又三郎
名主千五郎
代　新蔵
同三丁目
月行事　惣四郎
名主　市左衛門
新革屋町
肝煎名主
定次郎
雉子町
同見習
市左衛門

（二丁裏）
右之通證印いたし候事

（三丁表）
神田冨山町
同　市蔵
同壱丁目
同　十兵衛
右は当九月十五日神田明神祭礼ニ付御雇ニ而
子供角力一組三河町弐丁目三丁目江申付候間
心得いたし世話一式組立仕様帳巨細ニ取調
来ル廿日迄ニ可差出候尤入用之儀ハ可
成丈相減候儀可取斗候事
九月九日
右之通ニ付両町月行事江申伝ヘ明十日肴屋長兵衛
方寄合江出可申旨伝事

（三丁裏）
一十日
肴屋長兵衛方寄合
掛り行事名前
三河町弐丁目
行事　又三郎
忠右衛門
増　三右衛門
宇右衛門
嘉右衛門
藤次郎
源兵衛

（四丁表）
同三丁目
行事　惣四郎
善　八
増　久左衛門
清右衛門
源兵衛
傳右衛門
平十郎

（四丁裏）
以書付申上候
一当九月十五日神田明神祭礼ニ付子供角力
一組三河町弐丁目三丁目両町ニ而引受差添
被仰付候ニ付途中町方御組是迄御雇
太神楽之通御差添被下候様仕度且又
小供角力罷出候ニ付　御用絵符并
御用と申文字相認候処高張桃灯
是又御雇太神楽之通相用申度

（五丁表）
奉存候間此段申上候已上
文化四卯年八月十四日　三河町弐丁目
月行事又三郎
名主　千五郎

（九丁表）　（八丁裏）　（八丁表）　（七丁裏）

6　5　4　3　2　1

（十一丁表）　（十丁裏）　（十丁表）　（九丁裏）

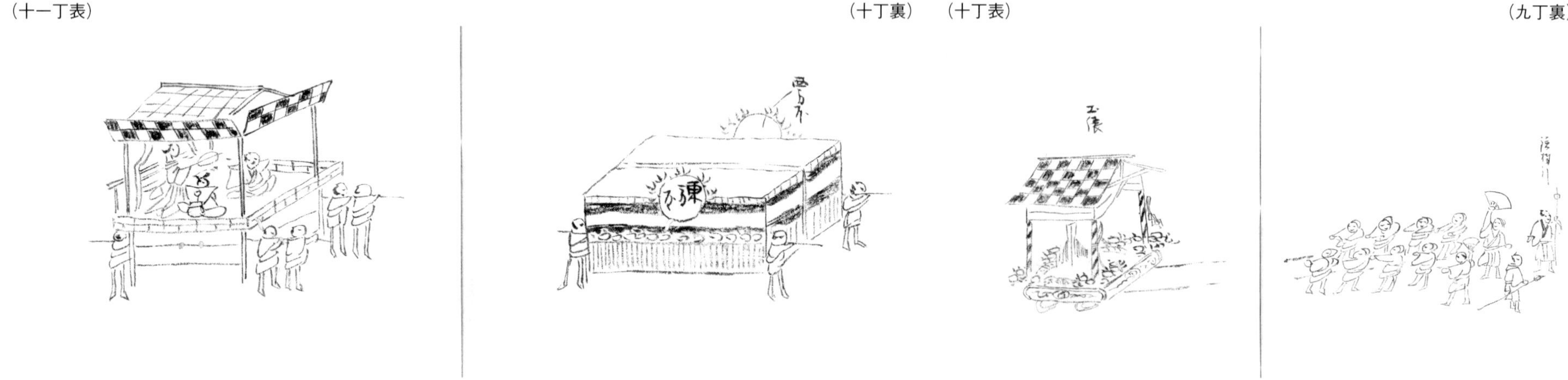

10　9　8　7

同三丁目
月行事惣四郎
名主　市左衛門
新革屋町
肝煎惣代
名主　定次郎
喜多村
御役所

（五丁裏）
右□(之カ)由木村氏得□(意カ)候事
八月十三日
一子供角力番数弐拾番　手当共
一四本柱紅白之切(裂)ニ而まき弓并三方神酒
かさり付
但日覆障子薄赤掛ニ而張同下ニ紫黄
紅布交之幕を張紅葉又は其余
何にても見事成造り枝取付

（六丁表）
土俵は餝り俵にて内ニ籾をつめ
菊の造り花取置ニなり候様岩組江
指
一角力取候以前子供仕度揃候迄之内間合
延候而も如何ニ付右之内小供三人程角力
行事呼出等之形ニ而ハ角力之故実を浄
瑠璃方所作ニいたし尤囃子方鳴物入
一楽屋之儀は四本柱之うしろ之方江三四間之間紅
白布交之幕を張左之内ニ而仕度いたし

（六丁裏）
□(可カ)申事
但右幕之前江土俵へかさり置候岩組之
菊の造り花をならへ置可申尤右幕之
末左右ニ西東角力子供入口取付
一角力之先江廻リ太皷子供ニかつかせ
可申
但衣類ハ太皷打ハ立付かつき候子供ハ
半天着セ可申
右之通四本柱并楽屋楽台共絵図面
仕立角力人数高其外とも書付ニいたし

（七丁表）
来ル十六日迄ニ差出可被申事
但角力取子供名前菊合之銘目ニ而
事付いたし并行司も同断之事
右之通今晩肴屋長兵衛方ニ而寄合之上三河町両町
月行事江渡し遣候
木村　佐野　本田　斎藤　其外同役両人
八月十三日

（七丁裏）
御雇
菊合子供角力伺書
鉄棒引（絵1）

（八丁表）
行司（絵2）
呼出し（絵3）

（八丁裏）
鶏合曳物（絵4）
太皷打（絵5）

（九丁表）
角力子供（絵6）

（九丁裏）
鉄棒引（絵7）

（十丁表）
土俵（絵8）

（十丁裏）
此日覆ハ角力子供
支度いたし候場所ニ
いたし左右へひらき（絵9）
幕張之躰ニ致候
西東之入口附候
日覆ニ御座候

（十一丁裏）

11

（十二丁表）

12

13

（十一丁表）
此日覆ハ角力子供
支度之内手間取候
ニ付行司之子供三人ニ而（絵10）
角力之故実所作
いたし候日覆ニ御座候

（十一丁裏）
右角力故実之所作
囃子方入候日覆ニ（絵11）
御座候

（十二丁表）
茶小屋二荷
　三河町弐丁目（絵12）
　同　三丁目（絵13）

（十二丁裏）
右之通喜多村彦右衛門殿江木村氏ゟ被伺候処御奉行所ゟ
被仰」渡候趣ニ付右踊台并底抜日覆鶏合引物共御差留」
之処明日一統達而差出度存寄ニ付猶又伺之上前書」絵図
面之通ニ御座候事
一踊儀ハ重五郎江申付　浄瑠璃ハ冨本豊前太夫
　出候事
一角力儀ハ三河屋次右衛門江申付ル
一三河町弐丁目ニ而子供十一人
　三丁目ニ而子供十四人
　残りハ所ゝニ而十一人
　〆三十六人

（十三丁表）
右両人江可申候ニ付三河町弐丁目掛りニ付
同町岡四郎支度前ゟ申付候左ニ而
支度差出事
九月十五日晴日暁七時出初尤
右子供角力ハ常盤橋御門迄
相揃置北御奉行所御差図次第
田安江可参旨ニ而出役御両人
御□（内カ）聞ニ付尤須田町ゟ養安院
屋敷前迄引通し左ニ而相揃候

（十三丁裏）
御差図有之田安御門江繰入候
御番所迄御届之上参候間□（改カ）
趣行司御連立羽栄五郎殿北
上覧所八半時　田安御館夕七時
清水御館夕七半時過　一つ橋御館
暮時常盤橋江行出しハ同夜
四時頃ニ相成出役方三河町弐丁目
岡田屋迄御出ニ付支度差出駕
籠ニ而送り遣す同夜雨

（十四丁表）
十六日雨天
出役両御門之前江両町ゟ月行事
壱人ツヽ本田此方両人差添
礼ニ罷越候事
　覚
一　三河町弐丁目
　同　三丁目
　　月行事
　名主　千五郎
　同　市左衛門

（十四丁裏）
　新革屋町
　同　定次郎
右は神田明神祭礼之節差出候
子供角力御入用可相渡候間印形
を持明日四時可参候已上
　十月十二日　奈良屋
　　役所
右ニ付一同罷出候得は御金御渡有之候
尤喜多村役所へも御金受取写し
可届候事

（十五丁表）
是の神田祭子供相撲一件ハ齋藤幸成
月岑翁の肉筆にて得難き珍書に
てありき
　信賢識酔霞
　酔霞堂あるじ

（裏表紙）

文政九年「山王御祭礼御免番附」

（東京都立中央図書館特別文庫室蔵）

紙本木版墨摺一冊（表紙のみ淡彩摺）

※文字番附、絵番附、唄・浄瑠璃文句の順で本書掲載絵巻に関連の箇所を翻刻する。

館蔵番号「特別買上文庫　二八三三」、「旧蜂屋一〇一五」

（奥付）

「文政九年丙戌年六月十五日　御免版元　江戸馬喰町二丁目　錦森堂　森屋治兵衛」

表・裏表紙と全二十一丁、縦帳、縦一七・九、横一二四・〇

表紙裏より五丁表までが文字番附、五丁裏より十七丁表までが絵番附、十七丁裏より裏表紙表までが唄文句。

（表紙裏）

文政九年戌年六月十五日　山王御祭礼番附

（中略）

▲四番山王町南大坂町丸や丁

（中略）

[是ゟ附祭]」世話ばん西川岸町▲はま弓の引物但し車にて引壱ッ▲綱引半天もゝ引着三十五人△前同」断の内きぬ単物紅絹しゆばん着子供二拾人喰積手引物をひき右上にて万歳の学ひ女」子供二人烏帽子すほう着同壱人手おどり一人ハ二挺つゞみを打はやし方三人七種年男の」学ひ子供壱人きぬ単物麻上下着猿廻しの学ひ女子供一人さるの姿子供一人胡弓三味

（一丁表）

せんの女子供五人絹そめ単物着何も日傘行列道はやし▲町人麻上下着八人▲世話役染帷子」紅絹ひとへもの着十人■鍾馗引物但シ車ニて引壱ッ▲綱引半天股引着三十人▲右同断之内禿ひいな人形学ひ女子供三人紅絹すりこミ模様衣類着荷ひひな台の内にておどり同ひいな人形を筋」台壱ッ白張着荷ひはやし方女子供紅絹単物上下着十五人内六人行列甲人形の学ひ子供九人日笠」行列并けんぎうしよく女学ひ女子供二人内一人牛の造り物にのる紅絹単物着所作仕けいご子供二人」花かごにのる日笠行列▲はやし方絹単物着内六人日傘さしかけ十三人▲世話役染きぬ単もの」着十二人▲きく角力の学ひ女子供三人▲内二人ハ色絹きくのもやう衣類着角力取の学ひ一人ハ」行司のまナひ紅すり込きくのもやう着打かけ着ぐんはいを持▲後見の女染絹単物着壱人▲はやし」方絹単物袴着内六人日傘指かけ十八人▲おとり台一荷かつき日おい三荷▲鉄ぼうひき」立付着十人▲荷ひ茶や七荷

（中略）

▲八番駿河町品川町同うら川岸北さや町本両替町

（中略）

▲附祭世話番元四日市町青物町萬町佐内町▲枕造り物上にておとり」女子供二人内一人そが五郎学ひ黒繻廣そで着色繻丸くけ帯〆紅絹手ほひ」脚半付はり抜鎧持一人少将の学ひ紅絹衣装浅黄繻もやう打かけ着浄るり」にて所作▲後見染絹単物もゝいろ絹上下着壱人▲つな引木綿単もの着十人▲は」やし方十六人内拾人ハ染絹単物もやう上下着日傘六人染絹単物はかま着▲かつぎ」日覆壱荷▲けいごはをりはかま着四人▲世話役はかま着十三人▲鉄棒引木綿単物立附」着四人▲荷ひ茶や二荷■宝舟の引物但シ車にて引壱ッ綱引八十八人内五十人半天もゝ引」着三拾人絹もやう単物着▲前同断の内子供三拾人そめきぬひとへもの着はかた

（一丁裏）

ごまはごいた毬の手引物引懸装文売学ひ地走踊女子供五人浅黄繻単物もゝいろ繻」素袍上着梅の枝に封じふミ付持所日笠差かけ并七福人の学ひ子供けいこ七人内人形」二ツ絹すり込もやう単物浅黄上下着花かごに乗日傘行列右子供の内から子姿の子」供三人巻物杖をもちすり込もやう唐服着鼠の形槌を持壱人鹿壱人とら壱人つる壱人」張抜鯛を背おひ漁師壱人ひくをせおひ同壱人白張着六人道はやし行列并龍神の」はやしすり込もやう唐服着三十人魚付笠をかふり先に小はたを立▲はやし方染絹」単物はかま着内七人日かさ指かけ▲かつき日覆壱荷▲世話役染絹単物着五十人」鉄棒引もめん単物立付着四人▲荷ひ茶や五荷

（中略）

（二丁裏）

▲弐拾」四番通四丁分呉服町元大工町組合

（中略）

▲附祭世話ばん南新堀町壱丁目同二丁目霊岸嶌町四日市町同」塩町箱崎町壱丁目北新堀町大川端町▲難波の学びおとり女子供二人内壱人」着付箔同腰巻こし帯長絹鳥甲着壱人ハ僧脇水衣大口角帽子着所作事後引抜にて」義経静の形相替り摺込もやう衣装着制九梅の造り花を所持仕候▲後見女二人」帷子着▲はやし方染絹の単物袴着二拾人おとりだい壱荷▲かつき日覆壱荷▲世話役」染絹単物袴着拾四人▲鉄棒引かたひら立付着二人荷ひ茶や壱荷▲附祭り世」話番前同断の内南新堀壱丁目■安宅弁慶引物

但シ車にて引壱ッ▲綱引」四十人半天股引着四十五人染
絹単物着獅子頭を持内十五人女子ども」手木舞前同断之
内業平の学ひ練子供壱人摺込もやう狩きぬ着」差抜着太
刀をさし右供の内女子供青侍二人すりこミもやう狩衣さ
し貫着
（三丁表）
太刀をさし弐人児子供六人紅絹単物摺込もやう差貫黒絖
丸くけ帯〆」牡丹造り花を持三人白張着太刀長柄沓持壱
人張貫竹馬をかふり」二人白張着口取之形日傘行列先へ
町名幟壱本女鉄棒引二人■草紙洗」小町人形引物但シ車
ニて引壱ッ▲綱引六拾七人内四十人半天もゝ引着三十人
染絹単」物▲前同断の内女子供十二人内六人田舎娘の形
染絹ふり袖着六人海士の形すりこミ」もやうふり袖着桜
枝を持所作▲はやし方染絹単物袴着用拾四人日傘差掛」
▲町人麻上下着二十六人▲世話役染絹単物袴十人▲鉄棒
引染帷子十六人▲荷」茶や五荷
（中略）
▲二十八番大鋸町本材木町」五六七組合
（中略）
▲附祭世話番南新堀壱丁目外」六ヶ町の内霊岸嶋町四日
市町■羅生門兜金札引物但シ車にて引一ッ▲綱引四十」
五人内二十一人半天もゝ引着拾五人子供染絹単物着▲前
同断之内四天王の」学ひ女練子供四人折烏帽（子脱）素袍
着日傘行列子供けいご五人同壱人染附
（三丁裏）
単物上下着花かこに乗弐人同断上下着二人黒絖半天着日
傘行れつ」▲町人染帷子絖上下着二十人▲世話役内十人
染絹単物袴着▲同帷子着」四人■養老瀧盃引物但車にて
引一ッ▲綱引九十六人内四十人半天もゝ引」五十人染絹
単物着▲前同断の内養老酒売の学ひ地走おとり女子供三
人」内二人染絹単物同もやう袖なし羽おり着壱人黒絖紋
付半天着花見奴の形所」作仕候日傘さしかけ▲はやし方
染絹単物着内六人日傘差掛十五人▲かつき」日おい壱荷
▲世話役七人内三人さらし帷子着四人染絹単物袴着▲
江口人形」象乗引物但車ニて引壱ッ▲綱引半天もゝ引着
六十五人▲前同断の内」女子供七人嶋染絹単物着赤前垂
付うちハ太皷持所作日傘行れつ▲はやしかた」三十二人
内六人日傘染絹単物袴着▲かつき日覆二荷▲世話役四人
染絹単物袴」着▲鉄棒引晒帷子立附着十人荷ひ茶や六荷
（中略）
▲三十二番本八丁ほり五丁分
（中略）
▲附祭世話はん南新堀壱丁目外六ヶ」町の内箱崎町一丁
目■高砂人形引物但車引壱ッ▲綱引九十壱人内四」十人
ハ半天もゝ引着廿八人染絹単物着前同断の内松葉狩の
学ひ地走おとり」女子供六人染絹単物紅絹摺込もやう襦
伴肌抜（脱）手かこ持所作并練子供」あその宮神主の形娘
人形上輿乗小のほり二本先立供の内女子供二人素」袍着

十五人狩装束練摺込もやう袴着大冠沓等持十三人笛太こ
こきう
（四丁表）
三味せん等楽はやし日かさ行れつはやし方十四人そめも
やう単物袴着内六人日かささしかけ」▲かつき日おひ一
荷▲町人晒帷子麻上下着十人▲鉄棒引木めん単物立付着
内三人子供」▲荷ひ茶屋四荷
（中略）
▲三十六ばん新肴丁弥左衛門丁組合
（中略）
▲附祭世話ばん南新ぼり壱町目外六ヶ町の分内北新ほり
丁■住吉舟の内踊」女子供二人但シ車引物▲綱引八十七
人内四拾人半天もゝ引着四拾五人そめ絹」単物右同断の
内一人摺込もやう唐服着白らく天の学ひ一人こし蓑付漁
師」形所作仕後引抜一人娘方相成絹摺込もやうふり袖着
一人奴の形黒絖紋付衣装着手」杖扇を持所作右ニ付子供
五十人染絹単物着花見車業平人形手引物引」せ申候▲後
見女弐人染絹単物▲はやし方染絹単物袴着内八人日かさ
さしかけ」かつき日おひ壱荷▲町人染絹単物袴六人▲世
話やく嶋染絹単物着六人▲（鉄脱）棒引染」帷子立付着四
人■くらま天狗人形引物車ニ而引壱ッ▲綱引九十六人内
四十一人半」天もゝ引四十五人染絹単物着▲前同断の内
女子供九人内壱人牛若の形」摺込もやう狩衣大口着壱人
浄るり姫の形染きぬ衣装着壱人若衆」かづら染絹紋付衣
装着太刀を持六人ハ造り花を持腰元女子供染絹摺込もや
う」ゐせう襦伴着肌抜（脱）所作日かさ指かけ▲はやし方
染絹単物袴着内六人日かさ指掛」▲町人染絹単物袴着七
人▲世話やく染帷子着七人▲鉄棒引染帷子立付四人荷
ひ」茶や七荷
（中略）
（四丁裏）
▲四拾ばん南新ぼり一丁目二丁目霊岸嶌四日市」町同塩
町箱崎町壱丁目北新ほり丁大川端丁組合
（中略）
▲附祭世話ばん南新」ほり壱丁目外」六ヶ町の南新ぼり
二丁目■竹生嶋弁才天人形車ニて引」綱引九十五人内
四十人半天もゝ引着五十九人染絹単物▲前同断の内貝拾
ひの」学ひ地走おとり女子供六人染絹単物着こしミの付
目かご持所作仕日かさ指」かけ女鉄棒引二人▲はやし方
十六人染絹単物袴（着脱）内九人日かさ差かけ▲かづき日
覆」壱荷■老松秦始皇人形引物車引壱ッ▲綱引八十三人
内四拾人半天もゝ引」三十六人内染絹単物▲前同断の内
男達の学び地走踊女子供五人絹そめ」もやう単物着脇さ
し帯尺八さし花かさ持所作仕日かさ指かけ女鉄棒引」二
人▲はやし方染絹単物袴着内六人日かさ指かけ拾弐人▲
麻上下着」八人▲世話役染絹単物袴着十二人▲鉄棒引染
かたびら着六人▲荷ひ茶や」四荷
（中略）

▲四十三ばん南大工町
(中略)
▲附祭世話はん南新堀」壱丁目外六ヶ町の内霊岸嶋塩町
大川端町■三番叟人形引物但車」にて引壱ッ▲綱引六拾
五人四拾人半天もゝ引子供二十人染帷子着▲前同断」内
女子供五人染絹もやう素袍着下染絹単物ふり袖着烏帽子
冠扇をもち
(五丁表)
所作仕候日傘指掛▲はやし方染絹単物着八人日傘指かけ
以上十九人▲かつ」ぎ日覆壱荷▲町人染絹単物袴着二拾
人▲世話やく染帷子袴着□人」▲鉄棒引晒帷子立附着四
人■紅葉狩惟茂人形引物但車にて引壱ッ▲綱引」百人内
二十九人半天もゝ引四十人染絹単物着▲前同断の内家
形舟造り物」裾返り浪のもやう幕を下底抜ニ而荷ひ女子
供二人摺込もやう狩衣冠着唄ニて」所作仕候并はやし方
十二人同舟の内にてはやし仕候但シ所作之内家ねの褄上
ヶ申候」右ニ付宇治川先陣学ひ浪のもやう幕を持水中の
気色右かけにて甲冑こしつけ」馬小幟をさし佐〻木梶原
の学び同断なす与市的矢学ひ小舟付的画候行燈冠」後ニ
西瓜に相替り候者壱人雑兵之形七人陣笠冠候縫くるミ鴉
の形ニて魚取候学ひ」壱人并板の上ニて力持始戸かくし
明神の形後角力取の姿相替張抜大石曲持の学ひ」壱人イ
ヤ仕候こし付台ニて三人力持のはやし仕候▲世話役染帷
子着十八人▲鉄棒引」帷子立付六人荷ひ茶や三荷
(絵番附略。必要箇所は本書85～109頁に挿図として掲載)

(十七丁裏上段)
一うた鶴袖寿万歳(つるかそでことぶくまんざい)　西川岸の分
〽徳若に御万歳とハ君も栄へてましんます
さて又殿のや形を見れバ銀の柱に金まき
柱たる木らんまの彫物ハ牡丹に唐獅子
まつに鶴めのふのきざはしさんごのおばしま
家根のかハらハるりにこはく室の君の御殿
づくり誠にりつぱに候へける〽かゝる目出度
こなたの御庭に参るハ〱何が扨参るお前
がつゝいて参るハ〱きめぶち四つ白とち栗毛
しやんとのつたるりゝしさや乗物にとりてハ
舟やれんだい四つ手かごまだものるのハ三つ
ふとんのつた心持やむつくり〱〱〱〱むつと立た
所をかゆらカス才若なんぞハねてゑふてねて
ゑふておきておもしろや〽百万年の御祝ひと
神を祝して千早ふる
二
長うた　梅若菜初音鳥追(むめわかなはつねとりおひ)　胡弓　三弦
もく　きん
〽摘はやす春のためしのせりなづな中に色こき
すゞしろやごぎやうたびらこ(田平子)仏の座すゞなの
ゆきも今朝とけてのとかに霞む山〻ハ〽日本

鳥と唐土の鳥と渡らぬさきになゝくさなづ
なと相納めたる御目出度や
(十八丁表上段)
長うた　妹背秋月楽(いもせしうけつらく)
〽出月や東へいつもまんまるく人のむつ言
見たり聞たり思ふたりすいな者じやとおも
ハんせかあいらしさの愛盛り〽彼玄宗帝ハ
三千の花も栄へて月の都の君と逢ふ瀬の星
合に年にまれなる百夜草こよいぞ嬉し恋の鵲
〽エゝ恋とな恋と言のか野山を越て逢てゆくの
約束もかたい石こき手つくりの酒がとりもつ
初尾花しほらしや〽彦星さんの何じやゆう雲
井の松の御ちぎり飽な中でハないかいナりんきハ
同じ織女さん恥かしや〽豊はた(旗)雲の手しな
よく切張たりてう秋の錦に心写して月を
詠てむしの声〱〽こま〱書て送りし文を
見るに付聞に付こつちにさハりのないみさを
只一筋に糸まきの〆くゝりせし合の手の
逢時ばかり引よせてヨイヤサア〱たがひに
ふりもとり〲に顔見る月のおもしろや〽実
豊成御代なれや神をいさめてたいこの音
もにぎあふけふの神しやへ
(十八丁表上段)
清元　菊角力千歳唐綾(きくすまひちとせからあや)
〽むかしを今に久かたの雲井の秋につゆ
おきて色香をこめし恋のせきくるひと
(十七丁裏下段に戻る)
白妙のきくを互にたつさへてあすは出たるはで
もやう西とひがしのつくり菊まかきに竹の力草
すくね(宿祢当麻)たんまがいにしへの其立合もかくやらん
〽しかも人皇十一代推(垂)仁帝ハすいな君取組
せたり手を〆させゑいらんあるがおすきにて
〽御たハむれがまことゝなり諸国の力士にめい
せられすまいの勝負そ初りける〽大和にたへまの
毛速迚(辿)毛だらけ男の毛沢山毛深いひけ地の
けんまくにてけん〳〵き張てぞ〽ひかへたる其骨がら
こそゆゝしけれさすが行司の取さハきぬれた姿乃
うちかけハ是も手元のすいたどし〽かむろ菊と
ハませがきのませた形ふり翁草人のきぎくを
こかね菊よれハもつれつ合小より菊〽結び
合せし花角力今を盛りと見へにけり〽松
の位の八文字けふ咲出し力を込て枕ことふく
ねやの月〽手を跡ひけバこなたにもやらしとひ
かへるきくの態菊のまくらとひやうの真中
四十八手のはれ勝負〽柱に四方のその
かたち花壇を是になぞらへて〽まくハ
北ゟ引はしめ北へ廻て引終〽元より北ハ陰にして
冬にもとづく陰陽の〽妹背の中もすえ

かけて〽結ふといふも角力の名〽いさ立合て
いざ〳〵〽花の車やむかふ付アリヤ〳〵
よいやさ〽また六こゝとゆへそくにこりや〳〵
（十八丁表下段）
こりや〳〵ヤットセ〽誰が三味線か弾捨の
〽残つた〳〵十日菊アリヤ〳〵よいやさ〽よいかほ
ぶれの菊見月色香めニそふ〽其風情〽祝い
ことぶくきくの酒七百歳や千代八千代むれゐる
靏の白ぎくを〽てらす日吉の神いさめ目出
たかりける次第也
（十八丁表下段）
浄瑠璃く佐摺（さすり） 四日元分 大薩摩連中
〽去程に曽我の五郎時致ハ和田一門の大寄の
酒ゑんにつらなる兄祐成一世の大事と聞ゟも
〽獅子ふんしんの勢ひにて逆おもたかの重鎧
こハきにかいこミだんだ走りにかけ出すを
立ふさかりて少将がさゝゆる袂をはらひ返
行をやらじと引とむるハ〽鬼か〽イゝエ〽人か〽イエ
〽いか成者やと見てあれバ笑顔なまめくふり
袖ハ玉のかいなの玉柳風にもまるゝ仇名くさ草色
香こほしてまひわたり〽とめてとまらぬつれ
なさハ思へハがつちな女気と知てゐながらにく
らしの男心ハそうしたものかこふした物か留て
見たいハ菊たねに小てう梅にうぐいす間夫の
男の袖の移り香留てミや〽勇もふけつつ気
の時致も女のよれる黒髪にしバし幾たゝ心のこま
の〽いさむや春の暁に覚て楽しき初夢ハ目出た
かりける次第なり
（中略）
（十九丁裏上段）
恥かしや　霊岸嶋
男形して　艶やつし事（いろすがた）（ごと）　四日市町
夕すゞミ　新浄瑠里
〽夫遠き神代の其昔八つの頭の悪龍を静
め給ひし御神のためしを爰に四天王〽君が代の類
目出たき源や文武かしこき良将の仕へる武士も
名にしおふ智勇絃気のあらおの子夫にハあらで
とがもなき女子たてらの恥かしや〽浮立そらの弥生
山桃が笑へバ桜がひぞる柳ハ風のおふよふに誰をまつ
やら小手招く霞のおびの□はらしくしめて寝た
夜のしんきらし朝顔のひるハはかげにしよんぼりと
垣にもたれて格子にからミ短かき夜半も長
（二十丁表上段）
〳〵と若松□のかひあつてじつとしめつてしつほ
りと濡てアゝも嬉しきあさの露はてしなや〽恋
より忠義の重かれとかしこき御代の教え草伝へ
〳〵て北新川つきせぬ逢ぞ久しけり〳〵

（二十丁表上段）
花の江戸
御祭礼　酒新川連三組 [redacted]
泉の酒もり
仰（ママ）養老の名にしおふ瀧の和泉ハ尽ずして
そのゆくすへハかへしけれ〽対の出立ハ姿も本
色も香もあるとり形を花にたとへて云ふなら
梅にさくらと評判もよい中としの名酒うり
〽本に気つよい男山情といふハ白きくのかほり
ゆかしき花筏なかれの身故其やうなうたがひ
深いなんしやいなすいたどうしの実くらべわし
が心がおはうであらバ廻る盃嬉しいけれと下戸ハ
三ゝ九度ハいやよぬしハかさねて千鳥足サアひき
盃と手を見てすいたどうし実くらべ〽闇（ママ）のすそ
ぬうほたるさん単のやべ着てねがへれしても
こゝやかしこに光りが見ゆるさまの恋ぢも
文からしれるはでなゆかたの袂にのこる
ソレエ〳〵そうじやへ面白や神のめくみも岩間
よりわき出る瀧ハ新川の清きなかれのさけ
なれバ目出度御代を納めけり〳〵
（十九丁裏下段に戻る）
恋湊江口能入舩（こひみなとゑぐちいりふね）
㊉〽恋をしよなら江口の里へつれて来つれて
其川舟におせやれ〳〵浮て行やれ帆波に
かよふ神かぜひかきにうけてかりのやどりも
おしむハ何ぞ□□なと合伺合だてといきじの色
ごはに赤前垂すいなとりなり〽色といふ
字をいつ書そめてはでハ浮名の口くせて嘘（ママ）
をまことにちらし書合しん気しらかみおもへろ
そうに上気な夢を結ひ文それが恋やら色
じややら〽くれてさし込れんじの月が誰をのぞ
くかあれほたるひかエゝきりぐ〵すこがれ〳〵てまつ
むしのつゝ色させてふねもゆかしほらしや
〽仰ふもおろかはん栄の御国をいわふ御神
事のにきおふ御代こそめでたけれ
（十九丁裏下段）
長哥千代松葉狩（ちよまつばかり）　箱崎町分
〽幾千代を重ねて祝ふ常盤木の松ハ変ら
ぬ深ミとり〽糸けしまだの愛敬ハこぼれ松
ばのめかごの内に恋の重荷のしよんがいな
隠し文あれまた悪ひいたづらなよそのねま
つを持ながらなふらしやんすな置しやんせ
こちハ人目を悪びてほんに堅ひちかひの
いつまでもかハらぬ御代に契りもそれと
（二十丁表下段）
まさかいわれぬ政木のかづら結ぶ願ひの
やるせなき〽もつるゝ袖を引小松サアヤアトヤ
住吉のきしべの方におり立てはまくりいらん

松のはでさんさそんれハそんれハへまつに
こぬとハつろござるのあれハとんどとせこちも
どふこんすたハむるゝ〽実もゆたかに千年を
過る松のよハひの仙女香浜のまさごと
敷嶋のなかめ尽せぬ御代そ目出たき

（二十丁表下段）

浄るり　山王住吉御代壽(さんわうすミよしミよのことぶき)　北新堀町分

〽舟こぎ出て日本の〳〵浦山かけて詠むれハアラ
おもしろの気色やな青苔衣相そへていわをの
肩にかけまくも堅き国と聞つれバ知るへをは
かれの勅をうけはる〳〵爰につくしがたしら雲
帯に似た山の水主楫取の我〻もはくらく
天に力を添都路近く漕よとてあなつり
かつらの苔衣きたる般若ハさもあらできぬ
〳〵山の帯引のよいこの〳〵舟哥も神と
君が代動(ゆる)きなき国のいとくぞ炳焉(さかんなり)〽祭
見よとて〳〵千早ふる袖ふりもよく〽御供
やそふコリヤ姉御提たさゝへのうまそふな
柳のこしに吹筒の酒とにらんで跡から
付合の御合のとふしやいの

（二十一丁裏上段）

〽エゝ知ぬハへ何じやいなア酒の相手になる
きしやけれとなふらしやんすな私らハいふたら
しからしやんせうがあく性らしいあだつきに付
あふとがハせぬわいな〽これハめいわくドゝ
どこにこわいきむすめ今ときの〽イゝエ
男にやゆだんがならぬ深ひなしミハ吉原の
〽新町ろしの内十露磐絞りの手ぬ
くいを〽ちよいとかしなよアイ〳〵すいた手
ぬくい買ふかつとめにしよふか爰がし
あんの跡やさき〽それとしらするよい中
どふしよいとはやせ神いさめ〽花でうか
そか酒にしよか酒ハこハもの色上戸
くだを蒔絵のさしぐしもろふて十端
畑で直が出来たヤレこれおやもさ〳〵そう
だんへい〽是も結ぶの神業や時よし
日吉の御祭礼萬〻歳のすへかけて
ゆるがぬ御代こそ目出たけれ

（二十丁裏上段）

調嬉(しらべうれ)しき縁(ゑん)の糸竹(いとたけ)　北新堀町

ヤアハアおらが恋路ハ朝からぐひ呑あふつめた
酒がいハするなぞのうた君に三夜の三か
月さんまよのこれの〳〵よいにちらりと
見た斗り是ナ〳〵爰な仇者めといふチヤア
何でもこんでも恋のに車ゐいサツサ〳〵

（二十一丁表上段）

サアサよいこいよけやアよいやナ〽花やかに
山も若ばの色深くあれ時鳥思ハセぶり
な一聞空に雲の袖風に肌すく昼の月よその
見る目の恥かしや〽うハ気もやうの袴かき合
初花染の恋衣思ふ身巾の逢てちかふ無
理を結ふの神さへむりなくり言巻返し又
くりかへす我思ひ日に月かげのよいをまち
けわいけしよふもとこんやら女心の玉簾に
檜扇の花ゆかりある三十一もじを杜若恋に
ひかるゝあやめぐさサアヤアトヤはなれぬ中といわ
まのつゝじ二人が愛す撫子のいろの白さよ
なつきくの花サアヤアサヤフ深き富貴の花
盛り〽姿賑合花くらへ色もほんのり
くむ酒ハ実百薬の長者か中とに源祝ふ
御代ぞ久しき

（二十一丁表上段）

長うた　今様紅葉賀(いまやうもみぢのが)　大川端町

〽袖打ふりし学びの曲若紫の夕かすミ四十
路を祝ふ造り花まだ秋ならぬ紅葉の賀
彼藤つぼの元にたばかり寄て心のたけ
をかこつハ恋の仇し草是ハうらミの
かづ〳〵もつもりし年を千代の栄の壽
てはなの御江戸の町〻をにきハふ〳〵
けふの壽き

（二十丁裏下段に戻る）

長うた　洗髪花(あらひかミはな)の俤(おもかげ)　南新堀町

おもひねの夏ハ吉野ゝ花筏うき名を流
すミなれさほさすがハ袖のぬれ跡のきても
いとハぬ中〻に合今ハうらミのなら坂やこのて
かしハの二表ぴんとすねたもにくらしや男心の
くらべてハ女のうたのつよからぬ岸の柳の洗
髪合あらい清めて行水に合うつせしかけハ
かゝ見山いざ立寄てミてゆかん姿恥かし恋
衣〽通ふ合夜ことに数重れど合あハぬつゝきに
ミちしバのつゆときへなんはる雨のふるハ誠が
見初て置ておもかげのかハるを風のとがに
せんアしんきエゝ君をまつよハナアさんサア
おそさくら泣て明せし犬桜何をよすかに合塩
がまや浅ぎさくらの浅からぬ合心もたけき
虎の尾のいつかハ思ひ切ふつたか跡〳〵の
浅ざくら仇なうきよに墨染のあかぬ詠め
のおもしろや四方の山〻青葉しげりて時つ
風枝をならさぬ豊さハあまつ日吉の神諫
千代萬代とぞしゆくしける

（二十丁裏下段）

浄るり　略能日吉(やつしのふひよし)の豊幣(ミ(て)とぐら)

たびの夜ハすゝかけの〳〵修行のミちの
いろ〳〵や花の安宅の関ちかきつとの

（二十一丁表下段）

子供が打連てなぶりなぶられ中よいどしが
仇口〳〵もかハゆらし〽そやつたかこちの背戸に
花が咲だら実がなつた〽ヲゝおかしやの後かけ

となりのお方が見て笑ふたくハほう若しゆとな
ぶられてまけぬおしやらくおかまひやらな〽こち
の事よりそまの身持野でも山でも畑け
でもかせぎ男の色上戸酔た紛れのあた
付に女子たらしのすんかけて真実らしい格
言ハ深い罪てハないかいな〽まつハ替ら
ぬ田舎にも色の花さく一盛り目にたつ
せきの技とかめきやりてまぎらしてつとの
しま〽ヲヽサ揃ふた中の綱引や〳〵引物ハ何ミ
大八車御所車琴や三弦十七八のふりの袖
引バなひこか□呂のはなに落てからんだやつ
こたこ糸めが切るぞしらわりとにつこり引
かあめのとり稲引駒引鉄棒引髪らて
しめろゑんやらゑいえんやらさつと見ごとへ
〽雨といふ字を一筆書てこき墨いろを辻
うらに結んだ縁のすへかけてひよくれん
りも嘘じやないことに〳〵そうかいな夫が願ひ
の花紅葉扨もめでたき神の始に尽せぬ
恵ミあれバこそけふを日吉の神祭りせき
の戸さヽぬ御代のとく治る国こそ久しけれ
(二十二丁裏上段)
もつたい
なくも　　竹生嶋霊験一奏　南新堀
是ハ又　　　　　　　　　　　二丁目
〽緑樹影沈て魚木に登る風情あり頃ハ水
月六月とて波も麓に海の面霞渡れる朝ぼ
らけ嶋隠れ行舩おヽき明石が浦のそれ城ぬ
竹に生るヽ竹生嶋神のけしきぞ面しろや
すいな浮世の世渡りハ一葉にまかす蜑の
身の夢事さへもしらバこそ浮た友どし
棹のうた色の湊に恋風吹バ我も〳〵とかぢ
元直シろ拍子取て沖の舟帆かけて恋鹿の
おちよぼに目かけぬ者ハ猫か鼠か空とぶ鳥
か扨ハかとりのお所化さま唄ふ小唄のしほら
しや其汐の間拾へてうますほの小貝色〳〵と
江戸紫や紅の有ハ互に若ひどし目籠に
拾ふ蛤もふつと心に思ひ初いつか穂に出て桜貝
ませた娘と人さんの噂も何のあわび貝こが
るヽ貝もあるならバ深山のおくの侘住ひ芝苅
手業糸車やど借貝もいとやせんきしや
ごはじきの頃ゟもどふでお前と夫婦がい仰も
あらバ月日貝わしやいつ迠もまて貝に廣ひ
世界を一筋に友白か貝千代迠も面白や霞
たなびく君が代ハ松に調の音もさへてなミに
皷の拍子よく浜の真砂の勇ましや四海豊
かに民やすくさかへる御代の御祭れい
(裏表紙上段)
めくミも深き色そろいうつくしかりける
次第なり

(裏表紙上段)
浄るり　霞袖春雁金(かすみのそではルのかりがね)
難波名とりの梅の花粋な姿を東路に
うつす鏡の女伊達こしやく者ともはすハ
とも皆夕ばんの豆揃へ美しくやゑい〳〵
しやうなら〳〵恋をしやうなら相手に
きらひ生ぬかいこんすやんすハ取置て一筆
文に雁金の連て霞のまひ渡り女子と
こぼへ皆さんの出やう次第て
(二十二丁裏下段へ戻る)
ぐわら〳〵と初雷や花くもり降と思
案の傘もあんの外なる夕月にこく
いんすへたおてんばを子供そバへと思ふたこ
ほんに布袋のはうの皮〆てやろとハ恥
かしいよふも言れた弱虫のさげるひた〳〵
駒下駄で二世のこの字が望ミとハあぢな
殿御であるわいな面白や待宵に枕屏風
を立の一寸下にゐて言ことを聞か聞ぬか神抑
むごい男か女かぐちか分てもらふて顔立て
ゆの字結びの帯とひたなら夫で納る尺八の
竹のいくよの中直り口舌仕掛て胸ぐらを返
手元て引〆てはなれまいその約束も堅ひかた
めの恋の意ぢ
(二十二丁裏下段)
松の色寿三番叟(いろことぶくさんばそう)　霊岸嶋
　　　　　　　　　　　　塩町
〽千年ふる常盤の色の松枝ハ太郎くハん
しやの笠なるや〽されバ哥にもさつ〳〵のみね
の松風音添てしらべの糸の一ふしに傘をやか
かさをさすなら春日山へ〽是も神の誓
とて人が傘をさそうよ面白や鳴ハ瀧の
水ぬれて嬉しき陰言にふけて人めハまヽな
れと夜の月あさやかにうつろふかけのはづ
かしや袖をつらねてよい中としハ神を諫(勇カ)
のけふの神じやへおふさん〳〵よろこひ有や
(裏表紙下段)
あり明の月の出しほにくむ盃の浪の皷や
とふ〳〵たらり女子たらしに打込てさヽの
機嫌の一おとり花の吉原其色里にうハ
気も有バしんしつも有バ浮名の仇くらべ
それへ〳〵それそうじやいなあたし男のにく
てうしよい〳〵よいさ勇ましや靏の羽重
千代までも亀ハ萬代君か世の悦幾
ちよの寿をうたひはやしてしゆくしけり
(小文字の合は合の手または合方の意味で、三味線音楽演奏の途中、声が休んで楽器(三味線あるいは囃子)だけが演奏している状況。竹内道敬氏の御教示による)

嘉永七年「江戸山王祭礼記録」

（愛知県西尾市立図書館岩瀬文庫蔵）

紙本墨書三冊

嘉永七年（一八五四、十一月二十七日に安政と改元）江戸山王祭の第八番組五ヶ町の附祭記録、縦帳写本（縦二三・二、横一六・五）である。

嘉永六年四月、泰平の眠りを覚ます黒船ことペリー率いるアメリカ軍艦四隻が琉球那覇に来港し、六月には久里浜に上陸し国書を手交した。同年七月、十二代家慶が死去したことも重なり、神田祭は延期となった。神田祭はその後も影響を受け続け、安政二年（一八五五）の神田祭は行われたものの行列が江戸城内には入らず、同四年（一八五七）の神田祭は神輿・山車は入城したものの、附祭はなかった。同六年（一八五九）になって例年通りに行われた（千代田区　一九九八）。

将軍の喪が嘉永七年七月に明け、山王祭は翌閏七月二十三日（西暦九月十五日）に行われた（宝暦十一年に先例があった）。当時の外患からすれば中止もやむなしではあったが、山王祭を執行し、幕府の権威を敢えて示す必要があったのである。以後の安政三・五年の山王祭は例年通りには行かなかった。歌川国芳が描いた「山王祭礼駿河町付祭行列図」（東京都江戸東京博物館蔵）は同年の「芥川小町業平の学」の場面であり（福原　二〇一二b）、111・112頁は同「真の見立」である。番附（143～151頁）「見立　士農工商の学び」には、本史料にある品川町・同裏河岸とは記されていない。

《第一分冊》

（表紙後補〈岩瀬文庫にて付けた表紙〉）

21223
㊟ 72
106

江戸山王祭礼記録　壱

（表紙）

嘉永七寅年閏七月
　山王御祭礼年番諸用留
　　八番
　　　品川町
　　　同裏河岸

（表紙裏）

白紙

（一丁表）

（朱印）岩瀬文庫

附祭入用金三品ニ割合町々出銀帳
　寅三月九日於小桜屋五ヶ町御祭礼行事寄合相談之上
相聞候割合方
（朱書始）此金高を以目当と致し其餘相掛候共、其掛り町持入用ゟ取極メ
五町割ニは不二相成一対段（朱書終）

（一丁裏）

白紙

（二丁表）

　覚
　　　　附祭三品入用見積
一金六百両
　此銀三拾六貫目
　　四百八拾壱間割小間
　　　銀七拾四匁八分四厘四毛
内
一金弐百拾六両ト　地走り　北鞘町　本両替町　持
　銀四拾匁

（二丁裏）

一金弐百拾六両ト　練物　品川町　同裏河岸　持
　銀四拾匁
一金百六拾六両ト　踊台　駿河町持
　銀四拾匁
〆
　但右見積り入用金六百両之内、地走練物弐品ハ
　金弐百両宛、踊台金百五拾両割渡、残金五拾両
　　三ツ割ニ相定申候、依レ之右金高相成申候
右金六百両ヲ割合町々出銀高左之通

（三丁表）

八拾間
一銀五貫九百八拾七匁五分二厘　駿河町
　此金九拾九両三分ト銀弐匁五分弐厘
　金百六拾六両ト銀四拾匁　踊台入用右町請取
　　　　可レ申分
　差引
　〆金六拾六両三分ト　北鞘町・本両替町出金
　　銀七匁四分八厘　之内ゟ請取可レ申分

（三丁裏）

白紙

（四丁表）

八番五ヶ町若者共店祭差出度旨、先日中ゟ名主方并
町々江願出候ニ付、今日名主方町々行事寄合席ニおゐて
及二相談一候処、右差留候ハヽ、殊ニ寄意根（恨）等差挟騒ヶ敷
儀等出来可レ申哉も難レ斗候間、入用等多分不二相懸一様、篤
申談、五ヶ町ニ而踊子供五人ニ取極為二差出一候方可レ然旨相定
則右席江重立候者呼寄、名主方ゟ其段被二申聞一候

一右店祭は地走歟又は練物之内江組入候義ニ付、北鞘町・本
両替町持地走江組入候哉、又は品川町・同裏河岸持練物江組
（四丁裏）
入候哉申談候処、相決シ兼候ニ付鬮引ニ取極、品川町・同裏河岸
当り鬮ニ付、練物江組入候義ニ相定申候
一右練物江組入候義ニ相定候ニ付、以来品川町・同裏河岸ゟ
申談又は急用等有レ之節、何時ニ而も無二差支一用弁相成
候は、惣代として相立置可レ申旨申談候処、左之名前書出候
寅四月十五日
本両替町
嘉平治店
金五郎
（五丁表）
駿河町
利兵衛店
喜右衛門
品川町
太右衛門店
峯吉後見
留　吉
同裏河岸
孫兵衛店
甚　八
北鞘町
清右衛門店
安五郎
（五丁裏）
右之者共御用有レ之節は何時ニ而も罷出、御用弁相
成候様可レ仕候以上
（六丁表）
差上申一札之事
一当寅年私共町〻山王御祭礼附祭年番ニ付、店〻
一同申合、練子供差出度旨再三御願申上候処御聞届
被二下置一、且品川町・同裏河岸両町ゟ差出候練物
之内江組入、右踊子供人数五人差出可レ申旨被二仰聞一候
右ニ付而は以来用向有レ之候節、差支不二相成一様五ヶ
（六丁裏）
町店中惣代之者相立置可レ申旨、是又被二仰聞一候
依レ之一同相談之上、私共儀御用御座候節は何時
ニ而も早速罷出、聊御差支無レ之様御用相弁可レ申候
為二後日一一札差上申候、仍如レ件
嘉永七寅年四月
本両替町
嘉平治店
金五郎
駿河町
利兵衛店
喜右衛門
品川町
太右衛門店
留　吉
（七丁表）
同裏河岸
孫兵衛店
甚　八
（七丁裏）
北鞘町
清右衛門店
安五郎
品川町
名主　庄左衛門殿
（八丁表）
山王御祭礼年番町順番
天保十三壬寅年御改正
嘉永七甲寅年改再板
甲寅年（一八五四年）
一　八番
駿河町
品川町
同裏河岸
北鞘町
本両替町
一　三拾壱番
箔屋町
岩倉町
下槇町
福嶋町
（八丁裏）
一　三拾三番
本湊町
丙辰年（一八五六年）
一　弐拾番
高砂町
住吉町
同裏河岸
難波町
同裏河岸
猿若町壱丁目
同所　弐丁目
（九丁表）
一　三拾番
平松町
音羽町
小松町
川瀬石町
南油町
樽正町
新右衛門町
一　四拾壱番
五郎兵衛町
北紺屋町
戊午年（一八五八年）
一　拾七番
小網町三丁分
同所壱丁目横町
（九丁裏）
一　拾八番
新材木町
一　拾九番
新乗物町

一　弐拾八番　大鋸町
本材木町五丁目
同　　六丁目
同　　七丁目
庚申年（一八六〇年）
一　拾六番　鎌倉町
一　弐拾九番　霊岸嶋長崎町二丁分
霊岸嶋町
東湊町二丁分
（十丁表）
弓　町
一　三拾四番　南紺屋町
西紺屋町
壬戌年（一八六二年）
一　六番　桶町壱弐丁目
一　拾三番　本銀町四丁分
一　四拾三番　南大工町
甲子年（一八六四年）
（十丁裏）
麹町拾三丁分
一　三　番　平河町三丁分
山本町
山王町
一　四　番　南大坂町
丸屋町
一　三拾弐番　本八丁堀五丁分
丙寅年（一八六六年）
新大坂町
一　弐拾壱番　田所町
通油町
（十一丁表）
一　四拾弐番　元飯田町
一　四拾五番　霊岸嶋銀町四丁分
戊辰年（一八六八年）
本町四丁分
岩附町
一　七　番　本革屋町
金吹町

青物町
一　弐拾七番　万　町
元四日市町
佐内町
（十一丁裏）
一　三拾九番　数寄屋町
庚午年（一八七〇年）
一　拾壱番　本石町四丁分
竹川町
一　三拾五番　出雲町
芝口壱丁目西側
一　三拾六番　弥左衛門町
新肴町
（十二丁表）
壬申年（一八七二年）
通四丁分
一　弐拾四番　呉服町
元大工町
柳　町
一　三拾七番　本材木町八丁目
具足町
水谷町
霊岸嶋四日市町
箱崎町壱丁目
一　四拾番　北新堀町
大川端町
南新堀二丁分
（十二丁裏）
甲戌年（一八七四年）
瀬戸物町
一　九　番　本小田原町壱・弐丁目
伊勢町
一　弐拾二番　冨沢町
長谷川町
一　弐拾六番　本材木町壱丁目
同　　二丁目
同　　三丁目
同　　四丁目
丙子年（一八七六年）
（十三丁表）
室町三丁分
一　拾　番　本船町
安針町
本町三丁目裏河岸

一　弐拾三番　銀座四丁分
一　三拾八番　南鍋町
　　　　　　　山下町
一　拾弐番　西河岸町
戊寅年（一八七八年）
（十三丁裏）
一　弐拾五番　檜物町
　　　　　　　上槙町
一　四拾四番　常盤町
一　壱　番　大傳馬町
附祭不二差出一候分
一　二　番　南傳馬町
一　五　番　小舟町三丁分
　　　　　　堀留町二丁分
　　　　　　堀江町四丁分
（十四丁表）
一御雇太神楽
山王御祭礼
年番　弥左衛門町
　　　新　肴　町
神田明神祭礼
年番　本材木町壱丁目
　　　同　　二丁目
　　　同　　三丁目
　　　同　　四丁目
一御雇こま廻し　天保十二丑年ゟはしまる
（十四丁裏）
白紙
（十五丁表）（表紙写）

当ル寅閏七月山王 品川町 同裏河岸 御祭礼仕様書

（十五丁裏）
白紙
（十六丁表）
大題真行草の内
品川町
同裏河岸　右両町
一　行学ひと認候幟　壱本　同持人足手代共　弐人
但シ地ハかな絹ニて、右巾弐尺四五寸、丈ヶ鯨指シ五尺位笹べり」紫繻子ニて絺（ち）同断、右中へ行学ひとぎやう書ニて認」幟竿の上へ四君子之造り花を餝り付ニ相成候
一　鉄棒曳　女四人　内十八九才　弐人
　　　　　　　　　　〻十四五才　弐人
但シ着附は博多じま下タ着見斗ひニいたし、鳴繻子之立付ヶニ而厚板地花やかなる模様有」之、男帯を」しめ、頭ハ地髪を大若衆わけニ結ひ、足袋わらんじニて」
右四人は同断の出立ニ相成候

一　境木壱本　但シ張抜ニて立、六尺五寸位ニいたし、角大キサハ五寸角位ニ致、根之前土手ニ下草を造り付ヶ
（十六丁裏）
右正面ニ相州鎌倉行村境なめり（滑）川ト認有」之を建立
一　波板三枚並べ置
一　滑川の学ひねり物　男道化四人爰に居並ぶ
内壱人は青砥左衛門の見立
〻壱人〻右　若党乃見立
〻壱人〻右　中間の見立
〻壱人〻里の童乃見立
右四人居並ぶと後ニて誂の鳴物へうすく浪の音を冠らセ道行乃うたい狂言かゞり乃おかしみ、各〻渡りせりふよろしく有て納る
一　青砥左衛門学　男壱人
着附、栗かわ茶五郎丸、麻素襖大紋は品裏といふ文字を角地ニ染出し、同色乃袴服佩藤色、戸沢絹乃のしめ（熨斗目）着し、浅黄之脚半・足袋・福草履・立烏帽子冠り、木造り太刀ニ合口を腰ニ帯し、手に中啓を持
（十七丁表）
一　侍之学　男壱人
着附、御納戸絹之浮織無地紋附小袖、厚板男帯、絹地八丈じまのかるさんをはき、紫糀のしごきをしめ、鬘ハ野良の中せいてん（青天）かづら」木造りの大小をさし、両手にさで網を持
一　中間之学　男壱人
着附、浅黄絹無地紋附袷、かば色糀男帯、紫糀だんだら筋之平襟、同断しごき帯非（緋）縮緬下の帯、鬘青天之奴かづら木造乃脇差を後身ニさし、両手にめかいざるを持
一　里の童学　男壱人
着附は絹藤色中形袷廣袖非（緋）縮緬、丸ぐけ帯、腰ニきん（巾）着を附ヶ、おけしのかづら、両手ニめかいざるを持
一　柳乃立木壱本　但シ張ぬきニて長サ丈ヶ壱丈余丸さし渡し尺三四寸位、枝だれ柳の置道具居並ぶ共、惣而張抜なり
（十七丁裏）
一　稲苅乃学　女子五人　内四人　御田のいねかり女見立
　　　　　　　　　　　　内壱人　同断　若衆之見立
右常磐津連中居並置、浄留理ニ掛る、右おき浄留理済と爰に長唄連中居並、調子替りニ而すりがね入、花やかなる鳴物ニ成て所作ニ掛るよろしく
掛合少しく有而候ニ、引ぬき四人ハ娘ニ成、壱人ハ商人ニ成
一　稲かり学　女四人　右四人衣裳同断ニ相成候
着附、各〻狩衣、地は生絹へ唐草にきくの模様摺込ミ、茶ぶようち」紐あげまき（揚巻）結びニし、黄繻子のしごき帯、嶋田かづらに花かん」ざしを指、手ニ束ねいねを持、片手ニあじろよふ（網代様）のいちめ（市女）笠を持」内三人は造り物の鎌を持、右三人ハいちめ笠を後ニ背負ひ」所作有て、引ぬき娘ニ成る
一　同断学　若衆姿の女　壱人
（十八丁表）
着附は生絹へきつかう（亀甲）形ニ古風成る菊の模様千早、五郎丸厚板様之摺込ミさや形ニ八ツ藤の能模様大口をはき、角びたい（額）の若衆」後へ結び、下ヶのかづら、紅葉の折枝ニ干いねを掛ヶ担く、片手ニ」中啓を持、所作少しく有て、引ぬき商人ニ成る

一　番匠の学　女五人
着附はかちん(褐)色の素襖きつかう(亀甲)ニ花びし(菱)の大紋を付ヶ、地
は五郎丸の」麻、同断乃地へ浅黄色へ紋ちらしの狂言袴、頭
ニ浅黄繻子乃」頭巾を冠り侍烏帽子、かたに五色のはたニ三
□扇ニ鏡ニ御帛を」結ひ附有レ之、張ぬきニ而へいごしとと
なへ候をかつぎ先ニ立、外四」人同断の衣装、壱人ハさしか
ねを持、壱人ハすミつぼ・すみさしを」持、壱人ハ手斧をかつ
ぎ、壱人ハ水縄を持、少しく所作有て」引ぬき若衆ニ成る
右大工柱建振事、常磐津・長唄掛合ニ而大小入、花やかなる鳴物
ニ成て」少しく所作よろしく有て引ぬき
(十八丁裏)
後に振落し幕三間之間ダ惣而滑川いなか家から土ばしの遠見候ニ
ドロ〱ニて振落しまく落ると直くに別荘魚底ノ池に四季の
景色之絵幕ニ成るト、爰に十人之女子引ぬき継子算の振事
色若衆四人・振袖娘四人・商人風の夫トニ妻弐人、惣而十人之所作
よろしく有而候ニ納る
一　引ぬき振袖娘姿　女四人
着附、非(緋)ちりめん明ぼの(曙)の染裾模様、黄きく・白ぎくの摺込ミ
大振袖」袷、黒じまニ紫絞り鯨帯、黄色のしごき帯、非(緋)縮緬
蹴出し、嶋」田わけ(髷)に、うちわ・かんざしを持、手ニちりめん
のてぬくひを持て」所作
一　引ぬき商人姿　同壱人
着附は縮緬鼠地乃御本手じま袷、紺博多男帯、鬘ハ青てん
野良かづら、片手ニそろばんを持
所作
(十九丁表)
一　引ぬき商人乃女房姿　同壱人
着附は鼠中形縮緬非(緋)ちりめん蹴出し、海老茶しこきの女帯
かつらハ割唐子、南てんのかんさしを指、片手ニ団扇持
所作
一　引ぬき若衆姿　女四人
着附は紫縮緬茶の裾模様摺込ミ、しや(紗)のかば色男帯、鬘
若衆、片手扇を持
所作
右十人、手踊りニ成て見得有て候ニちらしハ今度納る
一　常磐津小文字太夫并ワキ太夫四人、三弦岸澤三蔵外三人
都合九人
着附は縮緬ニ而色合見事、袴は絽模様付、外ニ供ゆかた共一式
(十九丁裏)
一　長唄・三味線引共八人
着附は浮織戸沢絹色合見斗ひ、袴砂ニ能模様之摺込ミ
有レ之
一　はやし連中七人
着附袴、右同断
一　おとり後見五人
もうか(真岡)木綿ゆかたの揃之着附
一　世話人　三人
一　長柄傘　十八本　外常磐津連中
長柄傘　九本
一　せうき(床机)　四十きやく(脚)
(二十丁表)
一　常磐津連中せうぎ　九きやく

一　そこ(底)ぬけ家台　壱荷
かざり付共
一　茶小屋　壱荷
同断
一　敷舞台　但し壱間ニ　十枚
三尺
一　振落しまく　三間　二タ張
一　人足かぶり笠　五十四
一　しぶ団扇　五十四
一　人足人数惣五十四人　こんかんばん(紺看板)着用
外ニ常磐津連中長柄持九人
一　おどり小道具　三十壱品
(二十丁裏)
一　かつら損料　数十四
一　長唄・三味線引・囃し方　給金　外ニ常磐津連中給金共
一　振附　給金
一　文句作者　礼金
一　稽古入用共
右一式請負高
代金
右之通り御座候以上
寅四月廿五日　受負人
坂東よし代
(二十一丁表)
白紙
(二十一丁裏)
千秋萬歳
大ミ叶
(二十二丁表)
一当寅年山王御祭礼附祭年番ニ相当候ニ付
八番組合五ヶ町相談之上、品川町・同裏河岸弐ヶ
町之儀は、附祭三品之内練物一式引請、北鞘町
本両替町弐ヶ町は地走り、駿河町は踊屋台引
請差出、右入用之儀は町ミ小間割ニ而出銀可レ致
旨取極メ申候、右ニ付而は私共両町平常ゟは
(二十二丁裏)
別而睦合、諸事新古之無二差別一逸ミ請合仕
我意等不二申張一、都而町入用相嵩不レ申様専一ニ
心掛ヶ可レ申候、尤家主一同出精相勤、若行事
助役等不二心付一儀も有レ之節は、聊無二遠慮一心添
可レ致候、右之通申合候間、連印を以此段申上候
以上(貼紙)
(二十三丁表)
品川町
嘉永七寅年四月　御祭礼行事　利兵衛
同　三五郎
助役　孫兵衛
同　彦兵衛
家主　栄　吉
同　市五郎
(二十三丁裏)

（二十四丁表）

同　喜兵衛
同　太右衛門
同　音　吉
同　六　平
　同裏河岸
御祭礼行事　四郎兵衛
同　利兵衛
助役　七兵衛
同　長　八
家主　藤兵衛
同　太右衛門
同　善兵衛
同　大助
同　八十兵衛
同　利右衛門

（二十四丁裏）

名主　庄左衛門殿

（二十五丁表）

（貼紙）
年番ニ付積金有無
御祭礼ニ付是迄入用高
右取調差出可レ申旨名主殿ゟ被二申付一候間五
月廿九日」差出候控

亥年七月ゟ
丑年九月迄
積高
一　金百五拾四両　品川町
亥年七月ゟ
子年三月迄
積高
一　金八拾四両　同裏河岸

（二十五丁裏）

〆金弐百三拾八両
　内
一金四拾三両　請負人江相渡候手附金
一金弐拾両　八番組合入用世話番江
　相渡申候
一金四両弐分　絵図并趣向代
一金弐拾壱両　寄合其外諸入用共
〆金八拾八両弐分

（二十六丁表）

差引
金百四拾九両弐分　積金之内有金
右之通御座候以上

（二十六丁裏）

白紙

（二十七丁表）

一寅五月廿五日於亀の尾、惣町ゟ助金、年番江相渡候間
朝四時御祭礼行事可二罷出一旨、名主方被二申付一候間、五町行事
一同罷出候処、暮六ッ時頃金子御渡相成候間、於二同所一
左之通割合請取候
一金七拾六両也　惣町助金八番江
此銀四貫五百六拾匁　御渡之分
五ヶ町小間
四百八拾壱間割　銀九匁四分八厘

（二十七丁裏）

百弐拾三間半
一銀壱貫百七拾匁七分八厘　北鞘町
百八間半
一銀壱貫弐拾八匁五分八厘　本両替町
〆銀弐貫百九拾九匁三分六厘
此金三拾六両弐分ト銀九匁三分六厘
七拾七間半
一銀七百三拾四匁七分　品川町
九拾壱間半
一銀八百六拾七匁四分弐厘　同裏河岸

（二十八丁表）

〆銀壱貫六百弐匁壱分弐厘
此金弐拾六両弐分ト銀拾弐匁三分弐厘
八拾間
一銀七百五拾八匁四分　駿河町
此金拾弐両弐分ト銀八匁四分
右之通、五ヶ町御祭礼行事立合、割合申候以上
寅五月廿五日

（二十八丁裏）

白紙

（二十九丁表）（表紙写）

寅五月
山王御祭礼附祭年番入用凡見積書
（朱書始）寅五月十一日於松の尾、両町居付方ゟ惣地主方江
御披露有レ之、惣地主方御聞届有レ之候見積書（朱書終）

（二十九丁裏）

白紙

（三十丁表）

小間割入用
一金百八拾五両　士農工商見立練物
女練子供拾壱人
男道化四人
常磐津連中九人
長唄連中八人
囃子方七人
後見并世話人共拾人
右衣類給金并諸道具代
一式請負高

（三十丁裏）

一金四拾両　鉄棒引女子供四人
衣類給金共
一　八番五ヶ町割合ニ可二相成一入用
年番三ヶ所割入用
御役向入用
同配り手拭扇子代
同番付文句・練場絵図代

附祭大幟代
五町寄合入用
御役所向茶代席料
（三十一丁表）
一　男鉄棒引弐人衣類并
賃銭共
一　同割竹引四人、右同断
一　底抜屋台茶小屋其外練
物道具置場小屋補理入用
一　割子弁当代
当日四度　但壱度分
前日三度　弐百人前之積り
御礼参り弐度
〆千八百人前
（三十一丁裏）
一　練子供・芸人・請負人・世話人
女鉄棒引・後見之者共
浴衣五拾三枚程
一　町内并名主殿共配り手拭代
弐百反と見積り
一　右同断番付・文句・扇子代
一　両度下見諸入用
一　傘弐百本代
（三十二丁表）
一　練子供・芸人其外人足等迄
前夜町内泊り宿、当日朝飯代
一　練子供・女鉄棒引見分入用
一　附祭本絵・下絵・趣向付文句
作者等入用
一　自身番手狭ニ付両町寄合難ニ
相成候間、御祭礼用済切候まて
寄合所諸入用
（三十二丁裏）
一　小買もの代
〆凡金六百八拾五両
此銀四拾壱貫百匁
内
一銀壱貫六百弐匁壱分　惣御祭礼町ゟ助金
（三十三丁表）
差引
銀三拾九貫四百九拾七匁九分
品川町
同裏河岸　合小間百六拾九間割
壱間ニ付
銀弐百三拾三匁七分壱厘五毛
七拾七間半
一銀拾八貫百拾弐匁九分壱厘三毛　品川町
九拾壱間半
一銀弐拾壱貫三百八拾四匁九分弐厘　同裏河岸
（三十三丁裏）
弐ツ割入用

一　名主殿仕度代
一　同御新造手代衆弐人、男衆
女中共
一　諸御役向入用
一金八拾壱両　警固出役家主清服代
弐拾七人分
壱人ニ付金三両積り
（三十四丁表）
一　菅殿中笠・花足袋・さうり
一　山王社家方寄附
一　高張手挑灯其外代
一　蝋燭・諸紙代
一　書役・鳶人足・番人等支度代
骨折之者心付等
（三十四丁裏）
一　組合頭取・道具持心付
座頭・非人等祝義
一　雇人足賃銭
惣人足百人積り
一　御祭礼相済候後、練子供其外
一統祝義
一　去丑年中ゟ両町度〻
寄合諸入用
（三十五丁表）
一　雇人足看板代
四拾人積り
〆凡金弐百四拾弐両
此銀拾四貫五百弐拾匁
弐町割壱町分
銀七貫弐百六拾匁
（三十五丁裏）
小間割弐ツ割合
一銀弐拾五貫三百七拾弐匁九分壱厘三毛　品川町
町内限入用
一銀壱貫八百匁
〆銀弐拾七貫百七拾弐匁九分壱厘三毛
七拾七間半割
壱間ニ付
銀三百五拾匁六分弐厘
（三十六丁表）
小間割弐ツ割合
一銀弐拾八貫六百四拾四匁九分弐厘　同裏河岸
町内限入用
一銀壱貫八百匁
〆銀三拾貫四百四拾四匁九分弐厘
百拾三間割
壱間ニ付
銀弐百六拾九匁四分弐厘四毛
（三十六丁裏）
白紙

（三十七丁表）（表紙写）

（貼紙）寅五月十一日於松の尾両町居附方ゟ惣地主方江
御披露有レ之候見積書写
寅五月
山王御祭礼附祭年番入用凡見積書

（三十七丁裏）
白紙
（三十八丁表）
小間割入用
一金百八拾五両　士農工商之学練物
女踊子供拾壱人
常盤津太夫・三味線共拾壱人
唄うたひ・三味線共八人
囃子方七人
女後見・世話人共拾人
右衣類給金并道具代共一式
請負高
一金四拾両　鉄棒引女子供四人衣類給金共
（三十八丁裏）
小間数百六拾九間
壱間ニ付銀四拾匁積
一銀六貫七百六拾匁　八番五ヶ町割合ニ可二相成一入用
此金百拾弐両弐分　年番三ヶ所割入用
御役向入用
同配り手拭・扇子代
同番付・文句・練場絵図代
附祭大幟代
五町寄合入用
御役所向茶代席料
一金六両　男鉄棒引弐人衣類并賃銭共
一金六両　同割竹引四人、右同断
（三十九丁表）
一金三拾両　底抜屋台・茶小屋其外練物
道具置場小屋補理入用
壱人分壱匁三分積　割子弁当代
一銀弐貫九百廿五匁　前日三度　但壱度分
此金四拾八両三分　当日四度　弐百五拾人前積
御礼参り弐度
〆弐千弐百五拾人
壱反、銀廿五匁積
一銀壱貫三百廿五匁　練子供・芸人・請負人・世話人
此金弐拾三両　女鉄棒引・後見之者共
浴衣五拾三反
（三十九丁裏）
壱反、銀拾匁積
一銀三貫匁　町内并名主殿共配り手拭代
此金五拾両　三百反
一金拾五両　右同断番付・文句・扇子代
一金四拾五両　両度下見諸入用

一金九両三分　傘弐百本代
一金拾五両　練子供・芸人其外人足等迄、前夜
町内泊り宿、当朝飯迄入用
（四十丁表）
一金拾五両　練子供・女鉄棒引共見分入用
一金拾両　附祭本絵・下絵・趣向付文句
作者等入用
一金三拾両　自身番手狭ニ付両町寄合難二
相成一、御祭礼用済切迄寄合所
入用
壱反、銀拾五匁積
一銀壱貫三百五拾匁　日傘持・床机持・供人足其外
此金弐拾弐両弐分　浴衣
九拾反代
（四十丁裏）
壱人五百文積
一銭七拾五貫文　雇人足賃、前日・当日・御礼参り共
此金拾壱両弐分　百五拾人積
一金拾両　小買もの代
〆凡金六百八拾五両
此銀四拾壱貫百匁
内
銀壱貫六百弐匁壱分　惣御祭礼町ゟ助金
（四十一丁表）
差引
銀三拾九貫四百九拾七匁九分
品川町
同裏河岸　合小間百六拾九間割
壱間ニ付
銀弐百三拾三匁七分壱厘五毛
七拾七間半
一銀拾八貫百拾弐匁九分壱厘三毛　品川町
九拾壱間半
一銀弐拾壱貫三百八拾四匁九分弐厘　同裏河岸
（四十一丁裏）
弐ツ割入用
一金弐拾両　名主殿支度代
一金拾五両　同御新造手代弐人、男女中共
一金拾両　諸御役向入用
一金六拾六両　警固出役家主清服代共廿弐人分
壱人ニ付金三両積
一金七両壱分　菅殿中笠・花足袋・そふり代
（四十二丁表）
一金五両　山王社家方寄附
一金拾両　高張手桃灯其外代
一金拾両　蝋燭・諸紙代
一金弐拾両　書役・鳶人足・番人等支度代
骨折之者心付等
一金拾両　組合頭取・道具持等心付
座頭・非人等祝義

(四十二丁裏)
一金三両三分　附祭仕様芸人名前文句等
　書上諸入用
一金拾五両　御祭礼相済候後、練子供其外
　一統祝義
一金五拾両　去丑年中ゟ両町度〻寄合
　諸入用
〆凡金弐百四拾弐両
　此銀拾四貫五百弐拾匁
　弐町割壱町分
　　銀七貫弐百六拾匁

(四十三丁表)
小間割弐ッ割合
一銀弐拾五貫三百七拾弐匁九分壱厘三毛　品川町
　町内限入用
一銀壱貫八百匁
〆銀弐拾七貫百七拾弐匁九分壱厘三毛
　七拾七間半割小間
　　壱間ニ付
　銀三百五拾匁六分弐厘

(四十三丁裏)
小間割弐ッ割合
一銀弐拾八貫六百四拾四匁九分弐厘　品川町裏河岸
町内限入用
一銀壱貫八百匁
〆銀三拾貫四百四拾四匁九分弐厘
　百拾三間割小間
　　壱間ニ付
　　銀弐百六拾九匁四分弐厘四毛

(裏表紙)

(外表紙表)
白紙

(外表紙裏)
分類番号

01
3

《第二分冊》

(表紙後補〈岩瀬文庫にて付けた表紙〉)

21223
㊟72
106

江戸山王祭礼記録　弐

(表紙)

嘉永七寅年八月
山王御祭礼附祭五ヶ町割諸入用精帳
世話番
本両替町
(朱印)岩瀬文庫

(表紙裏)
白紙

(一丁表)
一金拾八両二朱　大幟一式、巾廣木綿とうさ引張候間
　弐拾三匁七分　へり仕立、幟竿花籠棹棒、白丁
　六百六拾四文　縊り袴単物着、持人八人、両日賃銭
　弁当并幟先江立ル鉄棒引人足
　弐人支度、両日賃銭・弁当・鉄棒損
　料・房之代・認料共
一金六両弐分　当三月中ゟ附祭之儀ニ付、五ヶ町
　弐貫三百七拾六文　名主・月行事・書役、度〻亀の尾
　龍越、仕度・席料并召仕之者心付共
一金三拾七両三分弐朱　諸向文句書附・練絵図・扇・手拭
　壱貫八百三拾五匁九分四厘　包物附届并八丁堀御出役方御供
　之衆、同名主方并供座頭祝儀其外共

(一丁裏)
一金三拾弐両壱分弐朱　三場所割諸向附届、中村屋出
　百五拾八匁六分五厘六毛　下見諸入用并文句書附・中村屋
　八百廿四文　席料、衣裳改之節、柏木諸入用并
　席料、中村屋・柏木男女祝義共
一金六両三分三朱　中村屋五ヶ町地主方下見之節
　壱貫百拾六文　席料・諸懸り・名主方仕度・五ヶ町
　九貫四百七拾六文　弁当其外共諸入用
一金弐拾壱両弐分弐朱　廿二日、八丁堀御出役御見所
　三百五拾六文　越後屋
　本店・糸店張出し表囲弐ヶ所、畳
　材木・縄・大工手間・手伝人足賃銭
　此分伊兵衛請負并毛セン損料
　簾・土ひん・花菱毛セン新規買上
　其外共

(二丁表)
一金拾九両壱分　前日・当日八丁堀附祭付御出役方御休
　九拾八匁五分　息所御支度料并心付御供弐人支度
　弐貫百廿四文　心付并附添名主方休息所支度弁
　当心付・同供支度心付共
一金弐拾弐両　い組頭取・道具持心付所〻渡分掛
　壱貫七拾五匁三分　酒代并中組中附届扇子・手拭
　七百八拾八文　五ヶ町附祭通り筋町〻扇子・手拭
　其外諸入用共
一金五拾五両壱分弐朱　去ル子年四月中ゟ寅年八月迄
　弐拾五匁五分五厘　五ヶ町名主・月行事・書役度〻
　拾七貫九百八拾九文　寄合諸入用

(二丁裏)
　金弐百弐拾両壱朱
〆銀四貫三百三拾三匁四分四厘□(六カ)毛
銭三拾四貫六百拾五文
為惣銀拾七貫八百五拾六匁五分弐厘六毛
　四百八拾壱間割
　小間ニ付三拾七匁壱分弐厘四毛五

(三丁表)
八拾間
一銀弐貫九百六拾九匁九分六厘　駿河町
七拾七間半
一銀弐貫八百七拾七匁壱分四厘九毛　品川町
九拾壱間半
一銀三貫三百九拾六匁八分九厘二毛　同裏河岸

百廿三間半
一銀四貫五百八拾四匁八分七厘六毛　北鞘町
百八間半
一銀四貫弐拾八匁八毛　本両替町
（三丁裏）
右之通御座候
世話番
本両替町
御祭礼行事
義三郎（印）
寅八月
同　伊　助（印）
（四丁表）
白紙
（四丁裏）
白紙
（五丁表）（表紙写）

嘉永七寅年閏七月 山王御祭礼附祭練物并出し印五町割入用相除 両町割入用町ゝ一ト手持入用共清帳下金諸掛り 取調書抜帳 （朱書始）此内ニ而両町小間割入用・同人数割入用・町内限入用仕訳 相立候、尤清帳」之方掛り高品ニ寄、此帳面ゟ増減も有レ之 且は此帳面ニ無レ之銘目等も」有レ之、右は此節之模様ニ依 而相違有レ之候（朱書終） 品川町 同裏河岸

（五丁裏）
白紙
（六丁表）
一金百四拾五両　山王御祭礼附祭士農工
商の学練物
踊子供拾壱人
女鉄棒引四人
長唄吉住小作外七人
はやし方七人
女後見四人
世話役三人
惣人足六拾人
右衣類給金并練物ニ附候
諸道具一式
坂東芳代請負高
一金四拾両　常盤津小文字太夫外拾人
衣類其外一式
常盤津国太夫請負高
（六丁裏）
一金拾三両三分弐朱　生絹摺込模様狩衣四枚
五百八拾弐文　紺絖大紋付素袍四枚
（朱書始）此分請負人調ル品余り麁末　張子結ひ下ヶ帯四筋
ニ付、町内ニ而調遣し候分（朱書終）　仕立代共
大丸屋払
一金弐両壱分　番匠引抜後、衣装ニ相用申候

七匁　紫縮面壱疋代
（朱書）右同断　越後屋払
一金五両弐朱　附祭雛形絵四本代
玄関　壱本　絵師
御役所壱本　（歌川）芳艶
町内　壱本
踊子芸人等江為レ見候分壱本
（七丁表）
一金弐分　趣向勘考之者江心付
（朱書始）此分請負之内ニ付心付遣し候分（朱書終）
一金三両弐分　男鉄棒引二人帷子・立付代
（朱書始）是ハ両町頭ゟ壱人ツヽ為二差出一候（朱書終）
一銀百七拾五匁　上扇子百七拾五本
三本ニ付代壱匁
内訳
一弐本　品居付　一四本　二ヶ地面兼帯家主二人
一四本　品うら同断　一四本　書役
一弐本　竹口旦那　一廿七本　帳面付落し
一弐本　同手代弐人　一五十本　残り
一三十弐本　品家主八人
一三十六本　品うら同九人
一十弐本　両町勤家主三人
（七丁裏）
一銀六拾弐匁三分　下扇子八十九本
内訳　壱本ニ付代七分ツヽ
一十本　品うら若者へ遣ス　一弐本　初音庵遣ス
一三十本　芳代渡し　一壱本　喜代太夫
一廿五本　竹口旦那　一廿本　帳面付落し
一壱本　同御供
一銀廿七匁六分　女扇廿四本
内訳　壱本ニ付、代壱匁壱分五厘
一十壱本　踊子供十一人　一四本　女鉄棒四人
一四本　後見四人
一壱本　帳面付落し
（八丁表）
一銀三拾弐匁　金銀片面替り紺生ニ而
品釘店と町名書ぬり骨
舞扇四本
女鉄棒引ニ遣し候分
一銀八匁　右同断下之方弐本
男鉄棒引ニ遣し候分
一銀八匁四分　常盤津・長唄共供之者
扇子廿五本
一銀拾匁三分五厘　士農工商絵団扇
廿三本、壱本代四分五厘
（朱書始）但惣数六百本銘ゝ買取此分ハ
町内ヨリ進物ニ致候分（朱書終）
（八丁裏）
一銀拾六匁四分　常盤津国太夫板行致候
文句四拾壱冊代
壱冊ニ付、代四分ツヽ

一
一
一　　　　　　　　　　森屋(治兵衛)
(九丁表)
一銀壱貫八拾九匁七分九厘　手拭百三拾壱反三筋
　内訳　　　　　　　　　壱反付、代八匁三分
　一拾反六筋　両町家主廿人　一壱反　品居付
　一壱反　　書役　　　　　一弐反　品うら居付
　一三拾三反　両町頭　　　一弐反　竹口旦那
　一廿弐反　芳代　　　　　一弐反　同手代弐人
　一五反　　国太夫　　　　一弐反　萬町元四日市
　一八反　　女鉄棒四人　　一弐反　両御こしかけ
　一六反　　人足方佐七　　一壱反半　宝一品うらゟ遣ス
　一壱反半　室二三壱三町江　一拾反壱筋　御手先衆其外江
　　　　　品ヨリ遣ス　　　　　　　遣し候分
　一拾弐反七筋　帳面付落し　一八反九筋　残り
(九丁裏)
一銀五匁六分　　　　　菅殿中笠弐かへ
　　　　　　　　　　　　小弁当方壱かへ
　　　　　　　　　　竹口御供壱かへ
一銀壱匁
一銀拾八匁弐分四厘　　赤菅笠五十七かへ
　　　　　　　　　　壱かへニ付、代三分弐厘
一銀拾五匁弐分　　　　牡丹造り花七十六本
　　　　　　　　　　壱本ニ付、代弐分
一銀三匁六分　　　　　上赤菅笠六かへ
　　　　　　　　　　壱かへニ付、代六分
　　　　　　　　　　男女鉄棒引之分
(十丁表)
一七百五拾匁　　　　　廿二日練、弁当七百五十人
　　　　　　　　　　壱人前、壱匁ッヽ
　　　　　　　　　　初音庵払
一銀壱貫百匁　　　　　廿三日・当日弁当千人前
　　　　　　　　　　壱人前、壱匁壱分ッヽ
　　　　　　　　　　吉浦払
一銀六拾七匁五分　　　茶小屋弐荷損料
一銀拾八匁　　　　　　同、茶・炭・茶わん・とひん・火
　四貫五百八拾四文　　はし・手桶・ひしやく、品〻代
　　　　　　　　　　三荷分
　(朱書始)但請負人ゟ壱荷差出候間
　都合三荷ニ相成(朱書終)
(十丁裏)
一銀壱貫百匁　　　　　白地稲紅葉秋草花丸
　　　　　　　　　　染浴衣五拾五反
　　　　　　　　　　壱反ニ付、代廿匁ッヽ
　内訳　　　　　　　　踊子・芸人惣中江遣し候分
　一十壱反　おとり子供
　一十弐反　常盤津連
　一九反　　長唄連　　　一四反　女後見
　一七反　　はやし方　　一壱反　芳代
　一四反　　女鉄棒引　　一三反　世話役
　一弐反　　かづら師　　一弐反　道具方

一銀四百匁五分　　　　浅黄絞木綿浴衣三拾枚
　　　　　　　　　　壱反ニ付、代拾三匁三分五厘
　　　　　　　　　　長柄持人足ニ遣し候分
(十一丁表)
一銀廿六匁六分四厘　　手縄絞木綿浴衣弐反
　　　　　　　　　　壱反ニ付、代拾三匁三分弐厘
　　　　　　　　　　請負人足頭
　　　　　　　　　　町内雇人足頭　両人江遣し候
一銀六拾匁　　　　　　幟持人足帷子・立附代
　　　　　　　　　　弐人分
　(朱書始)但請負人単物着之積方ニ付
　町内より遣し候(朱書終)
一銀百七匁五分　　　　名主殿代清吉殿附祭ニ付
　　　　　　　　　　添出役致候ニ付、家主揃ニ致候
　　　　　　　　　　袴・帯遣し候
　　　　　　　　　　仙台平・藍千筋・はりま(播磨浅葱)
　　　　　　　　　　　代七拾匁
　　　　　　　　　　博多紺縞帯
　　　　　　　　　　　代三拾七匁五分
(十一丁裏)
一金九両　　　　　　　底抜并茶小屋置場入用
　　　　　　　　　　　但菱垣納屋借受、葭簀囲ニ
　　　　　　　　　　　補理候
　　　　　　　　　　両町頭請負高
一銀三拾九匁　　　　　踊台置場同断入用
一銀廿七匁　　　　　　右置場立番鳶弐人宛
　　　　　　　　　　廿日・廿一日・廿二日、三夜付置候
　　　　　　　　　　賃銀
一銀弐百四拾匁　　　　高張棹共新キ三拾本
　　　　　　　　　　　御用と認候分　十本
　　　　　　　　　　　品川町　　　　十本
　　　　　　　　　　　品川町裏河岸　十本
(十二丁表)
一銀百四拾匁　　　　　弓張新規四十張
　　　　　　　　　　八番附祭練物品、品裏と認候
一銀弐拾匁　　　　　　弓張長桃灯四張
　　　　　　　　　　女鉄棒引ニ遣し候分
一銀五拾弐匁五分　　　繁骨丸、士農工商絵
　　　　　　　　　　桃灯十五
　　　　　　　　　　底抜ニ相付候
一壱貫四百文　　　　　弓張新規四張
　　　　　　　　　　角字ニ町名相認候
(十二丁裏)
一金三分　　　　　　　勝見勝蔵去年中ゟ御
　　　　　　　　　　祭礼請負致度旨、度〻申込
　　　　　　　　　　進物返礼
一金壱分　　　　　　　松賀・藤槇、右同断
一銭四貫百四拾六文　　当日朝、町内ゟ山下御門内迄
　　　　　　　　　　らうそく代
一金弐分　　　　　　　小弁当すし并せう
　弐貫八拾四文　　　　ちう代

一銭三貫三百四拾四文
当昼ゟ当町名主殿亀の尾ニ而
支度并くわし代
亀の尾払

(十三丁表)

一銀七百拾七匁
踊子供・芸人并附人、惣人足共迄
廿一日夕・廿二日朝夕・廿三日朝共、膳代
壱人ニ付、壱匁ツヽ

一金壱両弐分
品川町男湯屋二階踊子供
廿一日・廿二日両夜泊宿ニ借請并
右両日風呂相焚候謝礼

一金弐分
北鞘町きの国屋治助殿方、右
両夜常盤津連中泊宿礼

一金弐分
品裏銭屋卯兵衛殿方、囃子
方泊宿礼

一弐匁八分
同町山形屋惣助殿方、長唄連
泊宿礼ニ遣し候摺物弐枚代

(朱書始)外ニ酒七升是ハ外ゟ至来之品相贈ル(朱書終)

(十三丁裏)

一金壱両壱分
同町利倉屋金郎殿方、右両夜
惣人足共泊宿并河岸納屋底抜

一金弐分ト
壱貫四拾八文
其外置場借請候礼
廿一日・廿二日両夜、踊子芸人共一同
町内ニ相泊候ニ付、四布ふとん五拾枚
枕数百、馬喰町山形屋庄兵衛殿ゟ
借請、目録并酒三升礼相贈ル

一金壱両壱分
品川町頭善八手子舞請負方
ニ付、右休足所として菱垣納屋借置
候ニ付、同所ニ而前日踊子供・芸人其外
昼弁当為ニ相遣ㇾ、其砌善八ヨリ
供人足等江酒肴差出呉候間、右
返礼目録相贈ル

(十四丁表)

一金弐分
前日・当日出役之者髪月代致
候ニ付、髪結祝義

一金三分
女鉄棒引梅吉酒三ツ割
壱樽相遣し候返礼

一金七両弐分
請負人坂東芳代祝義

一金三両
太夫請負人
常盤津国太夫祝義

一金壱両
坂東芳代ゟ差出候世話役
源次骨折候ニ付心付

一金弐朱
左内殿書物手伝呉候礼

(十四丁裏)

一金弐朱
三百六拾文
大拍子木弐組
小拍子木弐組
紐共代

一金弐分弐朱
銀拾八匁
弁当長持四棹
衣装長持壱棹、是ハ壱ヶ月分
右損料

一金六両弐朱
百八拾四文
弁当茶小屋高張持人足
町内雇之分、両日ニ而百人
壱人、四百文
雇頭佐七払

一金壱分弐朱
当夏ゟ品裏自身番ニ而両
町度〻寄合炭代増

(十五丁表)

一銀七拾匁
殿中菅笠廿五かへ
壱かへニ付、代弐匁八分ツヽ
内
十かへ　品、家主十人
十一かへ　品うら、同十壱人
壱かへ　小弁当方壱人
弐かへ　名主殿手代弐人
壱かへ　同御供壱人

一銀四拾匁
菊造り花四拾本

一銀拾弐匁
練物行列奉書、壱枚摺
六枚
同壱枚、奥田様進物
四枚、伊せ・平両家進物

一銀弐匁八分
同弐番摺、弐枚

(十五丁裏)

一銀弐拾壱匁
大団扇廿壱本

一銀拾五匁
同片面紋付、片面藍ニ而町名
文字認候書賃

一銭三百文
渋団扇四拾八本代

一金弐朱
銀三拾弐匁
床机十六挺損料、内壱挺
大損シニ付、金弐朱遣し候

一銭八百五拾弐文
わらさうり代

一銭三貫弐百六拾八文
諸紙代

(十六丁表)

一金弐朱
銭四貫文
踊台持人足四人賃銭増
惣人足泊宿ふとん損料
道具方藤助、入仕事手間共

三月七日

一金弐分弐朱
百八十八文
美濃屋市五郎方ニ而、附祭
士農工商之趣向取極ニ付、両町
寄合入用同所払

同十九日

一金四両弐分弐朱ト
弐百文
坂本町蚕庵方ニ而、請負人取
極メニ付、両町寄合入用
但請負人坂東芳代ニ取極候

内
一金三両三分弐朱ト弐百文　蚕庵払
一金壱分　同所、内義祝義
一金壱分　同所、女中弐人祝義
一金壱分　芳代踊芸見分致候ニ付、同人同道
致候地弾祝義

(十六丁裏)

四月廿五日

一金五両壱分
百三拾弐文
堺町引延屋方ニ而、請負金
取極ニ付、両町寄合

内

一金四両壱分ト百三拾弐文　同所払
一金弐分　同所ニ而芸者弐人祝義
一金弐分　同所女中四人同断
五月七日
一金弐両弐分　伊豆屋勝五郎方ニ而、附祭
七百廿八文　入用高凡見積ニ付、両町居附
地主方并行事・助役寄合入用
同十日
一金壱両弐分　百川茂左衛門方ニ而、八番五ヶ町
名主方寄合両町行事被二相呼一
芸人共祝義
同十一日
一金六両壱分　本両替町水茶屋松の尾方ニ而
四百七拾六文　惣地主方附祭趣向并請負金
諸入用見積等披露寄合入用

（十七丁表）

内
一金壱両　松の尾席料
一金弐朱　くわし代
一金三両壱分ト三百拾弐文　伊豆屋勝五郎仕出し代
一金弐朱　同人方女中壱人給仕人ニ相頼祝義
一六百文　使人足賃
一金壱分ト廿四文　家主中昼飯茶漬代
一金壱両壱分弐朱ト三百五拾弐文
右相済両町家主中、伊豆勝ニ而支度入用
同十三日
一金四両壱分弐朱　坂本町蚕庵ニ而、踊子供并
四百六拾八文　女鉄棒引目見ニ付、両町寄合入用
内
一金三両弐分ト四百六拾八文　同所払
一金三分　鉄棒引梅吉おとり師匠哥鶴
地引共三人祝義
一金弐朱　くわし代

（十七丁裏）

五月十六日分
一金壱両三分ト　去ル十一日、地主方寄合之節、聊
四百拾六文　家主内差もつれ候義有レ之候ニ付
両町一同ミの市方ニ而、和熟致候
酒食代
同十五日
一壱貫六百八拾四文　品裏自身番ニ而、家主中
着用衣類之義ニ付、両町寄合
肴そば代
同十七日
一金拾弐両　坂本町蚕庵ニ而、踊子供芸
四百廿四文　為二手見（目カ）一、両町寄合入用
内
一金九両壱分弐朱ト四百廿四文　同所払
一金壱分　くわし代
一金弐両壱分弐朱　一同祝義

（十八丁表）

同廿日
一金壱両ト　美濃市方ニ而、踊子供先日
壱貫拾文　蚕庵江不参之分、追懸目見
膳部代
同廿六日
一金壱両弐朱　店祭書上ニ付、行事助役共
壱貫拾弐文　亀の尾出昼夜支度代
六月六日
一金壱両弐分　請負人坂東芳代馳走ニ而
両国柏屋江被二相招一候芸人とも
祝義
同十七日
一金壱両弐分弐朱　品裏ニ而両町寄合、女鉄棒引
五拾弐文　上着并家主揃浴衣取極ニ付
美の市方支度入用

（十八丁裏）

七月廿九日
一金九両壱朱　両国中村屋平吉方ニテ、惣
壱貫弐百文　芸人・おとり子供惣さらゐ
入用
内
一金七両三分　同所座敷代并一同弁当代
一金弐分　同所内義祝義
一金壱分弐朱　同所番頭女中共三人祝義
一壱貫弐百文　同所迄荷物酒等舟ちん
一金弐朱　らうそく代
一金三朱　持参之外酒之代
一金弐朱　前日舞台見分ニ罷越候節、女中
祝義
閏七月五日
一金八両三分弐朱　右中村屋平吉方ニ而、五ヶ町一同
弐百六拾文　下ミ見并下宿柏屋方惣中
支度諸入用

（十九丁表）

内
一金壱分　中村屋手狭ニ付、隣家借請候礼
一金壱分　同所くわし代
一金七両弐分弐朱ト百文　下宿柏屋惣中支度入用
一金弐分　同所茶代
一金壱分ト百六拾文　同別段肴代
同七日
一金拾両弐分弐朱　右同人方ニ而本下見ニ付、下宿
八拾四文　柏屋方其外入用
内
一金五両弐朱　下宿柏屋惣中支度入用
一金弐両　同所座敷代
一金弐分　同所内義祝義
一金弐分弐朱　同所女中五人祝義
一金壱分　同所番頭祝義
一金壱両弐分弐朱八十四文　右帰りミの市方ニ而支度代

（十九丁裏）

閏七月十日
一金弐分　若者共亀の尾江名主方ゟ御
　六百八拾文　呼出、差添家主・行事共支度代
同十二日
一金壱両三朱　附祭浄瑠璃文句之義ニ付
　六百三拾弐文　太夫・長唄・ふり付請負人共名主
　方ゟ亀の尾江御呼出入用
内
一三百文　亀の尾ニ而紙筆代
一金弐朱　同所ニ而すし代
一金壱両壱朱　右相済武蔵屋保五郎方一同支度
　三百三拾弐文
同十三日
一金四両弐分　女鉄棒引四人、五ヶ町相廻し候節
　三百三拾弐文　昼飯并右相済両町家主一同
　ミの屋市五郎方支度入用
内

（二十丁表）

一金壱分弐朱ト弐百十六文　鉄棒引四人・供共、ミの市ニ而昼飯代
一金弐両弐分三朱ト三百廿弐文　相済家主中、ミの市ニ而支度入用
一金弐朱ト弐百文　山王御旅所江参詣、同所参銭茶代
一金壱両　鉄棒引四人祝義
一金壱分　世話役源次祝義
同十五日
一金壱両壱分　南北与力衆・同心衆・町年寄衆共
　四百三拾六文　柏木ニ而衣装御見分諸入用
内
一壱貫百四十八文　行事・助役共、朝飯笹岡茶漬代
一金壱分ト弐百四十文　行事、柳川ニ而昼飯代
一金三分ト六匁弐分　助役、ミの市ニ而昼飯代
同十八日
一金四両三分　両町家主、鉄棒梅吉・踊子おふし
　五百五拾弐文　引連、近辺懇意等相廻り二手ニ引別れ
　武保・蚕庵両所酒食入用
内

（二十丁裏）

一金壱両壱分壱貫百六拾文　武蔵屋酒飯代
一金弐分　梅吉・おふじ両人祝義
一金壱両壱分壱貫弐百四十四文　蚕庵酒食代
一金壱両弐朱　同所内義・女中・源次祝義
一金壱分　梅吉・おふし両人供昼支度代
一弐百七拾弐文　十七日夜梅吉方迄使賃
一三百文　東寿庵そは代
閏七月廿日
一金四両壱分　両町家主・肴店連、踊子供
　五百六拾文　引連、懇意等相廻り引延屋方
　昼飯并相済伊豆勝ニ而酒食代
内
一金弐分弐朱ト七百六十四文　引延屋飯代
一金弐両三分ト四百八十四文　伊豆勝酒食代三十七人前
一金壱分弐朱ト五百拾二文　三五郎定七残り番支度代
一金壱分　肴店吉野屋江土産

一金壱朱　今川はし山の井茶代

（二十一丁表）

同廿三日
一金弐両　当日相帰り、両町家主并請負人
　五百五拾弐文　惣中ミの屋市五郎方酒食代
同廿四日
一壱貫文　品裏ニ而両町寄合入用
同廿五日
一金拾両壱分　御礼参り、帰り数寄屋河岸
　三百七拾六文　吉浦方ニ而、惣中支度入用
　両町家主・おとり子供
　男女鉄棒引・常盤津連中
　惣人数百八十人前
同日
一金壱両弐分弐朱　おとり子供惣中昼飯入用
　七百廿八文　武蔵屋払
同廿六日
一金弐分弐朱　品裏ニ而両町寄合支度代
　弐百六拾八文　ミの屋市五郎払

（二十一丁裏）

閏七月廿七日
一六百文　品裏ニ而両町寄合入用
一金弐拾四両壱分　当春より惣勘定相済候迄之
　六百四拾八文　間、両町行事・出役共、御役所向出
　其外亀の尾出并日〻寄合等支
　度諸入用〆高
一金拾七両弐分　名主殿御支度代
一金壱両壱分　同御新造江
一金五両　同手代衆両人支度代

（二十二丁表）

一金弐分　同男壱人同断
一金弐分　同女中両人江
一金弐百両　両町家主・書役共廿五人
　清服代壱人ニ付、金八両ツヽ
　両町勤家主三人・出役壱人、右四人
　清服代弐人前ツヽ相渡候
品川町分
一金五両三分　頭・欠付番人共支度代
内
一金弐両弐分　頭
一金壱両弐分　欠付

（二十二丁裏）

一金壱両　番人五兵衛
一金三分　同　嘉平治
品裏分
一金七両壱分　頭・欠付番人共支度代
内
一金弐両弐分　頭
一金壱両弐分　欠付
一金壱両　定番伊助
一金三分ツヽ　番人三人
一金壱分　五町持番人藤助江

一銀六百六拾匁　白嶋木綿縮両町揃浴衣
廿弐反代
壱反ニ付、代三拾匁ツヽ

一銀五百六匁　白地上花丸形浴衣廿弐反
五ヶ町揃、両町分

（二十三丁表）

一金壱両弐分弐朱　壱反代、廿三匁ツヽ
弐百七拾三文　麻うらさうり四拾四足代

一銀百五拾四匁　足袋四拾四足代

一金壱両壱分　手綱絞り木綿浴衣六反
四匁八分　両町番人六人江遣し候分

一銭四貫文　非人角内孫太郎祝義

（二十三丁裏）

一金壱両三分　山王社家方千勝氏先例
初穂并年番ニ付、別段共

一金弐分　出し印・はやし方町〻相廻り
はやし致候間、祝義

一銀弐百拾六匁　両町勤家主三人代渡之分
但壱人分七拾弐匁ツヽ
内訳
一三拾匁　白縞木綿縮ゆかた代
一廿三匁　白地上花丸ゆかた代
一拾匁　足袋さうり代
一四匁　笠花代
一五匁　扇子手拭代

（二十四丁表）

一金三分　鉄棒房六掛代
品川町分

一銭拾五貫百八拾文　らうそく代
同町分

一銭五貫七百文　雇人足賃銭
同町分

一銭六貫九百三拾弐文　桃灯新キ張替代共
同町分

一金壱両壱分　頭善八倅祝義
同町分

一金弐両　自身番横手桟敷補理入用

（二十四丁裏）

品川町分

一金五両ト　自身番ニ而町内限り支度
七百九拾四文　諸入用

品裏分

一拾七貫三百三拾弐文　らうそく代
同町分

一五貫弐百六拾四文　桃灯新キ張替共代
同町分

一金壱両弐分　廣小路往来手摺入用
同町分

一金四両三分　自身番ニ而町内限り支度
五百八拾文　諸入用

（二十五丁表）

同町分

一金弐分ト　同所赤飯にしめ物代
拾四匁

同町分

一金弐分　頭八五郎、手拭配り返礼

同町分

一金三分　品川町頭善八、団扇配り
返礼

同町分

一金六両壱分　名主殿ゟ別段無心被ㇾ申候ニ付
相贈り候分

（二十五丁裏）

〆金六百四拾両三分弐朱
銀八貫百拾四匁五分弐厘
銭九拾八貫五文
六五替
此銀九百四匁六分
皆銀四十七貫四百七拾壱匁六分弐厘
（朱書始）此合銀高清帳、両町小間割・人数割・町内限入用共、三口合銀高ニ
突合候得は、銀七貫六百目余も相違致候、是ハ其砌繁多ニ付
手廻り兼時日相立清書致候ニ付、覚違等有ㇾ之銀高相違有ㇾ之候
勿論右は後年ニ至り何〻之廉入用高、何程ト申義相分り候迄ニ而
勘定合ニは難ㇾ用立ㇾ候（朱書始）

（二十六丁表）

白紙

（二十六丁裏）

白紙

（二十七丁表）（表紙写）

嘉永七寅年閏七月
山王御祭礼附祭練物并出し印共諸入用清帳
品川町

（二十七丁裏）

白紙

（二十八丁表）

一金百八十五両　山王御祭礼附祭士農工商之
学練物
踊子供拾壱人
常盤津小文字太夫外拾人
吉住小作外八人
はやし方七人
女後見・世話役共拾人
右衣類・給金・諸道具共一式
坂東芳代請負金高

一金八両壱分　金巾木綿両面ニ而花籠之
銭弐貫六百文　餝付幟壱本、蓬斎書筆墨
料并持人足弐人、衣類・賃銭共

（二十八丁裏）

一金拾七両弐分　踊台三枚并木綿粉色絵
銭弐拾三貫六百文　両面振落し幕壱張、同枠
串持人足賃銭共

一金四拾五両　女鉄棒引四人、衣類・給金并
　増金共
一金六両　男鉄棒引弐人、衣類・賃銭共
一銀四拾八匁　男女鉄棒引扇子代
一金三両弐分　附祭趣向并文句作料
（二十九丁表）
一金七両壱分　同雛形絵、趣向替等ニ而都合
　九本、芳艶画賃
一銀六貫弐百七拾四匁四厘壱毛　八番五ヶ町諸入用割合、両町分
一銀四百八拾匁　扇子四百八拾本
一銀壱貫九百五拾匁五分　手拭弐百三拾五反代
　壱反ニ付、八匁三分
一銀弐百拾七匁六分　御祭礼番付并附祭文句
　練物絵図共代
（二十九丁裏）
一銀弐貫九百四拾匁　前日・当日・御礼参り并惣中
　弁当弐千四百五拾人前
　壱ッニ付、壱匁弐分
一銀百拾五匁六分　弁当長持・衣装長持
　鉄棒共損料
一金弐両弐分　茶小屋弐荷損料并炭・茶
　銭六貫七百廿四文　茶わん・とひん品ゝ代
一金弐拾三両　底抜日覆并踊台・茶小屋
　銭弐貫四百文　置場、両町抱鳶請負并立
　番人足賃、其外諸入用
（三十丁表）
一金拾弐両壱分　踊子供并女鉄棒引目見得
　銀八拾壱匁七分四厘　踊芸見分諸入用
一金三拾五両　下見両度下宿柏屋惣中
　銀三匁壱分　支度并惣さらゐ諸入用共
一金拾五両　踊子供・芸人、其外惣人足共
　銭弐拾三貫六拾四文　廿一日・廿二日両夜、町内泊宿諸入用
一金七両三分　高張・弓張其外桃灯品ゝ
　銀拾三匁八分　新規代
（三十丁裏）
一銭五拾八貫五百文　蝋燭代
一銀壱貫三百七拾五匁　踊子・女鉄棒・芸人・女後見・世
　話役等江遣し候浴衣五拾五
　反」壱反ニ付、廿五匁
一銀壱貫四百匁　長柄持・床机持供人足共
　浴衣八拾反
　壱反ニ付、拾七匁五分
一銭七拾弐貫五百文　前日・当日・御礼参り共、雇人足
　百四拾五人賃銭
　壱人ニ付、五百文
（三十一丁表）
一銀三拾弐匁五分　同笠花五拾人分
一銀三拾匁　諸紙水引代
　銭五貫三百七拾弐文
一金拾五両　御祭礼無」滞相済候ニ付
　踊子・芸人共惣中祝義

一金弐拾両　請負人多分損毛相立候旨
　種ゝ相願候ニ付、無」拠増金
一金弐両壱分　前日・当日風呂焚候入用并
　髪結雇賃銭共
（三十一丁裏）
一金拾五両　書役・番人・抱鳶別段心付并
　組合頭取・道具持心付共
一金三拾七両　去丑年中ゟ両町度ゝ寄合
一銭三拾三貫六百六拾八文　并行事御役向出支度入用共
一銭拾六貫四百六拾四文　小買もの代
　金四百五拾七両壱分
〆　銀拾四貫九百六拾壱匁七分九厘壱毛
　銭弐百四拾四貫九百四文
（三十二丁表）
　六五替
　此銀弐貫弐百六拾匁六分五厘弐毛
金銀四拾四貫六百五拾七匁四分四厘三毛
内
銀壱貫六百弐匁壱分弐厘　惣町小間九分助金両町分
銀三百五拾壱匁三分六厘四毛　五ヶ町補金同断
差引
　銀四拾弐貫七百三匁九分五厘九毛
　両町小間百六拾九間割壱間ニ付
　銀弐百五拾弐匁六分八厘七毛
（三十二丁裏）
七拾七間半
一銀拾九貫五百八拾三匁弐分四厘三毛　品川町
九拾壱間半
一銀弐拾三貫百弐拾匁八分六厘壱毛　同裏河岸
（三十三丁表）
一金七拾五両　両町家主・書役共廿五人清服代
　壱人ニ付、金三両ツヽ
一銀五拾匁　持扇子五拾本
一銀百三匁七分五厘　持手拭、供人足分共百廿五筋
一銀百拾弐匁五分　大団扇廿五本代
一銀八拾七匁五分　菅殿中笠廿五かへ
一銀三拾匁　同造り花廿五本
（三十三丁裏）
一銀七拾五匁　床机廿五挺損料
一銀三百五拾匁　足袋草履代
一銀七百五拾匁　揃浴衣廿五反、壱反ニ付三拾匁
一銀拾八匁弐分　供人足笠花・渋団扇代
一銀四百三拾七匁五分　供人足浴衣廿五反
　壱反ニ付、拾七匁五分
一銭拾弐貫五百文　同両日賃銭、壱人ニ付五百文
（三十四丁表）
〆金七拾五両
　銀弐貫拾四匁四分五厘
　銭拾弐貫五百文
　六五替
此銀百拾五匁三分八厘五毛

合銀六貫六百弐拾九匁八分三厘五毛
両町人数弐拾五人割壱人分
銀弐百六拾五匁壱分九厘三毛
（三十四丁裏）
拾弐人分
一銀三貫百八拾弐匁三分壱厘六毛　品川町
拾三人分
一銀三貫四百四拾七匁五分九毛　同裏河岸
（三十五丁表）
町内限り入用
一金壱両弐分　山王御社御初穂并社家方
千勝氏御礼参り席料共
一銀七拾八匁五分　桃灯品〻新規并張替代
一銭拾五貫百八拾文　御祭礼中蝋燭代
一金八両壱分　名主殿支度代
一金三両三分　同手代衆弐人、男女中共心付
（三十五丁裏）
一金四両　抱頭・駈付共仕度代
一金壱両三分　番人弐人心付
一銀弐拾五匁　鉄棒房四懸ヶ代
一金弐両三分　自身番脇桟敷補理入用
銭四貫八百四拾八文
一銭拾弐貫三百文　当春ゟ御祭礼中江懸ヶ雇
人足かるこ賃せん
一銀弐拾八匁　番人江遣し候浴衣弐反代
（三十六丁表）
一金壱両弐分　当春ゟ自身番ニ而度〻寄合
銭三貫五百文　炭・茶・らうそく・水油等代
一銭弐貫文　非人角内孫太郎祝義
金弐拾四両
〆　銀百三拾壱匁五分
銭三拾七貫八百参拾弐文
六五替
此銀三百四拾九匁弐分三厘
合銀壱貫九百弐拾匁七分三厘
（三十六丁裏）
三口
〆銀弐拾四貫六百八拾六匁弐分八厘九毛
七拾七間半割小間壱間ニ付
銀三百拾八匁五分三厘三毛
一銀壱貫五百壱匁六分弐厘三毛　春日龍神出し印一式入用
五ヶ町割合品川町分
右同断割小間壱間ニ付
銀拾九匁三分七厘六毛
（三十七丁表）
拾間
一銀三貫百八拾五匁三分三厘　附祭入用
同
一銀百九拾三匁七分六厘　出し印入用
〆銀三貫三百七拾九匁九厘　彦兵衛
九間
一銀弐貫八百六拾六匁七分九厘七毛　同断
同
一銀百七拾四匁三分八厘四毛　同断　栄吉
〆銀三貫四拾壱匁壱分八厘壱毛　音吉
（三十七丁裏）
八間
一銀弐貫五百四拾八匁弐分六厘四毛　附祭入用
同
一銀百五拾五匁八毛　出し印入用
〆銀弐貫七百三匁弐分七厘弐毛　利兵衛
四間
一銀壱貫弐百七拾四匁壱分三厘弐毛　同断
同
一銀七拾七匁五分四毛　同断
〆銀壱貫三百五拾壱匁六分三厘六毛　同人
（三十八丁表）
七間半
一銀弐貫三百八拾八匁九分九厘八毛　同断
同
一銀百四拾五匁三分弐厘　同断
〆銀弐貫五百三拾四匁三分壱厘八毛　六平
弐間半
一銀七百九拾六匁三分三厘三毛　同断
同
一銀四拾八匁四分四厘　同断
〆銀八百四拾四匁七分七厘三毛　市五郎
五人組持
（三十八丁裏）
五間
一銀壱貫五百九拾弐匁六分六厘五毛　同断　長八
同
一銀九拾六匁八分八厘　同断　孫兵衛
三五郎
〆銀壱貫六百八拾九匁五分四厘五毛　喜兵衛
太右衛門
右之通勘定相違無二御座一候以上
寅八月　御祭礼行事　三五郎
同　利兵衛
（三十九丁表）（表紙写）

嘉永七寅年閏七月 山王御祭礼附祭練物并出し印共諸入用清帳 品川町裏河岸

（三十九丁裏）
白紙
（四十丁表）
一金百八拾五両　山王御祭礼附祭士農工商
之学練物
踊子供拾壱人
常盤津小文字太夫外拾人

吉住小作外八人
はやし方七人
女後見・世話役共拾人
右衣類・給金・諸道具共一式
坂東芳代請負金高

一金八両壱分
銭弐貫六百文
金巾木綿両面ニ而花籠之
餝付幟壱本、蓬斎筆墨
料并持人足弐人、衣類・賃銭共

(四十丁裏)

一金拾七両弐分
銭弐拾三貫六百文
踊台三枚并木綿粉色絵両面
振落し幕壱張・同枠串持
人足賃せん共

一金四拾五両
女鉄棒引四人衣類給金并
増金共

一金六両
男鉄棒引弐人衣類賃銭共

一銀四拾八匁
男女鉄棒引扇子代

一金三両弐分
附祭趣向并文句作料

(四十一丁表)

一金七両壱分
同雛形絵、趣向替等ニ而都合
九本、(歌川)芳艶画賃

一銀六貫弐百七拾四匁四厘壱毛
八番五ヶ町諸入用割合両町分

一銀四百八拾匁
扇子四百八拾本

一銀壱貫九百五拾匁五分
手拭弐百三拾五反代
壱反ニ付、八匁三分

一銀弐百拾七匁六分
御祭礼番付并附祭文句
練物絵図代共

(四十一丁裏)

一銀弐貫九百四拾匁
前日・当日・御礼参り共惣中
弁当弐千四百五拾人前
壱ツニ付、壱匁弐分

一銀百壱拾五匁六分
弁当長持・衣装長持
鉄棒共損料

一金弐両弐分
銭六貫七百廿四文
茶小屋弐荷損料并炭・茶
茶わん・とひん品々代

一金弐拾三両
銭弐貫四百文
底抜日覆并踊台・茶小屋
置場・両町抱鳶請負并立
番人足賃其外諸入用

(四十二丁表)

一金拾弐両壱分
銀八拾壱匁七分四厘
踊子供并女鉄棒引、目見得
踊芸見分諸入用

一金三拾五両
銀三匁壱分
下見両度下宿柏屋惣中
支度并惣さらゐ諸入用共

一金拾五両
銭弐拾三貫六百六拾四文
踊子供・芸人其外惣人足共
廿一日・廿二日両夜、町内泊宿諸入用

一金七両三分
銀拾三匁八分
高張・弓張其外桃灯品々
新規代

(四十二丁裏)

一銭五拾八貫五百文
らうそく代

一銀壱貫三百七拾五匁
踊子・女鉄棒・芸人・女後見・世
話役等江遣し候浴衣五拾五反
壱反ニ付、廿五匁

一銀壱貫四百匁
長柄持・床机持・供人足共
浴衣八拾反
壱反ニ付、拾七匁五分

一銭七拾弐貫五百文
前日・当日・御礼参り共雇人足
百四拾五人賃銭
壱人ニ付、五百文

(四十三丁表)

一銀三拾二匁五分
同笠花五拾人分

一銀三拾匁
銭五貫三百七拾弐文
諸紙水引代

一金拾五両
御祭礼無レ滞相済候ニ付
踊子供・芸人共惣中祝義

一金弐拾両
請負人多分損毛相立候旨
種々相願候ニ付、無レ拠増金

一金弐両壱分
前日・当日風呂焚候入用并髪
結雇賃銭共

(四十三丁裏)

一金拾五両
書役・番人・抱鳶別段心付并
組合頭取・道具持心付共

一金三拾七両
銭三拾三貫六百六拾八文
去丑年中ゟ両町度々寄合
并行事御役向出支度入用共

一銭拾六貫四百六拾四文
小買もの代

金四百五拾七両壱分
〆 銀拾四貫九百六拾壱匁七分九厘壱毛
銭弐百四拾四貫九百四文

(四十四丁表)

六五替
此銀弐貫弐百六拾匁六分五厘弐毛

合銀四拾四貫六百五拾七匁四分四厘三毛

内
銀壱貫六百弐匁壱分弐厘　惣町小間九分助金両町分
銀三百五拾壱匁三分六厘四毛　五ヶ町補金両町分

差引
銀四拾弐貫七百三匁九分五厘九毛
両町小間百六拾九間割壱間ニ付
銀弐百五拾弐匁六分八厘七毛

(四十四丁裏)

七拾七間半
一銀拾九貫五百八拾三匁弐分四厘三毛　品川町
九拾壱間半
一銀弐拾三貫百弐拾匁八分六厘壱毛　同裏河岸

(四十五丁表)

一金七拾五両
両町家主・書役共廿五人清服代
壱人ニ付、金三両ツヽ

一銀五拾匁
持扇子五拾本

一銀百三匁七分五厘
持手拭・供人足分共百廿五筋

一銀百拾弐匁五分
大団扇廿五本

一銀八拾七匁五分
菅殿中笠廿五かへ

一銀三拾匁
同造り花廿五本

(四十五丁裏)

一銀七拾五匁
床机廿五挺損料

一銀三百五拾匁　足袋草履代
一銀七百五拾匁　揃浴衣廿五反、壱反ニ付三拾匁
一銀拾八匁弐分　供人足笠花・渋団扇代
一銀四百三拾七匁五分　供人足浴衣廿五反、壱反ニ付
拾七匁五分
一銭拾弐貫五百文　同両日賃銭、壱人ニ付五百文
（四十六丁表）
金七拾五両
〆　銀弐貫拾四匁四分五厘
銭拾弐貫五百文
六五替
此銀百拾五匁三分八厘五毛
合銀六貫六百弐拾九匁八分三厘五毛
両町人数廿五人割壱人分
銀弐百六拾五匁壱分九厘三毛
（四十六丁裏）
拾弐人分
一銀三貫百八拾弐匁三分壱厘六毛　品川町
拾三人分
一銀三貫四百四拾七匁五分九毛　同裏河岸
（四十七丁表）
町内限り入用
一金壱両弐分　山王御社御初穂并社家方
千勝氏御礼参り席料共
一銀八拾弐匁　桃灯品〻新規并張替代
一銭拾七貫三百三拾弐文　御祭礼中蝋燭代
一金八両三分　名主殿支度代
一金三両三分　同手代衆弐人、男女中共心付
（四十七丁裏）
一金三両壱分　番人四人心付
一金四両　抱鳶頭・欠付人足共仕度代
一銀弐拾五匁　鉄棒房四懸ヶ代
一金弐両弐分　廣小路往還手摺入用
一金弐両　当春より自身番にて、
度〻寄合、炭・茶・らうそく
水油代
銭壱貫五百八拾文
（四十八丁表）
一銀五拾六匁　番人浴衣四反代
一銭弐貫文　非人角内孫太郎祝義
金弐拾五両三分
銀百六拾三匁
〆　銭弐拾貫九百拾六文
六五替
此銀百九拾三匁七厘四毛
合銀壱貫九百壱匁七厘四毛
（四十八丁裏）
三口
〆銀弐拾八貫四百六拾九匁四分四厘四毛
百拾三間割小間壱間ニ付
銀弐百五拾壱匁九分四厘弐毛
一銀壱貫六百八拾壱匁八厘九毛　春日龍神出し印一式入用

右同断割小間壱間ニ付
銀拾四匁八分七厘七毛
五ヶ町割合品川町裏河岸分
（四十九丁表）
拾五間
一銀三貫七百七拾九匁壱分三厘　附祭入用
同
一銀弐百弐拾三匁壱分五厘五毛　出し印入用
〆銀四貫弐匁弐分八厘四毛　四郎兵衛
拾弐間
一銀三貫弐拾三匁三分四毛　同断
同
一銀百七拾八匁五分弐厘五毛　同断
〆銀三貫弐百壱匁八分弐厘八毛　利兵衛
（四十九丁裏）
九間
一銀弐貫弐百六拾七匁四分七厘八毛　附祭入用
同
一銀百三拾三匁八分九厘三毛　出し印入用
〆銀弐貫四百壱匁三分七厘壱毛　大助
三間
一銀七百五拾五匁八分弐厘六毛　同断
同
一銀四拾四匁六分三厘壱毛　同断
〆銀八百匁四分五厘七毛　長八
（五十丁表）
白紙
（五十丁裏）
白紙
（裏表紙表）
白紙
（裏表紙裏）

0203

《第三分冊》

（表紙後補〈岩瀬文庫にて付けた表紙〉）

21223
㊟72
106
江戸山王祭礼記録　参

（表紙）

（貼紙）寅五月十一日於松の尾、両町居附方〻惣地主方江
御披露有」之候見積之内減少相付候分
山王御祭礼附祭年番入用凡見積書
（朱印）岩瀬文庫

（表紙裏）
白紙
（一丁表）
品川町
同裏河岸　小間割入用

一金百八拾五両　士農工商之学練物
　女踊子供拾壱人
　常盤津太夫・三味線弾共拾壱人
　唄うたひ・三味線弾共八人
　囃子方七人
　女後見并世話人共拾人
　右衣類・給金并諸道具代
　一式請負高

（一丁裏）

一金四拾両　鉄棒引女子供四人衣類・給金共
百六拾九間
壱間ニ付銀三拾五匁積
一銀五貫九百拾五匁　八番五ヶ町割合ニ可二相成一入用
　此金九拾八両弐分　年番三ヶ所割入用
　銀五匁　御役所向入用
　同配り手拭扇子代
　同番付・文句・練場絵図代
　附祭大幟代
　五ヶ町寄合入用

（二丁表）

一金五両　男鉄棒引弐人、衣類并賃銭
一金五両　同割竹引四人、右同断
一金弐拾両　底抜屋台・茶小屋其外、練物
　道具置場小屋補理入用
壱人前壱匁三分積
一銀弐貫六百九拾壱匁　割子弁当代
　此金四拾四両三分　前日三度　但壱度分
　銀六匁　当日四度　弐百三拾人前之積
　御礼参り弐度
　〆弐千七拾人前

（二丁裏）

壱反、銀廿五匁積
一銀壱貫百七拾五匁　練子供・芸人・請負人・世話人
　此金拾九両弐分　鉄棒引・後見共浴衣四拾七反
　銀五匁
壱反、拾匁積
一銀弐貫匁　町内并名主殿共配り手拭代
　此金三拾三両壱分　弐百反之積
　銀五匁
一金拾両　右同断番付・文句・扇子代
一金四拾五両　両下見并勢揃ひ入用

（三丁表）

一金九両壱分　傘弐百本、町銘書賃共
一金拾両　練子供・芸人其外人足等迄
　前夜町内泊り宿、当朝飯迄入用
一金拾両　練子供・女鉄棒引共目見得
　芸見分入用
一金拾両　附祭本絵・下絵・趣向付文句作等
　入用
一金弐拾両　自身番手狭ニ付、両町寄合難二相成一
　御祭礼用済切迄、寄合所諸入用

（三丁裏）

壱人五百文積
一銭六拾五貫文　雇人足賃前日・当日・御礼参り共
　此金拾両　百三拾人積
壱反、銀拾五匁積
一銀壱貫三百五拾匁　日傘持・床机持・供人足其外
　此金弐拾弐両弐分　浴衣九拾反
一金五両　小買もの代

（貼紙）

此高ニ而凡 金八拾壱両三分ト　相減申候 銀九匁

（四丁表）

〆凡金六百弐両三分ト銀弐拾壱匁
　此銀三拾六貫百八拾六匁
　　内
　　銀壱貫六百弐匁壱分　惣御祭礼町より助金
　差引
　　銀三拾四貫五百八拾三匁九分
　　品川町　合小間百六拾九間割
　　同裏河岸
　　　壱間ニ付
　　銀弐百四匁六分四厘

（四丁裏）

七拾七間半
一銀拾五貫八百五拾九匁六分　品川町
九拾壱間半
一銀拾八貫七百弐拾四匁五分六厘　同裏河岸
　弐ツ割入用
一金弐拾両　名主殿支度代

（五丁表）

一金拾両　同御新造手代衆弐人、男衆女中共
一金拾両　諸御役向入用
壱人ニ付金三両積
一金六拾六両　警固・出役・家主清服代
　弐拾弐人分
壱反銀三拾匁積
一銀七百弐拾匁　家主・書役共出し迎浴衣
　此金拾弐両　弐拾四反
一金五両　山王社家方寄附

（五丁裏）

壱人ニ付銀廿匁積
一銀四百四拾匁　菅殿中笠・花足袋・草履
　此金七両ト　弐拾弐人分
　銀弐拾匁
一金拾両　高張・手桃灯其外共
一金拾両　蝋燭・諸紙代
一金拾五両　書役・鳶人足・番人等支度代
一金拾両　組合頭取・道具持人足心付其外
　座頭・非人等祝義

（六丁表）

一金拾五両　　御祭礼相済候後、練子・芸人
　　　　　　　其外一統祝義

一金五拾両　　去丑年中ゟ両町度〻寄合
　　　　　　　入用

〆凡金弐百四拾両ト銀弐拾匁
　此銀拾四貫四百弐拾匁
　弐町割壱町分
　　銀七貫弐百拾匁

（六丁裏）

小間割弐ッ割合
一銀弐拾三貫六拾九匁六分　　品川町
町内限入用
一銀壱貫八百匁
〆銀弐拾四貫八百六拾九匁六分
　七拾七間半割
　　壱小間ニ付
　　銀三百弐拾匁九分

（七丁表）

小間割弐ッ割合
一銀弐拾五貫九百三拾四匁五分六厘　　同裏河岸
町内限入用
一銀壱貫八百匁
〆銀弐拾七貫七百三拾四匁五分六厘
　百拾三間割
　　壱小間ニ付
　　銀弐百四拾五匁四分三厘九毛

（七丁裏）

白紙

（八丁表）（写真写）

連判
八番
本両替町
駿河町
品川町
同裏河岸
北鞘町

（八丁裏）

白紙

（九丁表）

差上申御請書之事

一当閏七月廿三日山王御祭礼之処、町入用之儀無㆑謂相掛
間敷旨、是迄度〻被㆓仰渡㆒有㆑之、猶又去ル丑年（嘉永六年）
以来寛政度振合を以、附祭差出候ニ付而は、都而高價
之品不㆓相用㆒萬端質素ニ致、寄合所等補理候儀
は勿論、無益ニ度〻寄合酒食等之入用掛候儀堅
致間敷旨、其外取締方之儀当月九日被㆓仰渡㆒候
然ル処、附祭町之内無益ニ寄合等仕候場所有㆑之哉

（九丁裏）

之趣入㆓御聴㆒、右は風聞迄之儀ニは可㆑有㆑之候得共、御時
節柄之儀、此上右躰之儀有㆑之御沙汰等御座候而は
以之外不㆓相済㆒儀ニ付、一同申合被㆓仰渡㆒之通、急度
相守可㆑申旨被㆓仰含㆒一同奉㆑畏候、右は私共は不㆑及㆑申
地借・店借之者共江申聞、堅為㆓相守㆒候様可㆑仕候、萬一心
得違之儀も御座候ハヽ、何様被㆓仰立㆒候共、一言之儀申上
間敷候、為㆓後日㆒仍如㆑件

附祭町
本両替町

（十丁表）

嘉永七寅年五月廿七日　　家主　久兵衛
同　庄右衛門
同　茂助
同　嘉平治
同　儀三郎
同　伊助
同　林兵衛
同　金蔵
同　新右衛門
同　藤兵衛

（十丁裏）

同　儀兵衛
同　利兵衛
同　久三郎
同　清八
同　金兵衛
居附地主
市左衛門京都住宅ニ付
店支配人
　喜兵衛
居附地主
　金六

（十一丁表）

同　伊右衛門
同　浅之助
同　小左衛門
北鞘町
家主　清右衛門
同　四郎左衛門
同　保平
同　太右衛門
同　弥吉

（十一丁裏）

同　友右衛門
同　幸右衛門
同　忠兵衛
同　徳兵衛
同　杢兵衛
同　儀兵衛
同　嘉平治
同　茂助
同　庄右衛門

（十二丁表）

同　久兵衛
居付地主
　小左衛門
同はや後見
　孫　七
駿河町
家主　彦兵衛
同　仁兵衛
同　平　助
同　直次郎

（十二丁裏）

同　利兵衛
同　喜兵衛
同　冨右衛門
同　七右衛門
同　粂　七
同　儀兵衛
同　巳之助
同　善　蔵
同　平四郎

（十三丁表）

居附地主
三井治郎右衛門京都住宅ニ付
　店支配人
　　政次郎
品川町
家主　市五郎
同　太右衛門
同　喜兵衛
同　栄　吉
同　音　吉

（十三丁裏）

同　利兵衛
同　三五郎
同　六　平
同　長　八
同　孫兵衛
同　彦兵衛
居附地主
奥田仁左衛門京都住宅ニ付
　代　平八郎

（十四丁表）

品川町裏河岸
家主　大　助
同　善兵衛
同　利右衛門
同　太右衛門
同　藤兵衛
同　八十兵衛
同　七兵衛

（十四丁裏）

同　彦兵衛
同　孫兵衛
同　長　八
同　四郎兵衛
同　利兵衛
居附地主
　平　作
同ぎん後見
　平右衛門

（十五丁表）

名主　捨五郎殿
同　進左衛門殿
同　庄左衛門殿
御祭礼掛
　名主中

（十五丁裏）

白紙

（十六丁表）（表紙写）

行見立
士農工商之学練物
附祭書上
品川町
同裏河岸

（十六丁裏）

白紙

（十七丁表）

一鉄棒引男　弐人
　但麻帷子裁付を着
一小幟壱本　持人足　壱人
　但白木綿、竪五尺・巾弐尺五寸、紫絖縁を取、行之見立士農工商之学ひと認幟竿、先江草花之造り花取付、持人足木綿単物着
一警固男　三拾人

（十七丁裏）

　但絹中形単物を着
一世話役　弐拾五人
　但絹摺込中形単物絹袴を着
一鉄棒引女子供　四人
　但縞絖袷絹襦袢・縞絖裁付を着
一境杭壱本　持人壱人

（十八丁表）

　但張抜ニ而長六尺五寸、根之所江土手ニ下草之造物付、正面ニ相州鎌倉行村境滑川と認、持人木綿浴衣を着
一柳立木造物壱本　持人弐人　手替り共
　但張抜ニ而、長壱丈、持人木綿単物着
一浪板　壱枚
　右境杭柳立木浪板は踊候節、置台江差置申候

(十八丁裏)
行之見立
　士農工商之学ひ
一練物踊女子供　拾壱人
　内壱人青砥左衛門之学ひ、男かつら・立烏帽子を
　冠り、絹袷・麻素袍を着、木短刀を帯、中啓を持、後
　引抜、子寶算童子之形、童子かつら・絹摺込模
　様振袖・緋絖帯を〆、子寶算用帳と認候帳面を
　持
(十九丁表)
　内壱人仕丁之学ひ、男かつら、後江茶釜紅絹袷
　絹白丁を着、烏帽子を襟ニかけ、木太刀をかつく
　後引抜、子寶算男之形、若衆かつら絹摺込模
　様袷を着し、絖帯を〆、扇子を持
　内四人御田稲刈之学ひ、嶋田髷、花簪をさし
　絹摺込模様振袖・絹狩衣を着、絹しこきを〆
　束ね稲木之鎌を持、網代之笠を背負ふ、後
　引抜、子寶算娘之形、女かつら・嶋田髷、簪を
(十九丁裏)
　差、絹摺込模様振袖を着、黒絖帯并しこき
　を〆、手拭を持
　内壱人御師之学ひ、若衆かつら後江茶笠染絹
　袷・摺込模様狩衣・麻摺込模様之大口をはき
　紅葉造り枝ニ束ね稲をかけ候をかつき、中啓を
　持、後引抜、子寶算父之形、男かつら、縞絹袷を
　着、黄絖帯を〆、そろばん・扇子を持
　内四人番匠之学ひ、絖頭巾之上江侍烏帽子を
(二十丁表)
　冠り、麻摺込模様素袍を着、同断狂言袴を
　はき、五色絹吹流し付候弊(幣)、串木之手斧・さし
　かね・墨壷等を持、後引抜、壱人は子寶算母之
　形、女かつら・割からこ髷、染絹鼠袷を着、黒絖帯
　を〆、団扇を持、三人は子寶算男之形、若衆かつら
　絹摺込模様袷を着、黄絖帯を〆、扇を持
　　但前書引抜候内、子寶算男之形、四人ニ相成申候
　右拾壱人、浄瑠璃長唄ニ而所作仕、何れも日傘差
(二十丁裏)
　掛申候
一置台　三ツ
　但長九尺・巾六尺五寸・高サ壱尺床下縁へり四方江
　板打付踊候節、一所ニ並、上ニ而所作仕候
一右持人足　九人
　但紺帷子を着
一幕壱張　持人壱人
　但白木綿墨ニ而、遠見けしきを画踊候節、置台
(二十一丁表)
　左右江幕串相立張置、所作仕候
一後見女　三人
　但絹単物着、絖之帯を〆
一浄瑠璃語・三味線弾共男　拾壱人
　但絹単物絹袴を着、日傘差掛申候

一唄うたひ・三味線弾共男　八人
　但右同断
(二十一丁裏)
一囃子方男　七人
　但右同断
一底抜日覆　壱荷
　但四方、上ヶ障子造り花取付
一右持人足　六人
　但紺木綿単物着
(二十二丁表)
一日傘持　三拾人
　但紺麻帷子着
一荷茶屋　弐荷
一右持人足　四人
　但右同断
(二十二丁裏)
一床机持　四人
　但右同断
一供人足　弐拾人
　但右同断
(二十三丁表)
白紙
(二十三丁裏)
白紙
(二十四丁表)(表紙写)

芸人名前書上
品川町
同裏河岸

(二十四丁裏)
白紙
(二十五丁表)
行見立
　士農工商之学練物　品川町
　同裏河岸
　天徳寺門前代地慶次郎店
　　籐八娘むめ事
一鉄棒引　梅吉　拾九才
　浅草聖天町傳兵衛店
　　兼吉娘こま事
一同　駒吉　弐拾壱才
(二十五丁裏)
　本郷菊坂町吉兵衛店
　　重次郎娘
一鉄棒引　みち　十七才
　米沢町壱丁目彦兵衛店
　　友七娘
一同　まつ　弐十才

浅草北馬道町長次郎店
栄次郎娘
一青砥左衛門之学　まち
十弐才
(二十六丁表)
麹町壱丁目喜三郎店
弥助娘
一仕丁之学　みち
十六才
四谷傳馬町壱丁目弥吉店
安兵衛娘
一御田稲刈之学　ふぢ
十七才
麹町壱丁目喜三郎店
安五郎娘
一同　ふさ
十七才
(二十六丁裏)
本石町壱丁目勘次郎店
豊次郎娘
一御田稲刈之学　つる
十七才
馬喰町四丁目佐吉店
喜兵衛娘
一同　はま
十八才
同町同店
定吉娘きん事
一御師之学　坂東金蝶
十七才
(二十七丁表)
同町清八店
宇七娘ます事
一番匠之学　同　小升
十八才
柳原同朋町定吉店
治郎吉娘しま事
一同　同　小しま
十八才
橋本町四丁目傳兵衛店
利助娘みよ事
一同　同　三代吉
十七才
(二十七丁裏)
神田小柳町弐丁目治助店
政右衛門娘
一番匠之学　こう
十八才
神田鍛冶町弐丁目鉄太郎店
七兵衛妹よし事
一後見　坂東芳代
弐十三才
本石町壱丁目勘次郎店
藤吉娘きん事
一同　吾妻藤寿
弐十壱才
(二十八丁表)
馬喰町四丁目清八店
宇七妻ミつ事
一同　坂東小ミつ
三十才
檜物町後兵衛店
林之助事
一浄瑠璃太夫　常盤津小文字太夫
市ヶ谷本村町平八店
三右衛門事
一同　同　佐喜太夫
(二十八丁裏)
八丁堀金六町惣兵衛店
松五郎事
一浄瑠璃太夫　常盤津国太夫
本石町四丁目嘉助店
定次郎事
一同　同　三国太夫
神田鍛冶町壱丁目藤吉店
市五郎事
一同　同　三笠太夫
(二十九丁表)
柳町茂三郎店
定吉事
一同　同　八嶋太夫
湯嶋天神門前町巳之助店
一三味線　岸沢三蔵
南紺屋町仙太郎店
勘次郎事
一同　同　佐久蔵
(二十九丁裏)
桶町壱丁目松五郎店
亀太郎事
一三味線　岸沢文字八
北紺屋町清蔵店
音次郎事
一同　同　八百八
深川佐賀町甚兵衛店
清次郎事
一同　同　都摩八
(三十丁表)
橘町四丁目清七店
一長唄　吉住小作
柴井町茂吉店
一同　岡安喜代七
湯嶋天神下同朋町

一同　増五郎店　松尾五郎七
（三十丁裏）
一同　橘町四丁目清七店　小作方同居　吉住新次郎
一三味線　浅草元旅籠町壱丁目　五郎兵衛店　杵屋弥十郎
一同　同田町弐丁目幸吉店　岡安源次郎
（三十一丁表）
一同　宇田川町安兵衛店　杵屋弥八
一同　浅草田町弐丁目幸吉店　源次郎方同居　岡安源吉
一笛　芝田町弐丁目弥兵衛店　住田勝七
（三十一丁裏）
一同　北本所番場町源蔵店　望月源太郎
一小鼓　浅草山谷町長吉店　福原文左衛門
一太鼓　竹川町与兵衛店　望月太次右衛門
（三十二丁表）
一太鼓　竹嶋町彦七店　福原百次郎
一同　木挽町七丁目孫兵衛店　望月幸太郎
一大太鼓　浅草聖天町傳兵衛店　堅田源次
（三十二丁裏）
白紙
（三十三丁表）（表紙写）

踊子供并店警固之者衣装書上
八番
品川町
同裏河岸

（三十三丁裏）
白紙
（三十四丁表）
品川町
同裏河岸　附祭
天徳寺門前代地慶次郎店　籐八娘
鉄棒引　梅吉
浅草聖天町傳兵衛店　兼吉娘
同　駒吉

右梅吉外壱人着付
一上着紺博多縞
　但背ニ大紋縫伏
（三十四丁裏）
一下着紺小柳地博多縞　弐枚
一繻伴紫緋紺絞縮緬　三枚
　但肌脱不ㇾ申候
一裁付縞繻子
一帯かば色繻子
右両人共衣類同様ニ御座候
本郷菊坂町吉兵衛店　重次郎娘
鉄棒引　みち
（三十五丁表）
米沢町壱丁目彦兵衛店　友七娘
同　まつ
右みち外壱人着付
一上着紺博多縞
　但背ニ大紋縫伏
一下着紺中形縮緬　弐枚
一繻伴緋浅黄紫絞縮緬　三枚
　但肌脱不ㇾ申候
一裁付縞繻子
（三十五丁裏）
一帯かは色繻子
右両人共衣類同様ニ御座候
附祭練物之内
浅草北馬道町長次郎店　栄次郎娘
青砥左衛門之学　まち
一上着海老色縞繻子
　但腰熨斗目縫模様
（三十六丁表）
一下着浅草絖
一素袍浅黄繻子
　但大紋白繻子台付
一袴右同断
一帯段織純（緞）子
後引抜
一上着紫縮面明ほの染
　但摺込模様
一繻伴緋縮緬
一帯かば色純子
〆
（三十六丁裏）
麹町壱丁目喜三郎店　弥助娘
仕丁之学　みち
一上着緋縮面
一仕丁白練絹

一縮袴右同断
後引抜
一上着紫縮緬明ほの染
　但摺込模様
一繻伴緋縮緬
一帯かば色繻子
（三十七丁表）
〆
　四谷伝馬町壱丁目弥吉店
　　安兵衛娘
　御田稲刈之学　ふぢ
　　外三人
右ふぢ外三人着付
一上着桃色縮緬明ほの染
　但摺込模様
一狩衣白絹
　但摺込模様
一襦袢緋縮緬
一帯縞絖
（三十七丁裏）
右四人共衣類同様ニ而、後狩衣引抜申候
　馬喰町弐丁目佐吉店
　　定吉娘
　　きん事
　御師之学　金蝶
一上着桃色絖
　但腰熨斗目摺込模様
一千早白紗
　但摺込模様
（三十八丁表）
一小袴白綿紗綾
　但右同断
一繻緋縮緬
一石帯白絖
　但摺込模様
後引抜
一単物七ゝ子中形
一帯黒博多縞
〆
（三十八丁裏）
　馬喰町四丁目清八店
　　宇七娘
　　ます事
　番匠之学　小ます
　　外三人
右小ます外三人着付
一上着紫縮緬明ほの染
　但摺込模様
一素袍紺絖
　但大紋白絖台付
一狂言袴浅黄かなきん木綿

　但摺込模様
（三十九丁表）
一繻伴緋縮緬
一帯かば色繻子
右四人共衣類同様ニ而、後素袍狂言袴共引抜申候、内壱人ハ引抜
一単物鼠七ゝ子
　但すり込模様
一帯海老色繻子
　神田鍛冶町弐丁目鉄太郎店
　　七兵衛妹
　踊後見　坂東芳代
　　外弐人
（三十九丁裏）
右芳代外弐人着付
一上着黒絽明ほの染
　但縷摺込模様紅梅練重付
一襦袢白縮緬
一帯白博多縞
　檜物町□兵衛店
　　林之助事
　浄瑠璃太夫　常盤津小文字太夫
　　外拾人
右小文字太夫外拾人着付
（四十丁表）
一上着鼠縮緬
一下着白縮緬　壱枚
一袴横麻紫萌黄ほかし染摺込形
右拾壱人共衣類同様ニ御座候
　橘町四丁目清七店
　唄うたひ　吉住小作
　　外七人
右小作外七人着付
（四十丁裏）
一上着鼠浮織絹単物
　但白麻重付
一袴紗萌黄ほかし染摺込形
右八人共衣類同様ニ御座候
　芝田町弐丁目弥兵衛店
　囃子方　住田勝七
　　外六人
右勝七外六人着付
一上着鼠浮織絹単物
（四十一丁表）
一袴紗萌黄ほかし染摺込形
右七人共衣類同様ニ御座候
　右附祭店警固
　品川町太右衛門店
　　峯吉父
　　　留吉
　同店
　　八十八

右留吉外壱人着付
(四十一丁裏)
一上着紫七ゝ子亀甲大形染
一下着紺博多弁慶縞単物　壱枚
一帯かば色わた錦糸織
右弐人共衣類同様ニ御座候
品川町音吉店
吉五郎倅
金次郎
一上着右同断
一下着木綿単物　壱枚
(四十二丁表)
一帯かば色錦糸織
〆
同町同店
善八倅
寅之助
寅十才
一上着黒純子
但背ニ大紋其外亀甲菊弊(幣)串共台付模様
一下着紫白七ゝ子亀甲摺込模様　弐枚
一繻伴緋御納戸紋縮緬　弐枚
一帯かば色錦糸織
(四十二丁裏)
品川町裏河岸
善兵衛店
惣　助
一上着紫七ゝ子亀甲大形染
一下着紫山舞縮緬緋縮緬単物　弐枚
一繻伴緋縮緬　壱枚
一帯白博多縞
同町七兵衛店
安兵衛父
金右衛門
(四十三丁表)
一上着紫七ゝ子源氏雲摺込単物
一下着白縮緬高波摺込単物　壱枚
一繻伴浅黄縮緬　壱枚
一帯白博多縞
同町善兵衛店
喜三郎倅
多吉
寅十四才
(四十三丁裏)
一上着紫七ゝ子亀甲大形染
一下着白かなきん木綿市松摺込形　弐枚
一繻伴緋縮緬　壱枚
一帯白博多縞
品川町裏河岸
彦兵衛店
弥十郎

一上着右同断
一下着縞麻帷子　壱枚
(四十四丁表)
一帯白博多縞
同町利右衛門店
豊吉
一上着右同断
一下着白縮緬　壱枚
一繻伴御納戸山舞縮緬　壱枚
一帯白博多縞
同町孫兵衛店
金蔵
(四十四丁裏)
一上着紫七ゝ子亀甲大形染
一下着緋縮緬白縮緬波摺込模様共　弐枚
一繻伴御納戸山舞縮緬緋板〆縮緬共　弐枚
一帯白博多縞
品川町裏河岸
四郎兵衛店
宗助
一上着紫七ゝ子源氏雲摺込模様
一下着鼠緋山舞縮緬　弐枚
一繻伴御納戸緋山舞縮緬　弐枚
(四十五丁表)
一帯白博多縞
同町善兵衛店
平次郎倅
長三郎
一上着紫絹縮亀甲染
一下着桃色鼠茶緋白絹縮亀甲摺込形　五枚
一繻伴緋浅黄絹縮　弐枚
一帯茶糸織
(四十五丁裏)
品川町裏河岸
太右衛門店
次郎吉倅
栄次郎
寅十三才
一上着紫七ゝ子亀甲大形染
一下着かなきん木綿摺込形単物　壱枚
一帯白博多縞
品川町
家主
三五郎
外拾人
(四十六丁表)
右三五郎外拾人着付
一上着鼠縮緬
但腰熨斗目形花丸摺込模様
一下着桃色鼠紋縮緬　弐枚
一繻伴緋御納戸山舞縮緬　弐枚

一袴藍縞川越平
一帯紺博多縞
右拾壱人共衣類同様ニ御座候
同町裏河岸
家主
四郎兵衛
外八人

(四十六丁裏)
右四郎兵衛外八人着付
一上着鼠縮緬
但腰熨斗目形花丸摺込模様
一下着紫縮緬　弐枚
一襦伴緋御納戸山舞縮緬　弐枚
一袴藍縞川越平
一帯紺博多縞
右九人共衣類同様ニ御座候

(四十七丁表)
白紙

(四十七丁裏)
白紙

(四十八丁表・裏)
(附祭練絵図)

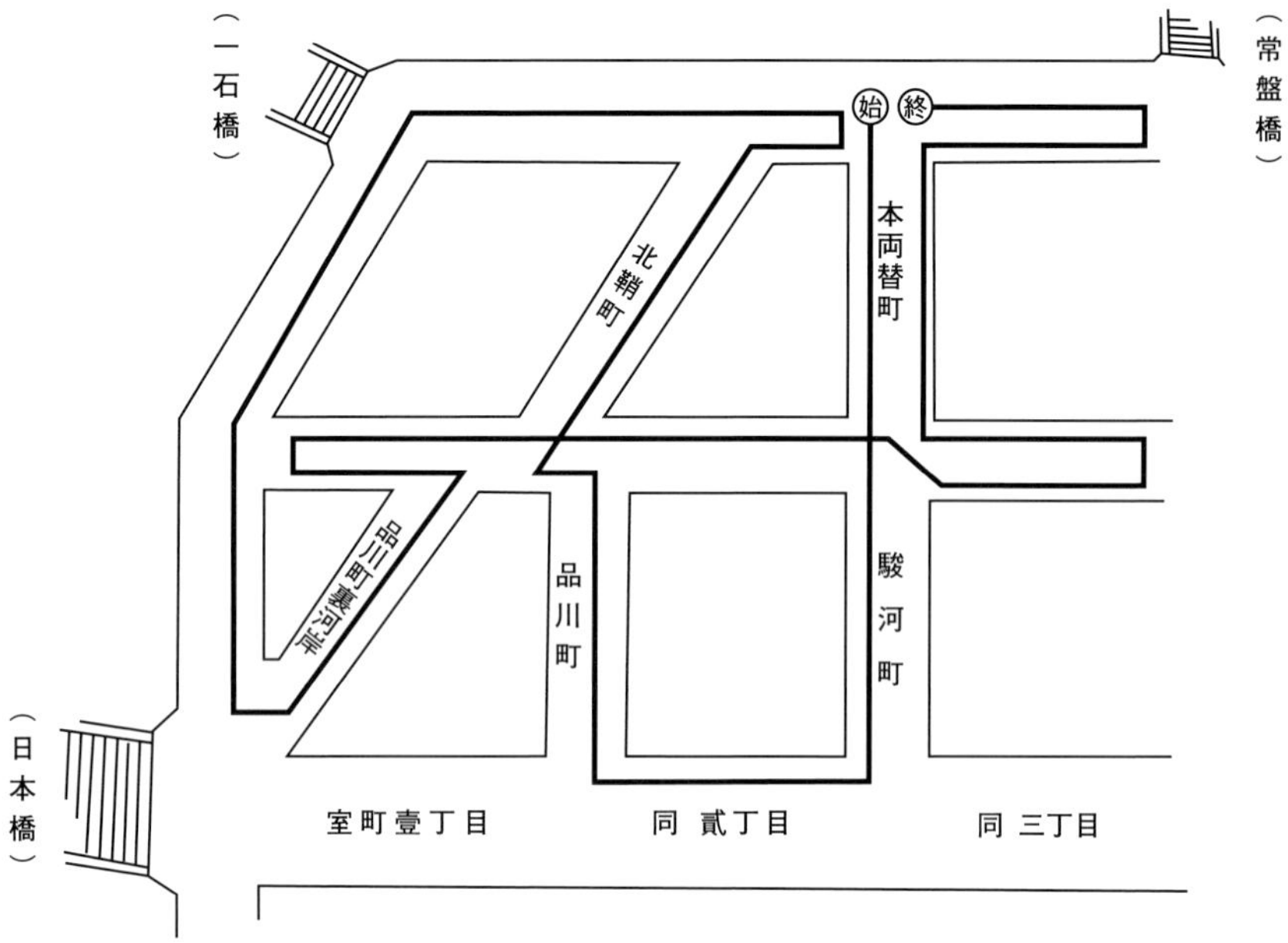

(四十九丁表)(表紙写)

嘉永七寅年八月
山王御祭礼出し印諸入用精帳
世話番
本両替町

(四十九丁裏)
白紙

(五十丁表)
一金三両弐分　春日龍神出し印組建
　錺付定式入用
一金壱分　山王御札料
一金六両三分　大車・牛三疋三日分雇賃銀
一金壱両弐分　輪元人足三人支度并
　弐貫七百文　三日分雇賃銭
一銀六拾匁　人形頭・手足塗直し代

(五十丁裏)
一銀拾三匁　中啓差替代
一銀五拾弐匁五分　龍立新規代
一銀拾五匁　天冠滅金差直し代
一金三両弐分弐朱ト　大口新規綿切地并裏仕立
　九拾壱匁壱分三文　代とも
一銀弐拾四匁　縮面巴幕洗張仕立直し并
　はかくし幕張替彩色手間共

(五十一丁表)
一銀七匁五分　町銘札新規代
一金壱両弐分　鉄棒引弐人裁付代
一金弐拾両　手木舞四拾人半転・股引代
一金拾七両弐分弐朱　伊兵衛・長兵衛請負高
　弐匁五分　手木舞百人分、廿一日・廿二日・廿三日
　酒食料
一銀四拾五匁壱分　手木舞・出し屋・輪元人足并
　はやし方・牛方、扇子代

(五十二丁裏)
一銀九拾七匁四分　手木舞・出し屋・輪元人足・囃子方
　牛方・鉄棒引・物持人足、笠花代
一銀三百四十匁弐分　右同断、持手拭代
一銭九貫三拾弐文　高張新規四張・町銘丸桃灯五張
　張替代并ろうそく代共
一銀八拾弐匁弐分四厘　雨覆木品大工手間釘柄坐損料
　壱貫弐百文　床結細引仕足し共
一銀四拾六匁五分　出し印・曳綱細引損料切縄共
　六百四拾八文　其外とも

(五十三丁表)
一金弐分弐朱　荷ひ茶屋壱荷損料并
　壱貫五百三拾四文　手桶・茶碗・炭其外共
一四百拾六文　拍子木弐組代
一金三両三分　囃子方・牛方、十九日ゟ廿三日迄
　四貫四拾八文　下宿酒肴支度代
一銀九百六拾八匁　手木舞・出し屋・囃子方・輪元人足
　牛方・物持人足、弁当両日共二度ツ、
一銀百八拾五匁八分　徳山はやし方拾人・牛方三人

浴衣代

（五十三丁裏）

一金壱両弐分弐朱　牛三疋泊り小屋并繕物笘
壱貫九百四拾文　縄并日おひ（覆）座共

一金弐両也　徳山若者五人・囃子方拾人・牛親方
弐人・牛牽三人祝義并年番ニ付
別段心付共

一銭八貫三百廿四文　荷ひ茶屋人足・弁当持人足并
出し持運ひ人足賃共

一壱貫弐百四拾八文　二日分長持損料

一銀八匁五分　筆墨紙代
壱貫五百四拾八文

（五十四丁表）

一金壱両弐分　出し印諸道具類置場
蔵敷入用

金六拾三両三分
〆銀弐貫三拾九匁三分七厘
銭三拾弐貫六百五拾文
為惣銀六貫百六拾五匁七分七厘
四百八拾壱間ニ割
小間ニ付銀拾弐匁八分壱厘九毛

八拾間
一銀壱貫弐拾五匁五分弐厘　駿河町

（五十四丁裏）

七拾七間半
一銀九百九拾三匁四分七厘三毛　品川町

九拾壱間半
一銀壱貫百七拾弐匁九分三厘九毛　同裏河岸

百弐拾三間半
一銀壱貫五百八拾三匁壱分四厘七毛　北鞘町

百八間半
一銀壱貫三百九拾匁
八分六厘弐毛　本両替町

（五十五丁表）

一金七両弐分　行事拾人上下（裃）代

一銀弐拾五匁　同仕立代

一銀七拾三匁五分　同足袋・草履代

一銀六百匁　行事拾人帷子代

一金五両也　書役五人支度代

（五十五丁裏）

一銀三拾六匁七分五厘　書役五人足袋・草履代

一銀六拾五匁五分　行事拾人・書役五人扇子并
大団扇、供人足渋うちハ代

一銀八拾八匁　右同断、笠造り花代

一銀四拾九匁五分　右同断、持手拭代

一銀拾四匁三分　竹杖紅麻之代

（五十六丁表）

一銀三百四拾弐匁　行事・書役并供人足共
両日弁当代弐度ツヽ

一銭拾五貫文　右供人足雇賃銭

一銀三拾壱匁弐分五厘　右同断看板損料

一金壱両三分　出し印之義ニ付度ミ
弐百弐拾壱匁五分　寄合入用

（五十六丁裏）

金拾四両壱分
〆銀壱貫五百四拾七匁三分
銭拾五貫文
為惣銀弐貫五百四拾匁七分五厘
五ヶ町割
壱町ニ付
銀五百八匁壱分五厘ツヽ

右之通御座候以上　世話番
本両替町
御祭礼行事
寅八月　伊助（印）
同　儀三郎（印）

（裏表紙）

嘉永七年「山王祭礼番附并附祭芸人練子名前帳」（東京都立中央図書館特別文庫室蔵）

紙本木版墨摺一冊

同館収蔵番号（東京誌料三三一―七）の嘉永七年（一八五四）閏七月二十三日の横帳墨摺（縦一一・三、横三一・八）である。同年一月十六日にはペリー率いる軍艦七隻が江戸湾内に投錨し、同二十七日には神奈川に至っている。このような外憂のなかにあって、例年の六月十五日の例祭日ではなく、閏七月二十三日（西暦九月十五日）に行われ、気候的には催しやすい時期となった。「禁売」書のため裏表紙に記された所持者「長堀氏」は配布された関係者であると思われ、三ヶ所の書き入れが見られる。表紙の「三場所」とは附祭の真行草、雪月花、京名所（冬・秋・春の景色）三種をそれぞれ地走踊り、練物、踊台で構成した本両替町・駿河町・品川町・同裏河岸・北鞘町組合、箔屋町・岩倉町・下槙町・福嶋町組合、本湊町単独の三つである。111・112頁の絵巻、143～151頁の番附を読み解く際の重要な史料でもあり、以下、全文翻刻する。

（外表紙）

331
7

（題箋）山王祭礼番附并附祭芸人練子名前帳

（内表紙表）

甲寅閏七月廿三日
三場所
山王祭礼番附并附祭芸人練子名前帳
禁売

（内表紙裏）

白紙

（一丁表）

御幣　大鼓　御榊　社家馬上
神馬　小旗

壱番
一出シ吹貫鶏太皷　大傳馬町

弐番
一出シ吹貫猿　南傳馬町

三番
麹町十三町分
平川町
山元町

内

一笠鉾男猿　麹町　壱丁目　弐丁目　三丁目

一笠鉾馬乗人形　麹町　四丁目　五丁目　六丁目

一笠鉾日本武尊
人形　麹町　七丁目　八丁目　九丁目　十丁目

一笠鉾雲乗猿　麹町　十一丁目　十二丁目　十三丁目

一笠鉾八幡太郎
人形　麹町平河町壱丁目　弐丁目

一笠鉾鍾馗ニ鬼
人形
外ニ　御雇　麹町平河町三丁目　山元町

一太神楽　新肴町　弥左衛門町　壱丁目　本材木町二丁目　三丁目　四丁目

（一丁裏）

四番
一出シ水車　山王町　南大坂町　丸屋町

五番
一御初穂　小舟町　堀留町壱丁目　弐丁目　堀江町

六番
一出シ松羽衣漁夫　桶町

七番

一出シ弁天人形　本町四丁分
　岩　附　町
　金　吹　町
　本　革　屋　町

八番

一笠鉾春日龍神
　人形　本　両　替　町
　駿　河　町
　品　川　町
　同　裏　河　岸
　北　鞘　町

附祭

一鉄棒引男　弐　人
　紺木綿半転着ス
一幟　壱本　手替リ共　八人持
　真行草と認竿上ニ造花を付
一鉄棒引男　弐　人
　縞麻帷子着同裁付をはき
一小幟　壱本　手替共　弐人持
　真の見立紅葉狩之学ひと認造花を付
一警固男　絹中形単物着　三拾人
一世話役　絹中形単物絹袴着　廿二人
一鉄棒引女子供　四　人
　縞糹袷絹襦伴縞糹裁付着

真の見立
　紅葉狩之学ひ
　地走り踊女子供　九　人

壱

（二丁表）
　内壱人ハ惟茂之学ひ男かつらニ而立烏帽子
を冠り糹摺込もやう袷を着絹摺込もやう
狩衣を着白横麻大口をはき紅葉の枝中啓
を持木太刀を佩同短刀を帯し後引抜組子
頭之形男かづらうしろ茶筌黒糹摺込模様
絹糸ばれん付四天を着糹丸くげ帯をしめ
紅絹絽襦伴を着木太刀を帯造物紅葉
の枝を持
　内壱人ハ姫の学ひ女かづら下ヶ髪花簪
をさし紅絹摺込模様之袷振袖を着黒糹
摺込之帯を〆後引抜戸隠の鬼女之形糹
摺込もやう袷絹襦伴きぬしごきをしめ
般若之面造物撞（鐘）木を持
　内弐人ハ腰元之学ひ女かつら嶋田髷花
簪をさし絹すり込もやう袷を着糹摺こみ
もやう帯を〆壱人ハ三宝ニかハらけを持一人ハ
長柄之銚子を持後引抜四天を着
　内五人ハ侍女之学ひ女かつら烏かぶとを冠り
紅絹模様袷并絹摺込もやう狩衣を着し
黒糹帯を〆壱人ハ笙を持壱人ハ横笛を持
壱人ハかつこを持壱人ハ管絃太鼓居置撥を
持壱人ハチヤツパを持　右こし元侍女都合七人
後ニ引抜組子之形女かづら嶋田髷白糹
紅ぼうし紅葉に波色入摺込模様絹糸にて
ばれん付四天を着絹しごき帯を〆紫きぬ
網ぢばん白絹はち巻絹たすきをかけ銘〻紅葉
のつくり枝を持木綿色分之幕張置台ニ而
右九人とも長唄ニ而所作仕候
一囃子方男　十六人
　絹単物袴を着内十人ハ日傘をさしかけ
一かつぎ日覆　一　荷
一荷茶屋　三　荷
一鉄棒引男　弐　人
　麻帷子裁付を着
一小幟　壱本　壱人持
　行見立士農工商の学と認草花の造物を付
一警固男　絹中形単物着　三十人
（二丁裏）
一世話役　単物袴を着　廿五人
一鉄棒引女子供　糹袷裁付を着　四　人
一境杭　壱本　相州鎌倉行村境　持人壱人
　滑川と認
一柳木造物壱本　浪板壱枚
行の見立
　士農工商の学
一練物踊女子供　拾壱人
　内壱人青砥左衛門の学男かづら立ゑほしを冠り絹袷麻
素袍を着短刀を帯し中啓を持後ニ引抜子宝算童
子之形とうじかづら絹摺込模様振袖緋糹之帯を〆子
宝算用帳と認候帳面を持
　内壱人ハ仕丁の学男かづらうしろ茶筌紅絹袷絹白
丁を着烏帽子を襟にかけ木太刀をかつぐ後引抜
子宝算男の形若衆かづら絹摺込模様袷を着
糹の帯を〆扇を持
　内四人御田稲刈の学嶋田髷花簪をさし絹摺込
模様振袖絹狩衣を着絹しごきを〆束ね稲木之鎌
と網代の笠を背負ふ後引抜子宝算娘之形女かづら
嶋田髷簪をさし絹摺込模様振袖を着黒糹の帯
并しごきを〆手拭を持つ
　内壱人御師之学ひ若衆かつら後江茶せ
ん染絹袷摺込模様狩衣麻摺込模様之大口
をはき紅葉造り枝に束ね稲を掛ヶ候をかつぎ
中啓を持後引抜子宝算父之形男髷
縞絹袷を着黄糹帯を〆そろばん扇を
持つ
　内壱人番匠之学ひ糹頭巾之上江侍ゑ
ぼしを冠り麻摺込模様素袍を着同断
狂言袴をはき五色絹吹流し付候幣串
木の□（手斧カ）□（さしカ）がね□を持後引抜
壱人ハ子宝算母之形女かづら割がらこ

髷染絹鼠袷を着黒繻帯を〆うちハ
をもち三人ハ子宝算男の形若衆かづら
絹摺込模様袷を着黄繻帯を〆扇子を
持つ　幕張置台の上ニて右浄るり長唄
にて拾壱人所作仕候

弐

（三丁表）
一囃子方男　廿六人
浄るり長唄三味線引共単物袴を着日傘さしかけ
一かつぎ日覆　壱荷
一荷ひ茶や　弐荷
一小幟　壱本　手替共　弐人持
草の見立芥川道行と認秋の造花を付
一警固男　絹単物川越平袴着　拾壱人
一世話役　同　拾四人
一鉄棒引女子供　四人
紺繻袷絹襦伴縞繻裁付をはき
草の見立
一芥川小町業平之学ひ
一踊台　正面武蔵野之景後引抜之節玉川ニ替
初ニ踊台之内月ニ秋草之造物置付
一踊女子供　二人
内壱人ハ業平の学び絹摺込模様袷同摺込
模様之狩衣差抜を着ゑぼしをかふり中啓をもち
後に引抜若衆形宝扇売の学絹摺込もよふ袷紅絹
襦伴を着しうちハをさし候篠竹并七福人を画候うちハ
にきせるを持
内壱人ハ小町之学ひ絹摺込模様十二ひとへ紅絹
袴を着桧扇を持女かつらさげ髪花簪をさし
後引抜布ざらし女之学ひ嶋田かつら絹摺込
模様袷紅絹襦伴同蹴出しを〆繻摺込模様
の帯を〆たらい并ニ布を持はだぬぎニ而両人共布さ
らしの所作仕候
一囃子方男　二拾人
浄るり長唄三味線引共単物袴を着す日傘を
さしかけ
一かつぎ日覆　壱荷
一荷ひ茶屋　壱荷

九番　伊勢町
一出シ静人形　本小田原町一丁目
同　弐丁目
瀬戸物町

（三丁裏）
拾番　室町三丁分
本船町
一笠鉾加茂能人形　安針町
本町三丁目裏河岸

拾壱番　本石町四丁分
一出シ石台牡丹　同　十軒店

拾弐番　西河岸町
一出シ応神天皇
武内宿祢

拾三番　本銀町四丁分
一出シ大日神人形　元乗物町
新革屋町
新石町壱丁目

拾四番　神田鍛冶町
一出シ石台牡丹　同　鍋町
一出シ岩ニ牡丹

拾五番　連雀町
須田町壱丁目
一出シ石台牡丹　同　弐丁目
通新石町

拾六番　鎌倉町
一出シ月に薄　三河町壱丁目

拾七番　小網町
一出シ猟船網打人形

拾八番　新材木町
一出シ月に薄

拾九番　新乗物町
一出シ月に薄

三

（四丁表）
外ニ御雇
一こま廻し壱組　仕手　壱人
こまの曲　手替り四人
枕の曲　世話役五人

弐拾番　猿若町壱丁目
内　同　弐丁目
一出シ月に薄　高砂町
猿若町二丁分　住吉町
一出シ松竹梅　同町裏河岸
高砂町
住吉町分　難波町
難波町　同町裏河岸

弐拾壱番　田所町
一出シ竹生嶋龍神人形　通油町
新大坂町

弐拾弐番　長谷川町
一出シ月に薄　富沢町

弐拾三番　　　　銀座三町分
同　四丁目
内
一分銅之出シ　　銀坐壱丁目
一槌之出シ　　同　弐丁目分
同　三丁目
一分銅之出シ　　同　四丁目分
弐拾四番　　通四町分
一出シ神功皇后人形　　呉服町
元大工町
弐拾五番　　檜物町
上槙町
内
一出シ玉の井能人形　　檜物丁分
一出シ浦島人形　　上槙丁分
(四丁裏)
箔屋町
岩倉町
下槙町
福嶋町

附祭

一鉄棒引男　単物裁付を着　　弐人
一幟　壱本　　手替共弐人持
月雪花と認メ竿上ニ造物を付
一警固男　単物袴を着内　　三十一人
二十人袴を不着
一世話役　右同断　　三人
一鉄棒引女子供　　弐人
絹摺込もやう大紋付廣袖を着博多嶋裁付をはく
月の見立
昔新兎狸の学
一練物男女子供
内三人ハ兎の精柴刈の学男髷にて茶絹紋付
袷を着縞絖裁付ニ而色絖の帯を〆浅黄
絖縫もやうの袖なし羽織を着浅黄絖手甲を
かけ柴を背負小鑇并多葉粉入手拭を持
後ニ緋絹襦袢ニ而肌脱ニ相成申候
内三人ハ兎の精木賊刈田舎娘之学萌黄絹
染もやう袷を着黒絖と絹絞り服合帯を〆
浅黄絖手甲を掛ヶ緋絹蹴出しを〆あらひ
がミのかづらニ而木賊籠を背負鎌并たばこ
入手拭を持腹ニ嫩絹襦伴にて肌脱ニ相成申候
内男子供三人もんぱ狸の縫ぐるミを着し
紅葉の折枝花傘を持此内壱人木賊籠
を冠り壱人ハ手拭を持右九人所作いたし候節
木綿山書割候幕を張り台の上棒杭を立浄
瑠璃にて右まく引落し一同所作仕候
一かち〳〵山と認候棒杭　　壱本
一火打石火打鎌作り物　　持人弐人

一囃子方男　　拾弐人
浄瑠璃三弦引とも単物袴を着
一かつぎ日覆　　壱荷
一荷ひ茶屋　　壱荷
一鉄棒引男　　弐人
単物裁付を着

四

(五丁表)
一警固男　単物袴を着　　廿八人
一世話役　右同断　　三人
一鉄棒引女子供　　弐人
絹染もやう大紋付廣袖縞絖裁付を着
雪の見立
隅田川雪見之学
一地走踊女子供　　五人
内壱人若殿之学棒茶筌髪ニ而色絖
縫模様袷同断羽織を着紺紋絖帯を
〆木脇差を帯扇を持下駄を踏後に
引抜男芸者之学ひ絹襦伴絹縞袷絹
黒紋付羽織を着博多織帯を〆男髪
にて扇を持酔筒盃を持下駄をはき
内壱人ハ奴之学奴かづらニ而紺絖角字
之紋付袷を着色絖縫模様帯廻しを〆
木脇差を帯蛇之目之傘を持下駄を
はき後ニ引抜遊客之学絹縞袷同断
羽織緋絹襦伴を着博多織帯を〆男か
づらにて扇を持下駄をはき所作の内盆
を冠り
内壱人ハ姫之学吹上髪ニ而白絹金
付緋絹縫模様振袖を着紋絖帯絹
しごきを〆箱せこ并扇を持下駄を
はき後ニ引抜女芸者之学縞絹袷を
着博多織帯を〆島田髪ニ而都鳥之手遊
并手拭を持下駄をはき
内弐人ハ腰元女之学女髪ニ而色絹紅葉
付染模様袷を着色絖帯着絹しごきを
〆壱人ハ木太刀を持壱人ハ蛇の目傘を持
下駄を踏後ニ引抜壱人ハ舩頭之学男髪ニ而
紺木綿服掛ヶ股引絹縞廣袖を着いろ
きぬの帯を〆箱并手拭を持下駄を踏一人は
引抜茶屋女之学ひ嶋田かつらニ而中形絹
袷緋絹襦伴を着黒絖ニ緋鹿子絹服
合之帯を〆縞絹前垂をかけ盆ニ茶
碗手拭を持下駄をはき
右五人所作いたし候節置台左右へ幕串
(五丁裏)
弐本相建鼠木綿幕を張り雪之積たる
稲村之作り物を置右前ニ而所作仕候右五人
何れも日傘差掛申候
一囃子方男　　拾四人
一かつぎ日覆　　壱荷

一荷ひ茶屋　壱荷
一鉄棒引男　単物を着　弐人
一警固男　単物袴を着　八人
一世話役　右同断　三人
花の見立
吉野山道行之学
一踊台女子供　弐人
内壱人ハ狐之精忠信之学前さばき髪
ニ而紫絖縫模様袷浅黄絖重ねつき
緋きぬ縫模様襦伴を着蒲絖丸くげ
廻しを〆木太刀を帯し帛紗包を背負
菅笠扇を持所作事之内ニ狐之面を
冠り後ニ引抜桜草売之学ひ男髪ニて
中形絹袷を着三尺帯を〆桜草の鉢植
作り物手拭を持はたぬきニ相成紺絹襦
伴を着扇紺染手拭を持
内壱人ハ静之学吹上髪ニ而白紋絹着
付黒絖縫もやう帯を〆緋絹摺こみ
縫模様かけばしよりニ而黄絹しごきを
しめ帛紗包を背負□子張之笠并
杖皷扇を持後ニ引抜稽古帰り娘之
学女かつらニて伊豫染絹袷を着色
絹緋鹿之子絹服合帯を〆本挟を持
緋きぬ襦伴ニ而肌脱ニ相成扇并赤染
手拭を持
右浄瑠璃ニ而所作仕候
一囃子方男　拾六人
絹単物川越平袴
一かつぎ日覆　壱荷
一荷ひ茶屋　壱荷

五

（六丁表）
弐拾六番
一出シ三番叟人形　本材木町一丁目
同　弐丁目
同　三丁目
同　四丁目
弐拾七番　萬町
一出シ日本武尊人形　内　元四日市町
青物町　青物町
万町分　佐内町
元四日市町
一出シ浦嶋人形
佐内町分
弐拾八番　大鋸町
一出シ幣ニ大鋸　本材木町五丁目
大鋸町分　同　六丁目
一出シ月ニ薄　同　七丁目
本材木町五丁目
同　六丁目分
同　七丁目

弐拾九番　長崎町
一出シ茶荃茶柄杓　霊岸嶋町
東湊町
三拾番　平松町
新右衛門町
榑正町
一出シ頼朝人形　南油町
川瀬石町
小松町
音羽町
三拾壱番　箔屋町
岩倉町
下槙町
一出シ佐ゝ木高綱人形　福嶋町
（六丁裏）
三拾二番　本八町堀五丁目分
一出シ月ニ薄
三拾三番　本湊町
一出シ静御前人形
附祭
一鉄棒引男　単物裁付着　弐人
一同　女　弐人
絹二の字崩し中形大紋付縞絖の裁付を着し
一幟　壱本　手代共八人持
京名所四季の見立と認候上ニ造花ヲ付
一警固男　帷子袴を着し　拾人
一世話役　右同断　拾人
京名所之内
一伏見冬気色之見立練物　女子供九人
内一人ハ宗清之学棒茶荃のかつら着付
黒絖すり込模様羽織同断白茶絖重ね付
小網戸絖之襦伴赤地太織之帯木脇差
を帯し扇蛇の目傘を持
壱人ハ常磐御前之学かつしき髱黒之
市目笠を冠り摺込もやうの薄衣を着
時色絖摺込模様之着付白絖之重ねつき
萌黄絖之帯を〆懐中へ人形を入杖を持
弐人ハ今若乙若之学児かづら絹摺込
もやうの着附白絖之重ね付紫絖摺込
模様之差抜萌黄之帯を〆木脇差を帯
壱人ハ奴之学奴かづら着付紫絖針貫之
紋附緋絹之襦伴裁付金太織之帯を〆
緋絹之廻しを〆裾廻り黄糸を下ヶ梅之
造花を持
四人ハ侍女之学嶋田のかつら着つけ

六

（七丁表）
緋絖摺込模様白絖之重ね付黒絖之

帯を〆緋絹之襦袢梅の花を持
一雪之松造もの高札を建る柴折戸
右九人共日傘差かけ浄るりニ而所作仕候
一囃子方男　拾四人
浄るり三弦引共単物袴を着し日傘を
さしかけ
一かつき日覆　壱　荷
一荷ひ茶屋　壱　荷
一鉄棒引男　単物裁付着　弐　人
一同　女　弐　人
絹二の字崩し中がた大紋付縞絖裁付を着
一警固男　帷子袴を着　拾　人
一世話役　右同断　拾　人
京名所之内
一通天秋気色之見立地走
女子供八人
内六人ハ黒木売之学嶋田髷を緋紅
の切を懸草色絹石持紋附の着付紫
中形服合之帯を〆襦袢緋紅絹蹴出し
同断黒木ニ紅葉之折枝を差候を戴
後肌脱ニ相成申候
内弐人ハ茶荃売の学野郎かづら浅黄
絖の頭巾茶絹石持紋付之着付浅黄
絹之襦袢縞絖之帯を〆茶荃をかつぎ
瓢を持後はた脱ニ相成申候
右八人共日傘差かけ浄瑠璃ニ而所作
仕候
一囃子方男　拾四人
単物袴を着し浄るり三弦引ハ日傘を
さしかけ
一かつぎ日覆　壱　荷
一荷ひ茶屋　壱　荷
（七丁裏）
一鉄棒引男　単物裁付着　拾四人
一同　女　弐　人
絹二の字崩し中形大紋付縞絖裁付を着
一警固男　染帷子袴着　拾　人
一世話役　右同断　拾　人
京名所之内
一清水春気色之見立踊台
女子供三人
内一人桜姫の学ひ吹上髷を附相かけ
緋絹霞桜摺込もやうの振袖時色絖ニ
梅桜摺込の着付白絖之重ね付白絹の
繻袢緋絹の蹴出し絹摺込もやうの帯
短冊を持後引抜茶屋女の姿嶋田髷ニ
絹大形の単物縞絖之帯を〆緋絹之
前垂をかけ茶台をもつ
内壱人ハ松若之学棒茶せんのかづらを
附紫絖摺込模様之着付羽打同断浅
黄絖の重ね附襦袢同断茶絖の帯を
〆縞絖之袴を着し大小をさし目せき
笠扇を持後引抜茶屋男之姿大しまの
帷子を着し絹帯を〆手拭を持
内壱人清晴之学枕立之男髷をつけ
黒絖熨斗目摺込模様之着付羽折同断
かばいろ絖の重ね付襦袢同断絹すり込
もやうの帯を〆縞きぬの袴大小をさし
目せき笠扇を持後ニ引抜太皷持之姿
絹中形単物を着し黒絖紋付之羽織
きぬの帯を〆扇を持つ
右浄瑠璃ニ而所作仕候
一囃子方男　十八人
単物袴を着し浄るり三弦引ハ日傘
を差かけ
一かつき日覆　壱　荷
一荷ひ茶屋　壱　荷

七

（八丁表）
三拾四番　西紺屋町
一出シ月ニ薄　弓　町
南紺屋町

三拾五番　芝口壱丁目西側
一出シ嵐山能人形　竹川町
出雲町

三拾六番　弥左衛門町
一出シ斧鎌　新肴町

三拾七番　柳町
一出シ頼義人形　水谷町
具足町
本材木町八丁目

三拾八番　南鍋町
一出シ宝舩　山下町

三拾九番　数寄屋町
一出シ茶挽人形

四拾番　南新堀壱丁目
同　弐丁目
箱崎町壱丁目
一出シ八乙女人形　北新堀町
大川端町
霊岸嶋塩町
同四日市町

四拾壱番　北紺屋町
一出シ素盞雄尊　五郎兵衛町

一出シ武蔵野　四拾弐番　元飯田町
（八丁裏）
一出シ棟上道具　四拾三番　南大工町
一出シ僧正坊牛若丸人形　四拾四番　常磐町
一出シ猩々人形　四拾五番　霊岸嶋銀町分
右終而
一神輿行列
以上
（九丁表）　（八脱カ）
附祭芸人名前
真行草之内　八番　本両替町
真之見立地走踊　北鞘町
湯嶋天神下同朋町吉五郎店
太右衛門娘
一鉄棒引　しつ
十九才
同町伊兵衛店
源蔵娘
（一同欠）
木挽町四丁目半次郎店
てつ
十八才
吉五郎娘
一同　はる
十八才
松村町藤助店
吉左衛門娘
一同　せい
二十二才
紅葉狩之学
浅草三好町長八店
きく事
一惟茂之学　中村歌菊
二十才
南槙町長兵衛店
次郎兵衛娘もと事
一姫之学　水木歌元
十九才
南傳馬町壱丁目辰五郎店
長八娘
一腰元之学　同　とめ
十六才

鐺屋町勇蔵店
松五郎娘
一同　同　歌とも
十六才
浅草花川戸町平右衛門店
瀧蔵娘
一侍女之学　中村まさ
十八才
浅草田町弐丁目久次郎店
友吉娘
一同　同　小瀧
十七才
（九丁裏）
浅草諏訪町
家主惣兵衛娘
一侍女之学　中村多歌
十六才
下谷御数寄屋町半七店
定吉娘
一同　坂東小三
十七才
同町同店
銀蔵娘
一同　同　いま
十八才
北鞘町友右衛門店
一後見　勝見勝造
南槙町長兵衛店
次郎兵衛娘
一同　水木つね
十七才
浅草三好町長八店
歌菊妹
一同　中村ひて
十六才
小舟町三丁目甚兵衛店
仙吉娘
一同　ふき
十六才
瀧山町国蔵店
一長唄　冨士田音蔵
桜田久保町林蔵店
一同　吉住小四郎
大傳馬町壱丁目半七店
一同　芳村伊千三郎
右小四郎方同店（居カ）
吉住小三七
神田鍋町平七店
仙四郎方同居
一同　坂田仙八

一三味線　音羽町新助店
杵屋三郎助　[九]

（十丁表）

同　元大坂町与右衛門店
同　萬吉
同　庄助屋敷善蔵店
同　貞吉
同　浅草寺地中醫王院地借
吉右衛門店
同　栄五郎
同　下柳原同朋町
安兵衛店
同　宗五郎
豊嶋町壱丁目
新次郎店
笛　住田又兵衛
浅草寺地中自性院地借
徳次郎店
同　同　新吉
亀戸町孫兵衛店
小鼓　田中傳左衛門
右傳左衛門方同居
大鼓　六郷新右衛門
出雲町久助店
太鼓　望月巖三郎
山王町庄助店
同　田中傳八

八番之内
行之見立　品川町
士農工商之学練物　同裏河岸
天徳寺門前代地慶次郎店
藤八娘むめ事
一鉄棒引　梅吉
十九才

（十丁裏）

浅草聖天町傳兵衛店
兼吉娘こま事
一同　駒吉
廿一才
本郷菊坂町吉兵衛店
重次郎娘
一同　みち
十七才
米沢町壱丁目彦兵衛店
友七娘
一同　まつ
二十才

浅草北馬道町長次郎店
栄次郎娘
一青砥左衛門之学　まち
十二才
麹町壱丁目喜三郎店
弥助娘
一仕丁之学　みち
十六才
四ッ谷傳馬町壱丁目弥吉店
安兵衛娘
一御田稲刈之学　ふぢ
十七才
麹町壱丁目喜三郎店
安五郎娘
一同　ふさ
十七才
本石町壱丁目勘次郎店
豊次郎娘
一同　つる
十七才
馬喰町四丁目佐吉店
喜兵衛娘
一同　はま
十八才
同町同店
定吉娘きん事
一御師之学　坂東金蝶
十七才
同町清八店
宇七娘ます事
一番匠之学　同　小升
十八才
柳原同朋町定吉店
治郎吉娘しま事
一同　小嶋
十八才
橋本町四丁目傳兵衛店
利助娘みよ事
一同　三代吉
十七才　[十]

（十一丁表）

神田小柳町弐丁目治助店
政右衛門娘
一同　こう
十八才
神田鍛冶町弐丁目鉄太郎店
七兵衛妹よし事
一後見　坂東芳代
廿三才

本石町壱丁目勘次郎店
藤吉娘きん事
一同　吾妻藤壽
廿壱才
馬喰町四丁目清八店
宇七妻ミつ事
一同　坂東小ミつ
三十才
檜物町□兵衛店
林之助事
一浄瑠璃太夫　常磐津小文字太夫
市谷本村町平八店
三右衛門事
一同　同　佐喜太夫
八丁堀金六町惣兵衛店
松五郎事
一同　同　國太夫
本石町四丁目嘉助店
定次郎事
一同　同　三國太夫
神田鍛治町壱丁目藤吉店
市五郎事
一同　同　三笠太夫
柳町茂三郎店
定吉事
一同　同　八嶋太夫
湯嶋天神門前町巳之助店
一三味線　岸沢三蔵
南紺屋町仙太郎店
勘次郎事
一同　同　佐久蔵
桶町壱丁目松五郎店
亀太郎事
一同　同　文字八
（十一丁裏）
北紺屋町清蔵店
音治郎事
一三味線　岸沢八百八
深川佐賀町甚兵衛店
清治郎事
一同　同　つま八
橘町四丁目清七店
一長唄　吉住小作
柴井町茂吉店
一同　岡安喜代七
湯嶋天神下同朋町
増五郎店
一同　松尾五郎七
橘町四丁目清七店
小作方同居
一同　吉住新次郎

浅草元旅籠町壱丁目五郎兵衛店
一三味線　杵屋弥十郎
浅草田町弐丁目幸吉店
一同　岡安源次郎
宇田川町安兵衛店
一同　杵屋弥八
浅草田町弐丁目幸吉店
源次郎方同居
一同　岡安源吉
芝田町弐丁目弥兵衛店
一笛　住田勝七
北本所番場町孫蔵店
一同　望月源太郎
浅草山谷町長吉店
一小鼓　福原文左衛門
（十二丁表）　十一
竹川町与兵衛店
一大鼓　望月太次右衛門
竹嶋町彦七店
一太鼓　福原百次郎
木挽町七丁目孫兵衛店
一同　望月幸太郎
浅草聖天町傳兵衛店
一大太鼓　堅田源次
八番之内
草之見立之内　駿河町
芥川小町業平
道行之学踊台
元数寄屋町
兼蔵店忠治郎娘
一鉄棒引　きん
十八才
堀江六軒町新道
安兵衛店万蔵娘
一同　かね
十八才
浅草田町弐丁目幸七店
長吉娘
一同　ため
二十才
駿河町冨右衛門店
良和娘
一同　むめ
十九才
神田永富町壱丁目
勘助店藤吉娘
一業平之学　まん
十六才

伊勢町平吉店
喜三郎娘
一小町之学　きん
十六才
駿河町巳之助店
一後見　ふじ江
三十二才
（十二丁裏）
同人娘
一後見　ゆう
十五才
米沢町三丁目惣兵衛店
保太郎事
一浄瑠璃　富本豊前太夫
新吉原揚屋町伊兵衛店
清助事
一同　同　阿波太夫
本石町弐丁目文蔵店
金治郎事
一同　同　組太夫
南新堀壱丁目市兵衛店
惣吉事
一同　同　染太夫
浅草聖天町市右衛門店
正三郎事
一三味線　富本兼蔵
浅草寺地中修善院地借
治助店甚八事
一同　同　兼治
橘町三丁目和助店
一同　同　金蔵
麹町八丁目
清八店
一長唄　芳村孝治郎
浅草寺地中修善院地借
銀次郎店
一同　同　孝十郎
麹町八丁目清八店
孝次郎方同居
一同　同　孝蔵
神田佐久間町三丁目
嘉兵衛店
一三味線　杵屋六四郎
湯嶋祢仰院門前
良助店
一同　同　長四郎
十二
（十三丁表）
神田相生町
清兵衛店
一同　杵屋和三郎

神田岩本町
喜八店
一笛　住田新七
本銀町壱丁目
与八店
一同　同　重五郎
本銀町四丁目
儀兵衛店
一小鼓　大西徳蔵
浅草田原町三丁目
万吉店
一大鼓　望月勝治郎
神田佐久間町三丁目
八十八店
一太鼓　坂田十蔵
大傳馬塩町
勘兵衛店
一同　大西豊吉
小傳馬町壱丁目
半右衛門店
一大太鼓　同　徳三郎
三拾壱番
箔屋町
月雪花之内　岩倉町
月之見立練物　下槙町
福嶋町
呉服町平右衛門店
源次郎娘
一鉄棒引　まつ
十九才
下谷御数寄屋町久兵衛店
長兵衛娘
一同　いま
二十才
小石川白山前町幸吉店
市郎娘
一兎之精柴刈之学　坂東三江助
十七才
（十三丁裏）
本郷春木町弐丁目新兵衛店
沢村たき娘
一同　喜代次
十六才
本石町弐丁目
文蔵地借武兵衛娘
一同　吾妻橘勢
十七才
本郷春木町豊吉店
岸治三次娘

一兎之精田舎娘之学　いち
南八丁堀弐丁目代地　十五才
家主茂兵衛娘

□郎十喜（墨書）

一同　ふく
十五才
本郷金助町惣次郎地借
吉五郎娘

一同　三太
十五才
呉服町市兵衛店伊左衛門倅

一狸之学　勘次
十三才
同町茂吉店喜十郎倅

一同　徳次郎
十三才
豊嶋町三丁目吉蔵地借
松本美穂方同居

一同　勘平
十三才
同町吉蔵地借

一後見　松本美穂
呉服町茂吉店

一同　坂東喜十郎
横山町三丁目傳八店
喜三郎事

一浄瑠璃　清元家内太夫
神田鍛冶町弐丁目
勘兵衛店忠蔵事

一同　同　鳴尾太夫
浅草御蔵前片町代地
藤七店清右衛門事

一同　同　巳喜太夫

十三

（十四丁表）
神田鍛冶町弐丁目
平兵衛店

一三味線　清元一壽
新両替町三丁目
源次郎店

一同　同　梅次郎
堺町祐次郎店

一同　同　常次郎
呉服町重兵衛店
伊左衛門方同居

一笛　清住長五郎
下谷長者町壱丁目
善次郎店

一同　皆川久太郎
猿若町三丁目
忠兵衛店

一小鼓　望月太之助
呉服橋重兵衛店
伊左衛門方同居

一大鼓　岸田久次郎
猿若町三丁目
久右衛門店

一太皷　望月太喜蔵
同人方同居

一同　同　金之助

月雪花之内
雪之見立地走り

下谷御数寄屋町半七店
彦次郎娘

一鉄棒引　きく
十八才
同町伊八店友吉娘

一同　かめ
十八才

（十四丁裏）
本町四丁目次三郎店
勝次郎娘ゆう事

一若殿之学　國吉
後ニ引抜男芸者　十八才
西河岸町利兵衛店
弥市娘きく事

一姫之学　松賀藤菊
後ニ引抜女芸者　十六才
浅草北馬道町惣八店
金次郎娘

一奴之学　てつ
後ニ引抜遊客　十六才
弥左衛門町千三郎店
万吉娘

一腰元之学　らく
後ニ引抜船頭　十六才
市谷本村町金兵衛店
重次郎娘せん事

一同　岩井小せん
後ニ引抜茶屋女　十六才
神田岩井町代地宇兵衛店
粂吉娘

一後見　西川たま
十七才
神田山本町代地
忠治郎店

一同　同　きん
廿五才
同人妹

一同　ちよ

214

二十才
牛込御納戸町
善右衛門店
一長唄　吉住小八
赤坂裏傳馬町弐丁目
幸八店
一同　同　小太郎
牛込拂方町
粂五郎店
一同　同　小傳次
同所御納戸町善右衛門店
吉住小八方同居
一同　同　小登蔵
四ツ谷塩町壱丁目
丈兵衛店
一三味線　杵屋辰三郎
十四
（十五丁表）
南八丁堀壱丁目
藤右衛門店
一同　藤間萬次郎
四ツ谷塩町壱丁目
丈兵衛店
一同　杵屋六松
常磐町
利兵衛店
一同　同　佐太郎
新乗物町
弥八店
一笛　住田又七
神田永富町壱丁目
善八店
一同　同　万吉
本郷元町
半兵衛店
一小鼓　太田市十郎
浅草寺中覚善院地借
鉄五郎店
一大鼓　田中傳兵衛
同所妙徳院地借
又右衛門店
一太皷　坂田重兵衛
右同人方同居
一同　同　次郎吉
月雪花之内
花之見立踊台
南塗師町
家主清右衛門娘
一忠信之学　てつ

後ニ引抜桜草売　十四才
元飯田町
家主源右衛門娘
一静之学　かよ
後ニ引抜稽古帰り娘　十三才
（十五丁裏）
芝口金六町
定次郎店
一後見　市山よね
四十才
守山町家主六兵衛娘
きん事
一同　同　米次
十八才
芝田町九丁目
藤兵衛店
一浄瑠璃　常磐津芝江斎
牛込牡丹屋敷
利兵衛店清次郎事
一同　同　三登世太夫
正木町源兵衛店
喜太郎事
一同　同　喜美太夫
赤坂氷川門前
四郎兵衛店小次郎事
一同　同　小代太夫
宇田川町多吉店
正之助事
一同　同　八重太夫
伊勢町
源左衛門店
一三味線　佐〻木市蔵
芝新銭座町
栄助店
一同　同　八五郎
赤坂田町弐丁目
金兵衛店
一同　同　吉蔵
南飯田町
源蔵店
一同　同　市左衛門
南八丁堀壱丁目
与八店
一同　同　市之助
下谷町弐丁目
佐吉店
一笛　菊川吉三郎
十五
（十六丁表）
右同人方同居
一同　梅屋平次郎

弥左衛門町
佐兵衛店
一大鼓　望月久次郎
出雲町
久兵衛店
一小鼓　同　太十郎
南本所表町
勘七店
一太皷　福原百十郎
浅草田町弐丁目
源八店
一同　望月太郎吉
京名所四季之内　三拾三番
伏見冬気色之　本　湊　町
見立練物
三河町壱丁目
安五郎店勘助娘
一鉄棒引　やす
十七才
西久保同朋町
家主安兵衛娘わさ事
一同　常磐津和喜菊
十八才
小石川金椙水道町
家持安五郎娘
一宗清之学　豊八
十九才
下谷北大門町
平次郎店左七郎娘
一常磐御前之学　たま
十九才
同人娘
一今若之学　二三（ふさ）
十二才
市谷谷町
喜太郎娘豊蔵娘
一乙若之学　きく
十才
（十六丁裏）
南八丁堀三丁目宗右衛門店
惣右衛門娘
一侍女之学　さわ
十八才
内藤新宿
松兵衛店貞蔵娘
一奴之学　すゝ
十七才
本湊町忠蔵店
金左衛門娘

一侍女之学　きん
十四才
同所庄次郎店
庄三郎娘
一同　きん
十四才
市ヶ谷田町壱丁目卯兵衛店
仙右衛門娘きく事
一同　中村福寿
十七才
同所花房町代地豊蔵店
治兵衛娘きち事
一後見　中村歌江
神田佐柄木町代地
家主岩吉娘
一同　坂東百代
浅草聖天町
茂七店
一同　花柳勝次郎
南新堀弐丁目
家主甚太郎方同居
一同　芳之助
同所壱丁目仁兵衛店
宗三郎事
一浄瑠璃　富本鳴渡太夫
難波町
東太郎店庄兵衛事
一同　同　喜代太夫
深川六間堀町代地
清兵衛店源七事
一同　同　佐和太夫
柳原同朋町裏河岸
庄兵衛店多蔵事
一同　同　松見太夫
十六
（十七丁表）
麹町九丁目
清三郎店
一三味線　同　とし蔵
神田紺屋町
喜右衛門店
一同　同　勝蔵
田所町治兵衛店
金三郎方同居
一同　名見崎忠五郎
品川新宿七兵衛店
一笛　住田勝次郎
同人方同居
一同　梅屋平次郎
出雲町
茂吉店

一大鼓　望月新蔵
猿若町三丁目　新兵衛店
一小皷　同　佐美吉
右佐美吉方同居
一太皷　同　米吉
鐺屋町　喜助店
一同　同　金次郎
浅草田町壱丁目　幸助店
一大太皷　同　清吉
京名所四季之内
通天秋之気色見立地走り
豊町半兵衛店　松太郎姉ちよ事
一鉄棒引　富本千代　十九才
通新石町兼次郎店　権次郎娘きん事
一同　中村金枝　十九才
（十七丁裏）
小日向水道町嘉兵衛店　久兵衛むず目
一黒木売之学　こう　十六才
浅草山川町平蔵店　熊次郎娘
一茶釜売之学　ぬい　十七才
猿若町壱丁目　安兵衛店むめ妹
一黒木売之学　たき　十六才
檜物町治兵衛店　庄兵衛娘
一同　くま　十五才
元赤坂町市五郎店　熊次郎娘
一同　かめ　十六才
南八町堀五丁目　利重郎店善助娘
一同　やす　十四才
檜物町　家主三九郎娘

一同　とら　十六才
深川霊岸寺門前　家主長兵衛娘
一茶荃売之学　しま　十六才
浅草南馬道町　庄吉店巳之助事
一後見　西川扇蔵
高砂町利兵衛店　徳兵衛娘
一同　はる
坂本町壱丁目　儀兵衛店栄蔵事
一浄瑠璃　清元菊寿太夫
元飯田町喜兵衛店　美三郎事
一同　美佐太夫（墨書「佐生大」）
上野北大門町　藤助店金次郎事
一同　千代太夫
十七
（十八丁表）
守山町家主治助方同居　秀次郎事
一同　栄喜太夫
甚左衛門町　半兵衛店
一三味線　同　彦次郎
青物町　甚吉店
一同　同　一造
南八丁堀壱丁目　久蔵店
一同　同　惣治
猿若町三丁目忠兵衛店　太之助方同居
一笛　住田新太郎
浅草寺地中無動院地借　喜重郎店
一同　同　新助
同地中長寿院地借　半兵衛店
一小鼓　望月太佐吉
同地中覚善（院脱カ）地借　鉄五郎店傳兵衛方同居
一大鼓　田中傳次郎
猿若町三丁目　忠助店
一太皷　望月太之助
浅草田町壱丁目

一同　　幸吉店
神田冨山町壱丁目　同　太美吉
安兵衛店
一大太鼓　田中傳太郎
京名所四季之内
清水春気色之見立踊台
南八丁堀五丁目
□兵衛店弥兵衛娘
一鉄棒引　八重
十九才
（十八丁裏）
南飯田町徳兵衛店
善兵衛娘
一鉄棒引　さく
十八才
出雲町茂七店
伊左衛門娘はま事
一清晴之学　中村濱治
後ニ太鼓持　十八才
猿若町壱丁目甚蔵店
ぬい娘はる事
一桜姫之学　岩井小春
後ニ茶屋女　十七才
三拾間堀三丁目
弥五郎店長兵衛娘
一松若之学　やま
後ニ茶屋男　十七才
浅草東仲町三四郎店
すが娘ミよ事
一後見　西川巳代治
同所田町弐丁目幸次郎店
半五郎妹よし事
一同　坂東　好
霊岸嶋長崎町壱丁目
与兵衛店兼次郎事
一浄瑠璃　常磐津吾妻太夫
関口水道町
安兵衛店太郎吉事
一同　同　三輪太夫
同人方同居
巳之助事
一同　同　宮路太夫
南八町堀五丁目
本助店清太郎事
一同　同　都嶋太夫
本八丁堀壱丁目
仁兵衛店亀次郎事
一同　同　都歌太夫

浅草寺地中医王院地借
庄兵衛店式部倅
一三味線　岸沢巳佐吉
同人弟
一同　同　仲助
十八
（裏表紙表）
十九
猿若町弐丁目
弥七店重兵衛倅
一同　同　式松
深川常磐町
孫七店
一同　同　式之助
浅草寺地中法善院地借
藤兵衛店
一同　梅屋竹次
同人方同居
一同　同　太喜助
浅草寺地中浄徳院地借
久兵衛店
一小鼓　六郷新三郎
同所山之宿町
喜兵衛店
一大鼓　田中吾助
同所田原町弐丁目
市兵衛店
一太鼓　望月太郎次
本所松倉町
市左衛門店
一同　同　幸太郎
同人弟
一大太鼓　同　竹太郎
浅草寺地中法善院地借
藤兵衛店
一手代り　梅屋萬吉
同店
一同　同　太八
（裏表紙裏）
（墨書）長堀氏
（裏表紙後補）
（丸朱印）
日比谷図書館購求
昭7、5、7

本書引用参考文献（編著者のみ「編」を付した）

渥美清太郎　一九三八『名曲解題　邦楽舞踊辞典』　冨山房

荒川区ふるさと文化館編　二〇一二『山車人形が街をゆく』　荒川区ふるさと文化館

安藤幻怪坊　一九一〇『川柳祭事記』　読売新聞日就社

池田弥三郎　一九九六『銀座十二章』　朝日文庫

伊藤好一　一九八七『江戸の町かど』　平凡社

井上和雄　一九三一『浮世絵師伝』　渡辺版画店

岩崎均史　一九九八「『江戸天下祭図屏風』の考察―祭礼史研究の観点から―」『國華』一二三七　朝日新聞社

植木行宣　二〇〇一「近世都市祭礼の展開」『山・鉾・屋台の祭り―風流の開花―』　白水社

植木行宣・田井竜一　二〇一〇『祇園囃子の源流』　岩田書院

江戸叢書刊行会　一九一六『江戸叢書　巻の三』　江戸叢書刊行会

大田南畝　一八九一「異本洞房語園」（『近古文芸温知叢書』一）　博文館

大日方克己　二〇〇九「わらわすもう　童相撲」『年中行事大辞典』　吉川弘文館

岡田甫　一九九九『五十音順　誹風柳多留全集・索引篇』新装版　三省堂

折口信夫　一九九五「髭籠の話」『折口信夫全集』第二巻　中央公論社（初出一九一五）

川越市教育委員会編　二〇〇三『「川越氷川祭りの山車行事」調査報告書』本文編・資料編　川越市教育委員会

神田神社編　一九七四『神田明神祭礼絵巻』　神田神社社務所

菊池貴一郎　二〇〇三『江戸府内絵本風俗往来』　青蛙房

岸川雅範　二〇一〇「附祭・御雇祭の展開に関する序論―江戸・神田祭に焦点を当てて―」『明治聖徳記念学会編『明治聖徳記念学会紀要』復刊四七

岸川雅範　二〇一二「江戸天下祭の歴史的展開に関する研究」（國學院大学博士論文・未刊）

喜田川守貞　二〇〇一『守貞謾稿』四　宇佐見英樹校訂　岩波文庫

喜多村信節　二〇〇七『筠庭雑考』（日本随筆大成編輯部編『日本随筆大成』第二期七）　吉川弘文館

城所恵子　二〇一〇「祭囃子」神田より子・俵木悟編『民俗小事典　神事と芸能』　吉川弘文館

木下聡　二〇〇九「とりあわせ　鶏合」『年中行事大辞典』　吉川弘文館

木下直之・福原敏男編　二〇〇九『鬼がゆく―江戸の華　神田祭―』　平凡社

近世史料研究会　一九九四『江戸町触集成』一・二　塙書房

近世史料研究会　一九九五『江戸町触集成』四　塙書房

黒田日出男、ロナルド・トビ　一九九四『朝日百科日本の歴史別冊　歴史を読みなおす』一七　行列と見世物　朝日新聞社

郡司正勝・柴崎四郎編　一九八三『日本舞踊名曲事典』　小学館

国書刊行会　一九一六『鼠璞十種』第二　国書刊行会

国立歴史民俗博物館編（福原敏男全文執筆）　一九九四『描かれた祭礼』展図録　国立歴史民俗博物館

是澤博昭　二〇一五『子供を祝う端午の節句と雛祭』　淡交社

近藤義休　一九一七『新編江戸志』　珍書刊行会

斎藤月岑　一九六八『増訂　武江年表』1・2　金子光晴校訂　平凡社東洋文庫

斎藤月岑　一九七〇『東都歳事記』二　朝倉治彦校注　平凡社東洋文庫

榊原悟　一九九八「『江戸天下祭図屏風』について」『國華』一二三七　朝日新聞社

作美陽一　一九九六『大江戸の天下祭』　河出書房新社

鈴木淳・小高道子　二〇〇〇『近世随想集』新編日本古典全集八十二　小学館

千代田区編　一九九八「第七章　第七節　天下祭」（豊田和平執筆）『新編千代田区史　通史編』　千代田区

千代田区教育委員会編　一九八〇『江戸型山車のゆくえ』　千代田区教育委員会

千代田区教育委員会編　一九九九『続・江戸型山車のゆくえ～天下祭及び祭礼文化伝播に関する調査・研究報告』（豊田和平・村田桂一執筆）　千代田区教育委員会

千代田区教育委員会編　二〇〇二『江戸の郷土誌』　千代田区教育委員会

千代田区教育委員会編　二〇〇八「与力同心諸出役勤方」『原胤昭旧蔵資料調査報告書（1）』（滝口正哉翻刻p170～171）　千代田区教育委員会

辻惟雄　一九九八「新出『江戸天下祭図屏風』の特輯について」『國華』一二三七　朝日新聞社

東京国立博物館編　一九五七『東京国立博物館蔵書目録（和書・2）』　東京国立博物館

東京市役所編（安藤直方執筆）　一九三九『東京市史外篇』四　天下祭　東京市役所

都市と祭礼研究会編　二〇〇七『天下祭読本―幕末の神田明神祭礼を読み解く』　雄山閣出版

都市と祭礼研究会編　二〇一一『江戸天下祭絵巻の世界―うたい　おどりばける―』　岩田書院

豊田和平　一九九九「天下祭と江戸の祭礼文化」加藤貴編『大江戸　歴史の風景』　山川出版社

内藤正人　二〇〇五『浮世絵再発見　大名たちが愛でた逸品・絶品』　小学館

早瀬輝美　二〇一四「囃されない笠鉾―八代妙見祭の笠鉾について―」福原敏男・笹原亮二編『造り物の文化史―歴史・民俗・多様性―』　勉誠出版

日枝神社編　一九七九『日枝神社史　全』　日枝神社御鎮座五百年奉賛会

日置謙　一九七三『改訂増補　加能郷土辞彙』　北國新聞社

福原敏男　二〇〇八a「『江府山王祭渡物』―近世中期の江戸山王祭礼史料―」『社寺史料研究』一〇

福原敏男　二〇〇八b「研究資料　江戸山王祭礼図巻」『國華』一三五一　朝日新聞社

福原敏男　二〇一二a『江戸最盛期の神田祭絵巻―文政六年　御雇祭と附祭―』　渡辺出版

福原敏男　二〇一二b「『神田明神祭礼絵巻』を読み解く」『東京人』三一〇　都市出版

福原敏男　二〇一二c「国芳が描いた江戸山王祭駿河町踊台」『行列にみる近世―武士と異国と祭礼と―』展図録　国立歴史民俗博物館

福原敏男　二〇一二d「行列を読む⑫江戸天下祭図屏風」『行列にみる近世―武士と異国と祭礼と―』展図録　国立歴史民俗博物館

福原敏男　二〇一三「京都祇園祭山鉾の地方伝播―真木人形『桂男』をめぐる神話的世界―」西日本新聞社・福岡市博物館編『博多祇園山笠大全』　西日本新聞社

福原敏男　二〇一四『京都の砂持風流絵巻―武蔵大学図書館蔵絵巻―』　渡辺出版

福持昌之　二〇一五「剣鉾の剣の意匠についての一考察」『民族藝術』三一　民族藝術学会

藤沢毅　二〇〇七「翻字『隠秘録』」『尾道大学芸術文化学部紀要』七

二木健一　一九八九「とりあわせ　鶏合」『国史大辞典』一〇　吉川弘文館

平凡社地方資料センター編　二〇〇二『東京都の地名』　平凡社

牧田勲　一九九二「近世前期山王祭禁令考―江戸祭礼の法社会史―」黒木三郎先生古稀記念論文集刊行記念会編『現代法社会学の諸問題（上）』　民事法研究会

三田村鳶魚校訂　一九二七a「寛政紀聞」『未刊随筆百種』四　米山堂

三田村鳶魚校訂　一九二七b「事々録」『未刊随筆百種』六　米山堂

三田村鳶魚　一九七六「天下祭」・「神田祭」『三田村鳶魚全集』第九巻　中央公論社（初出：三田村玄龍　一九一三『江戸の珍物』聚精堂）

本島知辰　一九八二『近世風俗見聞集』二（『続日本随筆大成』別巻）　吉川弘文館

森銑三・野間光辰・朝倉治彦編　一九七九『燕石十種』一　中央公論社

安田文吉　一九九八「徳川美術館蔵『山王附祭と弘化三年山王祭礼附祭番附』―常磐津節『雛遊内裏』〔ウツシエ〕を中心に―」『楽劇学』第五号

山路興造他編　一九七九『日本庶民生活史料集成』二三　祭礼　三一書房

吉川美穂　二〇〇八「尾張徳川家と近世絵画」『桃山・江戸絵画の美』　徳川美術館

謝辞

本書刊行に際し、神田神社のご厚意による学術出版助成を得、「神田明神選書4」として刊行しました。同社大鳥居信史宮司、清水祥彦権宮司、岸川雅範権禰宜を始め、同社には同選書1『天下祭読本』以来、長期間学術出版を支えていただき、深く感謝する次第であります。

神田神社は来年平成二十八年(二〇一六)、現在地への御遷座四〇〇年を迎え、その記念出版として上梓できたことは我が喜びであります。

本書において貴重な御所蔵資料の写真掲載を快く御許可いただいた神田神社・国立国会図書館・国立歴史民俗博物館・千代田区立日比谷図書文化館・東京国立博物館・東京都立中央図書館、御所蔵史料翻刻に関しましては金沢市立玉川図書館、西尾市立図書館(愛知県)、写真提出に関してはアーツ千代田3331の諸機関(五十音順)に御礼申し上げます。

また、大槻眞一郎氏、竹内道敬氏、丸山伸彦氏、都市と祭礼研究会の仲間、特に入江宣子・亀川泰照・鈴木努・滝口正哉・田中敦子・八反裕太郎の諸氏、特に鈴木氏には多くの御教示をいただき、深く感謝申し上げます。なお、100・104・105頁の弘化三年「山王御祭礼附祭番附」(架蔵)の読み下し文は、亀川氏の翻刻をベースに都市と祭礼研究会で読み合せを行い、それを筆者が補ったものです。

さらに、ここ数年の仕事仲間、本書のような「図版本」の要領を得心してくださり、安心して委せることができる渡辺出版の渡辺潔社長、ニューカラー写真印刷(株)の西岡幸一郎氏には数多い図版量に御配慮いただき、いつもながら助けていただきました。

江戸時代以来、日本三大祭と言われた京都祇園祭と大坂天満天神祭は、現在でも形を変えながらも上方を彩る夏祭りとして毎年盛大に行われています。これに対して、三大祭の一翼を担う江戸の神田祭と山王祭は近代都市帝都東京の変貌が激しすぎ、さらに関東大震災や第二次世界大戦、戦後の高度経済成長のなかで、破壊、インフラ整備やモータリゼーションなどの影響を受け、特に氏子側の行事(山車・附祭)は壊滅的に近い変貌を蒙らざるを得ませんでした。

神田祭の場合、この十年程、宮神輿渡御の神幸祭において大きな変化が見られるようになりました。江戸期の祭礼絵巻や番附を参照しながら、伝統的なテーマによる「創造された祭」を現代風にアレンジしながら復活しつつあります。二十一世紀の新たなる附祭ともいえましょう。筆者も、神田祭神幸祭において二〇〇七年「相馬野馬追い」に従き、二〇〇九年「大江山凱陣」酒呑童子の頭を伐った大鉞持、二〇一三年警固、そして今年二〇一五年「花咲爺さんの学」花笠(実際には「大鯰と要石」最後尾「押え」)として参加してきました。江戸期の附祭にも「ゼロからの想像」による出し物はあまりなく、従来の蓄積や当代の流行によって再創造(応用)するのが日本的な趣向のあり方でした。

私自身の今後の研究も附祭の復活、展開と歩みを合わせて進めていきたいと思います。

著者略歴

一九五七年東京生。國學院大學大学院修士課程(文学研究科)修了。現在、武蔵大学人文学部教授、國學院大學大学院非常勤講師、博士(民俗学)、都市と祭礼研究会代表。編著書に大阪市立博物館編『社寺参詣曼荼羅』(平凡社、一九八七年 福原全文執筆記載あり)、『祭礼文化史の研究』(法政大学出版局、一九九五年)、『神仏の表象と儀礼—オハケと強飯式—』(国立歴史民俗博物館振興会、二〇〇三年)、木下直之・福原敏男編『鬼がゆく—江戸の華 神田祭—』(平凡社、二〇〇九年)、『江戸最盛期の神田祭絵巻—文政六年 御雇祭と附祭—』(渡辺出版、二〇一二年)、『西条祭礼絵巻—近世伊予の祭礼風流—』(西条市総合文化会館、二〇一二年)、『幕末江戸下町絵日記—町絵師の暮らしとなりわい—』(渡辺出版、二〇一三年)、『京都の砂持風流絵巻—武蔵大学図書館蔵絵巻—』(渡辺出版、二〇一四年)、福原敏男・八反裕太郎『祇園祭・花街ねりものの歴史』(臨川書店、二〇一三年)、福原敏男・笹原亮二編『造り物の文化史—歴史・民俗・多様性—』(勉誠出版、二〇一四年)、笹原亮二・西岡陽子・福原敏男『ハレのかたち—造り物の歴史と民俗—』(岩田書院、二〇一四年)、亀川泰照・福原敏男『江戸の造り物文化』(臨川書店、二〇一五年予定)など。

江戸の祭礼屋台と山車絵巻
—神田祭と山王祭—

発行日　二〇一五年六月一二日　第一刷発行
著　者　福原敏男
発行者　渡辺潔
発行所　有限会社渡辺出版
東京都文京区本郷五丁目十八番十九号
郵便番号:一一三-〇〇三三
電話番号:〇三-三八一三-一二三三〇
郵便振替:〇〇一五〇-八-一五四九五
印刷所　ニューカラー写真印刷株式会社
装幀・デザイン　辻 恵里子

ISBN978-4-902119-21-3 C3039